Kontaktadresse nach EU-Produktsicherheitsverordnung:
produktsicherheit@droemer-knaur.de

KNAUR

*Im Knaur Taschenbuch Verlag ist bereits
folgendes Buch der Autorin erschienen:*
Die Schakkeline ist voll hochbegabt, ey!

Über die Autorin:
Sophie Seeberg ist Diplom-Psychologin und arbeitet seit fast zwanzig Jahren als Sachverständige für Familiengerichte. Ihre Aufgabe ist es, Gutachten für das Gericht zu erstellen. Regelmäßig arbeitet sie dabei auch eng mit dem Jugendamt zusammen. Von ihren skurrilsten und außergewöhnlichsten Fällen berichtet sie in diesem Buch. Selbstverständlich wurden alle Fälle fiktionalisiert, um die Anonymität zu wahren.

SOPHIE SEEBERG

Die Schanin hat nur schwere Knochen!

Unerhörte Geschichten
einer Familienpsychologin

Besuchen Sie uns im Internet:
www.knaur.de

Deutsche Originalausgabe Mai 2015
Knaur Taschenbuch
Copyright © 2015 für die deutschsprachige Ausgabe bei
Knaur Taschenbuch.
Ein Imprint der Verlagsgruppe
Droemer Knaur GmbH & Co. KG, München.
Alle Rechte vorbehalten. Das Werk darf – auch teilweise –
nur mit Genehmigung des Verlags wiedergegeben werden.
Die Nutzung unserer Werke für Text- und Data-Mining
im Sinne von § 44b UrhG behalten wir uns explizit vor.
Redaktion: Natalie Tornai
Covergestaltung: ZERO Werbeagentur, München
Coverabbildung: Gettyimages/iStock Vectors/zaricm;
FinePic®, München
Satz: Adobe InDesign im Verlag
Printed in Germany
ISBN 978-3-426-78764-9

7 9 8 6

Vorwort

Als ich vor etwas mehr als einem Jahr an dem Vorgänger dieses Buches arbeitete, leitete ich das Ganze nicht mit einem Vorwort ein, sondern mit einer Vorwarnung, da die Geschichten, die ich als Gutachterin am Familiengericht erlebt habe, oft ebenso skurril wie dramatisch sind. Ich hatte die große Sorge, man könnte mich missverstehen und mir dann womöglich vorhalten, ich würde mich über die Menschen, die ich zu begutachten habe, lustig machen. Auch der unerwartete Erfolg des ersten Buches kann mir diese Angst nicht nehmen. Deshalb möchte ich auch an dieser Stelle im zweiten Band kurz erklären, warum Humor für mich so wichtig ist.

Die Arbeit als Gerichtsgutachterin ist in erster Linie eine sehr ernste Angelegenheit, denn ein Richter beauftragt mich nur dann, wenn der Fall so schwierig ist, dass er für den Abschluss des Gerichtsverfahrens die Empfehlung einer Sachverständigen benötigt. Ich muss dann beispielsweise schauen, bei welchem der sich streitenden Elternteile das Kind am besten leben sollte oder ob das Wohl eines Kindes in seiner Familie gefährdet ist. Das ist alles andere als lustig. Meist ist es traurig, beklemmend und belastend. Für die Betroffenen, aber auch für mich als Sachverständige.

Mein Weg, mit diesem schwierigen Job zurechtzukommen, ist, neben Supervision und Gesprächen mit anderen Fachleuten, der Humor.

Das mag auf den ersten Blick irgendwie verstörend oder unpassend wirken. Jeder Mensch verarbeitet emotionale Belastungen anders. Wenn ich zum Ausgleich Joggen gehen oder mich künstlerisch betätigen würde und schon eine Armada Vasen getöpfert hätte oder aber hin und wieder in den Keller gehen, die Türe schließen und sehr laut schreien würde, dann wäre das wohl eher das, was man erwarten würde. Glauben Sie mir, all das und noch mehr habe ich ausprobiert. Es half mir nur kurzfristig und auch nicht zuverlässig – von dem Lagerungsproblem stümperhaft getöpferter Behälter mal abgesehen. Und so fand ich heraus, dass ich mit den Belastungen meines Berufes am besten umgehen kann, wenn ich einen großen Schritt zurück mache und mir das Ganze mit einem Blick für die wunderlichen Momente und unfreiwillig komischen Situationen ansehe – und darüber schreibe.

Ich bin mit dieser Art der Verarbeitung nicht alleine, und ich kann sie Ihnen nur wärmstens empfehlen. Sie hilft bei nervenzerfetzenden Telefonirrgärten vom einen oder anderen Kundenservice, beim Besuch der Schwiegermutter oder wenn man schon seit Stunden auf viel zu kleinen Stühlen beim Elternabend im Kindergarten sitzt, gerade positiv über die neuen Abholzeiten abgestimmt wurde und die Mutter von Malte-Christopher »jetzt nur noch mal zur Diskussion stellen will, ob eine Viertelstunde länger wirklich *so* das Problem wäre«.

Humor hilft nicht nur heilen, sondern auch Situationen, die einen natürlichen Fluchtreflex auslösen, besser auszuhalten oder im Nachhinein so zu verarbeiten, dass unsere Psyche so wenig Schaden wie möglich nimmt.

Das Ergebnis dieser Art von Verarbeitung halten Sie nun in Ihren Händen. Sie finden auf den folgenden Seiten selbstverständlich nur eine Auswahl bestimmter Fälle und keinen repräsentativen Durchschnitt meiner Arbeit.

Nichts von den grotesken Begebenheiten in den folgenden Geschichten ist erfunden.

Meine jeweiligen Interpretationen und das Gehirnkino dazu möge man mir bitte auch diesmal aus oben genannten Gründen zugestehen und nicht verübeln.

Neben der Tatsache, dass ich einfach wahnsinnig gerne schreibe und auch das eine Form der Verarbeitung für mich ist, gibt es noch einen anderen Grund, aus dem ich gerne einen zweiten Band verfassen wollte: Bei der Auswahl für den Vorgänger habe ich nämlich ein paar Geschichten aussortiert, weil ich dachte, dass mir die keiner glaubt. Und so musterte ich schweren Herzens einige meiner Lieblingsgeschichten aus – und freue mich nun, sie in diesen zweiten Band gepackt zu haben.

Sollte Ihnen also etwas besonders unfassbar erscheinen, denken Sie bitte an dieses Vorwort. Sollten Sie den Kopf schütteln über betrunkene Richter zum richtigen Zeitpunkt, psychopathische Väter mit Hang zu Verschwörungstheorien, christlich-homophobe Jugendamtsmitarbeiter oder vierköpfige Familien, die sich nur von Schokolade und Frittiertem ernähren und riechen wie ein explodiertes Klärwerk, dann blättern Sie noch einmal zu diesen Zeilen zurück.

Ein guter Freund beschrieb das erste Buch als »ein Wellenbad der Emotionen – und zwar mit verbundenen Augen«. Poetischer kann man dieses verrückte Hin und Her zwischen Drama und Skurrilität, Wahnsinn und Weinen, stummem Starren und Kopfschütteln nicht beschreiben. Ich allerdings habe dafür eine etwas pragmatischere Bezeichnung: Ich nenne es einfach »Mein Beruf«.

Sophie Seeberg, Dezember 2014

Hier gibt es keine Katzen!

Wenn ich heute an meine ersten Fälle als Gutachterin zurückdenke, dann wundere ich mich manchmal, dass ich damals nicht gleich wieder aufgegeben habe. Ich war notgedrungen noch unerfahren, unsicher, und die Ausbildung hatte mich nicht auf das vorbereitet, was mich in dem Beruf erwartete. Ein paar gut gemeinte praktische Ratschläge oder Warnungen von praktizierenden Gutachtern hätten mir damals schon geholfen, aber ich hatte nur mein theoretisches Wissen, ein großes Interesse für Menschen und den Willen zu helfen. Das war sicherlich Grundvoraussetzung für den Beruf, aber beileibe nicht genug, wie ich schnell herausfinden sollte. Schon der zweite Fall brachte mich in vielerlei Hinsicht an meine Grenzen und wer mein erstes Buch »Die Schakkeline ist voll hochbegabt, ey!« gelesen hat, erinnert sich vielleicht noch an Familie Koch. Mutter, Vater und Kind hausten in einer extrem verdreckten, stinkenden Wohnung, in der sich der Müll sowie alle möglichen anderen Dinge, die kurz davor waren, ebenfalls Müll zu sein, teilweise bis zur Decke stapelten. Das Kinderzimmer war als solches gar nicht zu erkennen, und es gab für die ganze Familie nur eine Zahnbürste, die als solche noch weniger zu erkennen war. Selten habe ich mich hilfloser gefühlt als in dem Moment, als die kleine Nadja mich bat, sie doch bitte mitzunehmen.

Der Fall endete glücklicherweise gut, und so nahm ich mir also voller Tatendrang und gespannter Aufregung meinen nächsten Fall vor. (Damals bearbeitete ich die Fälle noch nicht parallel, sondern immer nur einen nach dem anderen.)

Die Akte war erstaunlich dünn: Sie bestand nur aus drei Seiten, auf denen im Wesentlichen stand, dass Frau Seitmann ihre Tochter, die neunjährige Jenny, wieder zu sich nehmen wolle, das Gericht aber nicht wisse, ob das zum Wohle des Kindes sei, und daher die Sachverständige Frau Seeberg beauftrage, dies zu prüfen. Zwar wusste ich nicht, warum Jenny nicht bei ihrer Mutter lebte und seit wann sie sich wo befand, aber das würde ich ja im Gespräch mit Frau Seitmann erfahren. Das klang erst mal gar nicht so kompliziert, wie ich fand, und ich ahnte nicht, wie dramatisch falsch ich mit dieser Einschätzung tatsächlich lag ...

Es ging schon damit los, dass ich einigermaßen abgehetzt bei der angegebenen Adresse ankam, weil ich mich mal wieder mehrfach verfahren hatte. Als ich endlich in der Goethestraße vor dem Haus mit der entsprechenden Nummer stand, sah das gar nicht nach einer Privatadresse aus, sondern nach einer gigantischen Institution, Behörde oder etwas in der Art.
Ich kontrollierte noch einmal die Adresse, die in der Akte stand. Es war *diese* Adresse. Es sei denn, der Straßenname war richtig, aber die Stadt die falsche. Zu meiner Schande muss ich gestehen, dass mir das mehr als einmal passiert ist.
Damals gab es ja noch keine Navis fürs Auto, und ich musste mit Hilfe einer Straßenkarte sowie am Abend vorher ausgedruckter Wegbeschreibungen zu den Terminen finden. Sollte ich die Erfindungen benennen, ohne die ich nicht mehr leben kann, käme das Navi noch vor dem Handy und nur ganz knapp hinter der Druckerpresse. Seit ich eins besitze, habe ich einige Jahre meines Lebens eingespart, die ich ansonsten damit verbracht hätte, Karten hin- und herzudrehen, Straßenschilder zu entziffern, selbige im Inhaltsverzeichnis des Falk-Plans zu suchen und im Anschluss daran einen oder mehrere Nervenzusammenbrüche zu erleiden, weil ich a) mal wieder die fal-

sche Technik beim Auseinanderfalten angewandt hatte, b) den Plan nicht mehr klein gefaltet bekam und c) feststellen musste, dass ich inzwischen weiter vom Ziel entfernt war als beim letzten Blick auf die Karte.

Das allein wäre ja noch irgendwie zu kompensieren, aber leider ist auch mein Orientierungssinn nicht nur mangelhaft, sondern schlicht und ergreifend nicht vorhanden. Wenn ich in ein Geschäft gehe – und sei es nur für einige Sekunden –, dann weiß ich beim Hinausgehen nie, aus welcher Richtung ich gekommen bin. Als ich einmal in den Semesterferien in einer größeren Firma gejobbt hatte, konnte ich mich dort nur orientieren, indem ich jedes Mal zum Eingangsbereich zurückging, um von dort in die Teeküche, die Verwaltung oder in irgendeinen anderen Raum zu gehen, da ich mir nur vom Eingang aus so halbwegs den Weg hatte merken können.

Ich habe schon Stunden damit verbracht, mein geparktes Auto zu suchen, und bin selbst bei Strecken, die ich über Wochen fast täglich fahren muss, manchmal der felsenfesten Überzeugung, diese oder jene Straße noch nie, aber wirklich noch nie, gesehen zu haben. Obwohl ich schon mein Leben lang damit zu kämpfen habe, komme ich mir nach wie vor jedes Mal sehr dumm vor, wenn ich beispielsweise beim Stadtbummel plötzlich auf dem Viktualienmarkt stehe und am liebsten laut ausrufen würde »Ach, *hier* ist der!«. Würde ich zur Entwicklung von Verschwörungstheorien neigen, wäre ich davon überzeugt, dass öffentliche Plätze, Straßen und auch Zimmer innerhalb von Gebäuden, in denen ich mich aufhalte, an immer andere Orte gebracht werden, um mich zu verwirren.

Nein, im Ernst: Glauben Sie mir, bis auf meinen fehlenden Orientierungssinn bin ich vollkommen normal. Echt jetzt.

Na ja, vielleicht wenn man von meiner Neigung zu Abschweifungen absieht …

Zurück zu Frau Seitmann beziehungsweise ihrer Adresse, denn auch hier zweifelte ich augenblicklich an meiner Wegfindung. In diesem offiziellen Gebäude konnte die Frau doch unmöglich wohnen? Ich schaute ein drittes Mal in die Unterlagen und verglich die Schreibweise und Hausnummer mit dem Stadtplan: Kein Zweifel, es war definitiv die Adresse, die in der dürftigen Akte stand.

Ich ging also zum Haupteingang und hoffte, jemanden zu finden, der mir weiterhelfen konnte. Inzwischen war ich trotz großzügig eingeplantem Wegfindungspuffer schon einige Minuten zu spät, und das mochte ich gar nicht. Ich finde es einfach unhöflich, Menschen warten zu lassen – zumal, wenn es sich um einen so wichtigen Termin wie ein Begutachtungsgespräch handelt. Ich beschloss, in Zukunft noch eine halbe Stunde Puffer zusätzlich einzuplanen, sah mich im Eingangsbereich des Gebäudes um und erblickte freudig einen Schalter mit der hilfreichen Aufschrift »Information«. Der Herr hinter der Glasscheibe blinzelte mich durch eine dicke Brille freundlich an und schob das kleine Fenster auf. »Na, wie kann ick Ihnen denn weiterhelfen, Frollein?« Ich nannte ihm Frau Seitmanns Adresse und erkundigte mich, ob das denn hier sei oder ob es vielleicht noch eine andere Straße in diesem Ort mit dem gleichen Namen …?

Der Schalterbeamte erklärte in breitem Berliner Dialekt, dass ich hier »goldrischtisch« sei und dass diese hier im Ort die einzige Goethestraße sei. Wo käme man denn da hin, wenn es von jeder Straße mehrere gäbe? Da würden die Leute ja andauernd vor falschen Häusern stehen.

Da hatte er recht. Ich bereute die nicht allzu intelligente Frage sofort und habe sie seitdem auch nicht mehr gestellt.

Ich sah wohl ein wenig verloren aus, denn er beugte sich vor und fragte in freundlichstem Onkel-Tonfall: »Wen wolln Se

denn besuchen, Frollein? Ick kann ja hier in meiner Liste schaun. Dafür bin ick doch da!«
Ach so ... ja ... Vielleicht hielt sich Frau Seitmann ja hier auf. Aber was war »hier« eigentlich? Ich stammelte etwas, in dem die Worte »Frau Seitmann«, »Begutachtung« und »wo bin ich hier eigentlich« vorkamen. Zumindest habe ich es so in Erinnerung.
Der nette Onkel berlinerte etwas Unverständliches vor sich hin und blätterte in einem Ordner herum. Dann strahlte er mich an. »Na, da hamm wa's ja! Ick melde Sie mal an, wa?«
Ich war erleichtert, dass ich offenbar doch am richtigen Ort war, fühlte mich aber auch verunsichert, weil ich keine Ahnung hatte, was das hier für eine Einrichtung war. Nirgendwo war ein Schild oder sonst eine Art von beschreibender Aufschrift zu sehen, und ich war wirklich ziemlich verwirrt. Irgendwie hatte ich das Gefühl, es sei meine Schuld, dass ich nicht wusste, wo ich war und wieso Frau Seitmann nicht in einem normalen Wohnhaus wohnte. Eine erfahrene Sachverständige hätte diese Information sicher gehabt, dachte ich mir. Heute weiß ich, dass das Quatsch war. Auch eine Gutachterin mit jahrelanger Erfahrung hat zunächst nur die Informationen, die man ihr via Unterlagen zukommen lässt, und das war in diesem Fall eben diese spärliche Adresse. Aber sie hätte über das Selbstbewusstsein verfügt, ihre Unwissenheit zuzugeben und sich spätestens jetzt zu erkundigen, was für eine Art Institution das hier eigentlich sei.
Ich hatte damals aber weder Erfahrung noch Routine oder gar berufliches Selbstbewusstsein. Und so war ich völlig sinnloserweise krampfhaft damit beschäftigt, nicht »aufzufliegen«. Als der Informationsmann mir eröffnete, die Frau Klaasen werde mich abholen, tat ich so, als sei es für mich das Normalste der Welt, nickte wissend bei der Erwähnung der mir gänz-

lich unbekannten Frau Klaasen und lehnte mich betont lässig an einen Pfeiler.
In meinem Kopf aber war die Hölle los. Mehrere Fragen drängten sich wie übereifrige Journalisten nach vorne, schubsten sich gegenseitig und riefen wild durcheinander: »Wer zum Henker ist Frau Klaasen?«, »Stand da etwas in der Akte, was Sie überlesen haben, Frau Seeberg?«, »Kommen Sie immer so unvorbereitet zu den Terminen?«, »Wie wollen Sie denn nun herausfinden, wo Sie sind?«, »Meinen Sie nicht, dass es auffallen wird, dass Sie offenbar von gar nichts eine Ahnung haben?«
Als eine elegante Frau um die vierzig auf mich zustürmte, zerstoben die Fragen zu Staubwolken und ließen mich mit einem dumpfen Gefühl der Unzulänglichkeit zurück.
Ich gab der Frau, bei der es sich wohl um Frau Klaasen handelte, mechanisch die Hand und folgte ihr durch mehrere Gänge und Treppenhäuser. Oh Gott, wie sollte ich hier jemals wieder den Ausgang finden?
Schließlich hielt Frau Klaasen abrupt vor einer Türe an, die genauso aussah wie die gefühlt 387 anderen Türen, an denen wir auf dem Weg vorbeigekommen waren, und öffnete sie. Nachdem sie ein launiges »Frau Seitmann, da ist die Gutachterin!« in den Raum geschmettert hatte, wandte sie sich an mich. »Wenn Sie nachher noch Fragen haben, ich bin noch bis 18 Uhr im Teamraum.« Sprach es und verschwand.
Dabei hätte ich doch *jetzt* so viele Fragen gehabt. Unter anderem die, wo der verfluchte Teamraum ist ...
Egal. Ich war endlich da, wo ich schon vor einer Viertelstunde hätte sein sollen. Bei Frau Seitmann.
Ich bemerkte bald, dass in diesem Fall auch eine Stunde oder ein Tag wenig Unterschied gemacht hätten.
Frau Seitmann saß in einer Art Wohnzimmer auf einem Sofa, doch trotz meiner vorherrschenden Unsicherheit war mir so-

fort klar, was hier nicht stimmte: Ich kam mir vor wie in einem Möbelhaus. Dieses Wohnzimmer war ... tot. Hier standen zwar Möbel und auch eine Vase (mit Kunstblumen) sowie ein paar Dekoartikel im Regal, aber es war offensichtlich, dass hier niemand wohnte. Auch nicht Frau Seitmann.
Inzwischen kenne ich Räume wie diesen recht gut und empfinde sie nicht mehr als seltsam. Fast alle Einrichtungen und auch die meisten Jugendämter verfügen über derartige Räumlichkeiten. Sie sind allemal besser als ein kahler Raum mit nur einem Tisch und ein paar Stühlen, und ich war schon oft sehr dankbar für diese »Möbelhauswohnzimmer«. Aber an diesem Tag irritierte mich der Raum in erster Linie. Zumal ich ja noch immer nicht wusste, wo verdammtnochmal ich hier eigentlich war. Vielleicht würde mir Frau Seitmann diese Frage ja gleich beantworten, dachte ich. Aber ich lag falsch.

Ich streckte ihr meine Hand entgegen und stellte mich vor. Frau Seitmann ignorierte die Geste und wandte den Kopf in Richtung Fenster. Sie war eine rundliche, leicht verschmuddelte Erscheinung und hatte eine auffallend ungesunde Gesichtsfarbe. Ich war unschlüssig, wie ich ob dieser tendenziell unfreundlichen beziehungsweise gar nicht vorhandenen Begrüßung reagieren sollte, und entschied mich, so zu tun, als wäre nichts gewesen. Also setzte ich mich Frau Seitmann gegenüber in den Sessel und begann zu erklären, warum ich gekommen war und wie die Begutachtung nun ablaufen werde. Frau Seitmann schaute mich nicht an und sagte auch nichts. Okay, ich hatte ihr ja auch keine Frage gestellt ...
»Frau Seitmann, erzählen Sie mir doch ein bisschen von sich.«
Beim Tippen dieses Satzes steigt wieder das Schamgefühl von damals in mir hoch. Das war ja nun wirklich keine gelungene Gesprächseröffnung mit jemandem, der noch nicht einmal

»Guten Tag« sagte. Ich hatte es nicht mal geschafft, eine halbwegs vernünftige Frage zu formulieren. Himmel …!
Frau Seitmann schaute weiterhin aus dem Fenster ins Nichts und ignorierte mich. Irgendwie hatte ich das Gefühl, als hätte sie damit recht.
Es war gar nicht so leicht, das Bedürfnis zu unterdrücken, einfach aufzustehen, zu gehen und eine Umschulung zu beginnen. Mir erschien ein Job als Fleischereifachverkäuferin mit einem Mal sehr erstrebenswert – und das, obwohl ich Vegetarierin bin.

Aber ich stand nicht auf und ging, sondern versuchte erneut, mit Frau Seitmann ins Gespräch zu kommen.
»Frau Seitmann, wann haben Sie Jenny das letzte Mal gesehen?«
So. Das war eine konkrete Frage, auf die sie doch sicher reagieren würde. Immerhin war ich hier, weil sie ihre Tochter wieder bei sich haben wollte.
Frau Seitmann sah mich weiterhin nicht an, begann aber zu sprechen. Ich höre noch heute ihre brüchige, leise Stimme, die mir damals eine Gänsehaut über den Rücken jagte.

»Wo ist Jenny?«

Nachdem ich mich halbwegs gesammelt hatte, erklärte ich Frau Seitmann, dass ich nicht wisse, wo Jenny sei, und gehofft habe, dass sie mir …
»Jenny hatte immer so ein Stofftier. Eine Katze. Die war grau. Wie diese grauen Männer in dem Buch. Da muss man immer so lange an der Kasse warten. Aber das mache ich nicht mehr.«
Frau Seitmann sah mich zum ersten Mal an und wandte für mehrere Minuten den Blick nicht ab.

Ich schluckte. Erstens hatte ich keine Ahnung, was genau sie mir da gerade gesagt hatte. Es ergab für mich keinen Sinn. Wo sollte ich anknüpfen, um ein Gespräch zu führen?
Zweitens wuchs mein Gefühl der Unfähigkeit zu einem riesigen schwarzen Zottelmonster, das den gesamten Raum auszufüllen schien. Es hob tadelnd die Augenbrauen und schüttelte enttäuscht den Kopf.
Frau Seitmann starrte mich nach wie vor an, oder mehr durch mich hindurch, so genau war das nicht zu erkennen. Ich musste irgendetwas sagen oder tun! Jetzt! Bevor sie wieder aus dem Fenster schaute und mich ignorierte …
»Frau Seitmann, wie alt sind Sie?«
Hatte ich das wirklich gefragt?
Das zottelige Unfähigkeitsmonster schlug die Hände vors Gesicht und weinte. Oder lachte. Wahrscheinlich beides. Ich hätte gerne mitgemacht.
Da bekam ich auch schon die Quittung, denn Frau Seitmann sah wieder weg. Diesmal in Richtung Regal.
Sie zeigte in eine Zimmerecke. »Und wenn man das Radio anmacht, können sie einfach so ins Zimmer gelangen.«
Urplötzlich drehte sie den Kopf, und ihre Augen waren angstgeweitet, als sie flüsterte: »Die kontrollieren hier alles und filmen das.«

Ich schluckte und versuchte, ihrem Blick standzuhalten: »W … Wer tut das, Frau Seitmann? Wer kontrolliert Sie?«
Ihr Blick wurde leer. Dann wandte sie sich blitzschnell zum Fenster und zischte: »Das weiß ich doch! Ich weiß das! Jetzt sei halt mal still!«
Sie sah mich feindselig an. »Ich lasse mich von Ihnen nicht kontrollieren! Sie wollen mich doch nur ausspionieren! Aber ich weiß Bescheid! Hier ist alles voller Strom und Elektrik. Ich

weiß das.« Mit diesen Worten wandte sie sich wieder dem Fenster zu, schaute hinaus und schwieg mit zugekniffenem Mund.
Irgendwie wollte ich das so nicht auf mir sitzen lassen.
»Frau Seitmann, ich ...«
»Hier gibt es keine Katzen! Keine einzige! Und Sie glauben, ich merke das nicht?« Frau Seitmann wurde immer lauter. »Ich habe das sehr wohl bemerkt!! Jawohl!! ICH WEISS DAS! ICH WEISS DAS ALLES!! DAS KÖNNEN DIE RUHIG WISSEN!«
Die Türe öffnete sich, und ein junger Mann trat ein. Er trug einen schlabberigen Pulli, Nickelbrille und lange Haare. Ich war so froh, nicht mehr alleine mit Frau Seitmann zu sein, dass ich ihm am liebsten um den Hals gefallen wäre.
Er nickte mir freundlich zu und nahm dann Frau Seitmann sanft am Arm. »Kommen Sie, wir gehen jetzt zusammen in Ihr Zimmer. Da mache ich Ihnen dann einen Tee. Einen Pfefferminztee. Den mögen Sie doch so gerne.«
Frau Seitmann flüsterte etwas Unverständliches und ließ sich von ihm nach draußen führen. Ich hörte, wie sie gemeinsam den Gang entlangschlurften und der junge Mann weiterhin beruhigend auf sie einredete.
Ich wünschte mir auch jemanden, der beruhigend auf mich einredete. Und mir Tee machte. Und mich in mein Zimmer brachte...
Als es auf dem Flur längst wieder totenstill geworden war, saß ich noch immer da und starrte vor mich hin.
Was war das gewesen? Was hatte ich falsch gemacht? Was sollte ich jetzt tun? Wo war dieser vermaledeite Teamraum? Und warum hatte ich nicht Jura studiert wie meine Geschwister? Die hatten es gut! Die mussten keine Frau Seitmanns besuchen.

Ich stand auf, nahm meine Tasche und trat auf den Flur. Wäre der Ausgang direkt vor mir gewesen, wäre ich wahrscheinlich einfach gegangen. Doch so irrte ich einige Zeit durch diverse Gänge und Treppenhäuser, bis ich glaubte, mich an etwas zu erinnern.

Inzwischen hatte ich mich einigermaßen beruhigt und beschlossen, dieser Frau Klaasen ein paar Fragen zu stellen. Ob sie bemerken würde, wie unvorbereitet und ahnungslos ich war, war mir inzwischen egal. Ich würde diesen Fall aufklären und meinen Job machen und mich dabei weder von einer unvollständigen Akte aufhalten lassen noch von irgendwelchen Leuten, die über das Radio alles filmen und kontrollieren. Und erst recht nicht von meinem mangelhaften Orientierungssinn!

Dieser hatte mich immerhin zurückgeführt zu dem Informationsschalter im Eingangsbereich, wo mich der Berliner Onkel schon von weitem mit belustigt hochgezogenen Augenbrauen musterte. Ich lächelte und erklärte ihm, dass ich nun doch gerne noch einmal mit Frau Klassen gesprochen hätte, aber nicht wisse, wo der Teamraum sei, woraufhin der Informationsmann mit einem gut gelaunten »Null Problemo« eine Nummer wählte und Frau Klaasen bat, »det Frollein« ein zweites Mal abzuholen.

Kurze Zeit später saß ich in einer Art Konferenzraum und hatte einen dampfenden Kaffee vor mir. Ich fühlte mich schon alleine deswegen besser, weil ich sicher sein konnte, dass Frau Klaasen im Vergleich zu Frau Seitmann eine ganz normale Gesprächspartnerin sein würde. Und weil ich einen Kaffee bekommen hatte. Aber vor allem hatte sich meine Einstellung zu der Situation um 180 Grad gedreht. Ich hatte keine Lust mehr, mich von irgendwem oder irgendwas verunsichern zu lassen,

und wollte nun ein paar Antworten hören. Also fragte ich Frau Klaasen nach ihrer Einschätzung bezüglich Frau Seitmanns.
Frau Klaasen zuckte mit den Schultern und nippte an ihrem Espresso. »Die ganze Begutachtung ist ja ohnehin eine Farce.«
Aha.
Das war nicht das, was ich mir als Erklärung vorgestellt hatte, obwohl mir natürlich auch längst einleuchtete, dass Frau Seitmann in diesem Zustand nicht geeignet war, ein Kind zu erziehen. Trotzdem blieb ich stur. »Frau Klaasen, könnten Sie mir bitte Ihre Einschätzung bezüglich Frau Seitmann schildern?«
Sie schaute mich an, als wäre ich nicht ganz dicht.
»Na, das haben Sie doch selbst gesehen. Akute Phase, die kriegt nix mit. Morgen kommt sie wieder in die Klinik, und dann sollen die sich mit ihr rumärgern.«
Ich war schockiert. Frau Klaasen fehlte offenbar jegliche Empathie. Ihr schien Frau Seitmann einfach nur lästig zu sein. Sollte sich doch jemand anderes um sie kümmern. Nein, sich mit ihr »rumärgern«.
Ich spürte, wie Wut in mir hochstieg. Auf diese gefühllose Frau Klaasen. Aber nicht nur auf sie, sondern auch auf mich, denn schließlich war ich wenige Minuten zuvor selbst erleichtert gewesen, als der junge Mann Frau Seitmann mitgenommen hatte und ich mich nicht mehr mit ihr befassen musste. Sofort schlich sich wieder die Unsicherheit in meine Knochen, und ich fühlte mich mies, egoistisch und unprofessionell.
In den folgenden Jahren dachte ich oft an diese Situation, und ich erzähle sie heute noch gerne jüngeren Kollegen. Denn es ist ein hervorragendes Beispiel dafür, wie schwierig eine Begutachtung sein kann, wenn man unzureichend vorbereitet und aus Überforderung zu sehr mit sich selbst beschäftigt ist.
Und es ist auch ein hervorragendes Beispiel dafür, dass es nicht professionell ist, ein Gespräch mit einem ironischen »Na, dann

vielen Dank für die ausführliche Information!« zu beenden und mit einer schwungvollen Miss-Piggy-Drehung den Teamraum zu verlassen.
Vor allem, weil es total peinlich ist, wenn man dem Gesprächspartner einige Minuten später im Tiefgeschoss der Einrichtung begegnet, weil man den Ausgang nicht findet.

Menschen in Filmen und Büchern lassen nach solchen Erlebnissen gerne mal den Kopf auf die Tischplatte fallen.
Ich nutzte dafür das Lenkrad in meinem Auto, rutschte aber höchst unfilmisch nach links ab (so ein Lenkrad ist ja rund…) und stieß mir den Kopf mit einem gut hörbaren »Bonk« an der Seitenscheibe. Eine kleine Gruppe, die sich zur Rauchpause vor die Tür begeben hatte, sah geschlossen zu mir herüber. Ich war mir fast sicher, dass sich auch Frau Klaasen darunter befand, obwohl ich sie in der Gruppe nicht identifizieren konnte. Ganz bestimmt hatte sie sich gerade zufällig vor die Einrichtung begeben und mir bei meinem missglückten Versuch zugesehen, mich filmreif der Erschöpfung hinzugeben.
Ich wollte nur noch nach Hause.

Dort angekommen (selbstverständlich hatte ich mich auf dem Heimweg verfahren), war ich froh, dass die Kinder schon im Bett waren und mein Mann am Computer saß. Ungestört von den Blicken irgendwelcher Rauchergrüppchen ließ ich den Kopf unfallfrei und mehrfach auf die Tischplatte meines Schreibtisches fallen und überlegte durch den Schmerz hindurch, was nun meine nächsten Schritte sein würden.
Ich hatte damals noch kein Fachteam, keine Kollegen, die ich fragen oder denen ich mein Herz ausschütten konnte. Also entschloss ich mich dazu, mit einem guten Buch ins Bett zu gehen, alle Gedanken, die mit diesem Fall zu tun hatten, in eine

Truhe mit Vorhängeschloss zu sperren und am Morgen ausgeruht an der Stelle direkt nach dem Kopf-Tisch-Moment weiterzumachen.

Am nächsten Tag setzte ich mich frisch geduscht mit einer Tasse Kaffee an den Schreibtisch, fest entschlossen, mich nicht unterkriegen zu lassen und jetzt verdammtnochmal eine ordentliche Begutachtung durchzuführen.
Ich nahm mir noch einmal die Akte vor und stellte fest, dass beim Gerichtstermin auch eine Dame vom Jugendamt anwesend gewesen war. Sie wurde nicht weiter erwähnt, doch ihre bloße Nennung war Grund genug, sich bei der Frau zu melden.
Dies war mein erster Kontakt zu Frau Ehring, und sie ist und bleibt seitdem meine absolute Lieblingsjugendamtsmitarbeiterin.
Kompetente Mitarbeiter gibt es glücklicherweise viele, auch eine Menge mit dem Herz am rechten Fleck, aber Frau Ehring toppt das Ganze durch ihre Kreativität bei der Lösungsfindung, mutiges Auftreten vor Gericht und einem unverwüstlichen Humor.
»Ah, Sie sind die Sachverständige in der Sache Seitmann. Schön, dass Sie anrufen. Wir haben hier ja wahre Aktenberge zu früheren Verfahren. Ich schlage vor, Sie kommen in den nächsten Tagen mal vorbei. Dann trinken wir einen Kaffee, ich erzähle Ihnen was zum aktuellen Stand der Dinge, und Sie können die Akten einsehen und schauen, was Sie davon brauchen können.«
Aktenberge? Ich blickte auf meine drei spärlichen Zettel und fand, das klang wirklich wunderbar. Wir vereinbarten einen Termin für den übernächsten Tag, und ich fühlte mich gleich viel besser.

Ich erfuhr, dass Frau Seitmann schon seit vielen Jahren unter psychotischen Schüben litt. Herr Seitmann hatte sich kurz vor Jennys Geburt von seiner Frau getrennt, lebte inzwischen in Österreich und hatte keinerlei Interesse an seiner Tochter. Er zahlte zwar für sie, hatte sie aber noch nie gesehen und wohl auch nicht vor, etwas daran zu ändern.

Jenny war im Alter von ein paar Monaten zum ersten Mal in einer Bereitschaftspflegefamilie untergebracht worden, als ihre Mutter für einige Wochen in einer psychiatrischen Klinik gewesen war. Es folgten mehrere solcher Aufenthalte, und als Jenny zwei Jahre alt wurde, brachte das Jugendamt sie mit Einwilligung der Mutter in einer Dauerpflegefamilie unter, wo sie auch heute noch lebte.

Frau Seitmann hatte ihre Tochter in unregelmäßigen Abständen meist in Form von begleiteten Kontakten gesehen. Es hatte gute Phasen gegeben, aber auch weniger gute. Zeitweise war Frau Seitmann unzuverlässig gewesen und hatte Kontakte vorzeitig beendet. Vor einigen Wochen hatte sie dann ihrer Tochter Jenny während eines Besuches gesagt, dass diese ja auch nicht besser sei als »die anderen« und sie nicht glauben solle, dass sie das nicht bemerke. Dabei war Frau Seitmann urplötzlich wütend und ausfallend geworden, und der Kontakt hatte sofort beendet werden müssen.

Frau Ehring seufzte. »Rauchen Sie, Frau Seeberg?«
Ich verneinte, erklärte aber, dass es mir nichts ausmache, wenn sie rauchen würde.
»Ach, das ist schön! Ich mag tolerante Menschen. Ich meine, ich weiß, dass Rauchen blöd ist, aber ich tu's einfach zu gerne. Und mal ehrlich, so ein paar Fehler darf man ja schon haben, oder?« Frau Ehring zwinkerte mir zu, schenkte mir noch einmal Kaffee nach und kramte in ihrer Handtasche.

»Wir müssen aber nach draußen gehen. In Ordnung?«
Das Jugendamt hatte einen erstaunlich idyllischen Innenhof mit großen alten Bäumen, unter denen schmiedeeiserne Bänke standen. Frau Ehring steuerte auf eine sonnenbeschienene Bank zu, setzte sich und hielt ihr Gesicht der Sonne entgegen.
»Aaach, schön!« Sie atmete tief ein und aus. Dann lächelte sie mich an. »Bei all diesen unerfreulichen Dingen muss man sich schon aktiv den Sinn für Schönes bewahren, finden Sie nicht?«
Ja, das fand ich auch und finde es noch.
Ich habe in all den Jahren viel von Frau Ehring gelernt. Unter anderem, dass man jede Gelegenheit nutzen sollte, das Gesicht der Sonne entgegenzuhalten.

Wir schwiegen eine Weile. Dann erzählte Frau Ehring weiter. Jenny war nach diesem letzten Kontakt zu ihrer Mutter verständlicherweise sehr verstört gewesen. Die Pflegefamilie hatte Kontakt zu einer Kinderpsychologin aufgenommen und sich darum bemüht, Jenny wieder zu stabilisieren. Glücklicherweise war das ganz gut gelungen.
»Trotzdem«, Frau Ehring drückte ihre Zigarette mit Nachdruck aus, »es ist einfach unglaublich, dass so etwas überhaupt passieren musste! Frau Seitmann ist seit anderthalb Jahren in der Einrichtung, in der Sie sie besucht haben. Von denen kamen keinerlei Hinweise darauf, dass es ihr nicht gut geht oder sonst irgendwas anders ist als sonst. Als wir den Vorfall geschildert haben, sagt diese Betreuungstrulla doch tatsächlich: ›Ja, das wundert mich nicht. Die Seitmann ist zurzeit wirklich schwierig, und ich glaube auch, die nimmt ihre Medikamente nicht.‹«
Frau Ehring atmete tief durch. »Also, ich erlebe ja einiges hier, aber diese Frau … Dings, na …«
»Klaasen?«

»Ja, genau! Diese Frau Klaasen ist wirklich das Letzte!« Frau Ehring sah mir wohl mein Erstaunen über ihre klaren Worte an. »Na, ist doch wahr! Sie ist Frau Seitmanns Betreuerin, weiß offenbar, dass sie ihre Medikamente nicht zuverlässig nimmt und gerade kurz vor einem Schub ist, und lässt sie zu einem Umgangskontakt mit Jenny gehen! Das darf einfach nicht wahr sein! Und dann kommt noch dieser Winkeladvokat daher und redet der armen Frau Seitmann ein, sie müsste jetzt beantragen, dass Jenny wieder bei ihr wohnen soll! Das ist komplett hirnverbrannt! Aber wem sage ich das? Sie haben sie ja selbst erlebt, oder?«
Allerdings hatte ich das. Und vor allem hatte ich diese Frau Klaasen erlebt! Ich schilderte Frau Ehring meinen Besuch bei Frau Seitmann in allen Einzelheiten. Na ja, also in allen wesentlichen Einzelheiten ... Ich wollte mich ja nicht gleich beim ersten Kontakt allzu schlecht darstellen.
»Frau Seeberg, ich will Ihnen ja nicht in Ihre Arbeit pfuschen, aber könnten Sie sich vorstellen, dass wir vielleicht erst einmal einen runden Tisch machen und Sie dann eventuell gar kein Gutachten schreiben? Ich meine, die Sache ist ja ohnehin klar. Da hatte Frau Klaasen tatsächlich recht. Im Grunde braucht man kein Gutachten, um zu erkennen, dass Jenny auf gar keinen Fall wieder zu ihrer Mutter kann. Aber Herr Baumann ist erst seit ein paar Wochen Familienrichter und wollte nichts ohne eine Sachverständige entscheiden. Auch klar irgendwie. Also, wollen wir einen runden Tisch vorschlagen und alles in Ruhe besprechen? Ich glaube, Frau Seitmann braucht auf jeden Fall ganz dringend eine neue Betreuerin.«
Ich kann gar nicht sagen, wie erleichtert und dankbar ich Frau Ehring war. Ich hatte das Gefühl, nicht mehr alleine zu sein. Da war jemand, der sinnvolle Ideen hatte und mir ein bisschen half, eine gute Sachverständige zu werden.

Einige Tage später saß ich also mit diversen Fachleuten an einem tatsächlich runden Tisch in einem Konferenzraum im Jugendamt und war froh, dass Frau Ehring ganz selbstverständlich die Gesprächsleitung übernommen hatte.
Frau Klaasen saß die ganze Zeit über schweigend dabei, doch als Frau Ehring sie fragte, ob sie nicht auch der Meinung sei, dass es Aufgabe ihrer Einrichtung sei, auf Frau Seitmanns Medikamenteneinnahme zu achten, schnaubte sie verächtlich und entgegnete: »Tja, wenn sie sie aber nun mal nicht nehmen will? Dann ist das eben so. Ich sag immer, ist ja ihr Schub und nicht meiner.«
Daraufhin atmeten alle Personen rund um den Tisch erst einmal schockiert ein und aus, was Frau Klaasen aber augenscheinlich nicht bemerkte oder einfach ignorierte. »Wie lang dauert das denn jetzt noch?«, fragte sie stattdessen, was ihr noch mehr erstaunte Blicke einbrachte. Ich musste sie wohl besonders auffällig angestarrt haben, denn sie wandte sich an mich. »Sie brauchen gar nicht so zu schauen, Sie werden schon sehen, wie viel Spaß der Beruf mit den ganzen undankbaren Bekloppten macht. Und bis dahin lernen Sie doch erst mal den Unterschied zwischen drittem Stock und Tiefgeschoss.«
Noch Wochen später fielen mir abends unter der Dusche diverse brillante Antworten auf diesen Spruch ein, aber in dem Moment war ich viel zu baff. An meiner Stelle sprach Frau Ehring, und ihre Stimme klang, als wollte sie damit den runden Tisch in zwei Hälften schneiden: »Vielleicht gehen Sie jetzt einfach, Frau Klaasen, denn hier sind Sie keine weitere Hilfe. Uns nicht und ganz sicher auch nicht Frau Seitmann. Guten Tag.«
Frau Klaasen zuckte nur mit den Achseln, griff Tasche und Jacke und verließ wortlos den Raum. Das war das letzte Mal, dass ich sie zu Gesicht bekam. Obwohl ich in den folgenden

Jahren immer wieder die Einrichtung besuchte, in der ich Frau Klaasen kennengelernt hatte, ist sie mir dort nie wieder über den Weg gelaufen. Nach Frau Klaasens Abgang waren sich alle schnell einig. Selbstverständlich sollte Jenny auch weiterhin und zwar dauerhaft bei ihrer Pflegefamilie bleiben. Frau Seitmann sollte zunächst stationär in einer psychiatrischen Klinik behandelt werden und im Anschluss daran in eine Einrichtung kommen, die im Gegensatz zu der bisherigen auf psychisch Kranke spezialisiert war und Besuchskontakte mit leiblichen Kindern vor- und nachbereitete sowie begleitete. Alle Beteiligten waren sich einig, dass Jenny und auch Frau Seitmann nie wieder Situationen wie den letzten Besuchskontakt erleben sollten.

Im Zuge meiner Arbeit an diesem Buch habe ich mich nach der aktuellen Situation in dem Fall erkundigt und erfahren, dass Jenny inzwischen eine Ausbildung in einem sozialen Beruf gemacht hat und aktiv an der Pflege ihrer Mutter beteiligt ist.

Im Anschluss an den runden Tisch reichte Frau Ehring mir die Hand. »Das haben wir ja prima hingekriegt!« Ich lächelte. »Na ja, *Sie* haben das prima hingekriegt. Ich bin währenddessen stümperhaft herumgestolpert und wäre ohne Sie sicherlich gegen eine Wand gerannt.«

Frau Ehring lächelte zurück, hielt meine Hand noch etwas fester und sagte: »Sie werden eine gute Sachverständige, denn Sie haben das Herz am rechten Fleck und sind nicht zu stolz, Hilfe anzunehmen. Das machen die meisten am Anfang falsch, und dadurch wird oftmals vieles schlimmer. Sie haben das alles ganz richtig gemacht. Lassen Sie sich da von niemandem etwas anderes einreden. Auch von sich selbst nicht!«

Ich brachte nur noch ein wackeliges Lächeln und ein »okay« zustande, bevor ich mich eilig verabschiedete. Frau Ehring

sollte die Tränen nicht sehen, die sich gerade in Windeseile in meinen Augen sammelten. Ich war gerührt von ihrer Freundlichkeit und unsagbar erleichtert, dass der Fall zu einem guten Ende gekommen war.
Ich hatte bei diesem Gutachten eine Menge gelernt. Selbst wenn es im Endeffekt gar nicht zu einem solchen gekommen war. Auch das war Teil der Lektion gewesen. Im Grunde also ein wirklich gutes Gefühl. Aber mir war nun völlig klar, dass ich als Sachverständige mit einer so riesengroßen Verantwortung viel mehr können und wissen musste.
Noch am selben Tag stürzte ich mich in die Suche nach Fort- und Weiterbildungen, Supervisionsgruppen, Fachteams und Instituten für Rechtspsychologie und verbrachte in den nächsten Monaten viel Zeit damit, andere Fälle zu studieren, mich mit Profis auszutauschen und all die Möglichkeiten kennenzulernen, die jenseits von Gutachten und Gerichtsterminen zur Verfügung stehen.
Insgesamt kann ich heute sagen: Es hat geholfen. Und wie!

Nebenbei sei aber auch gesagt, dass ich über meine Erlebnisse bei Tagungen, Seminaren und Co ein weiteres Buch schreiben könnte. In diesem Buch sollen zwei Kapitel genügen ...

Schreien Sie es raaaaaaauuuus!

Apropos Weiterbildung: Ich möchte einmal kurz von meinen Erfahrungen auf dem Weg zur Sachverständigen berichten.
Es gibt unzählige Möglichkeiten, sich im Rahmen eines Psychologie-Studiums oder nach Abschluss desselben fortzubilden. Ich möchte nicht auf einzelne Institutionen eingehen oder Tipps geben, welche Fortbildungen eher zu empfehlen sind als andere. Ich verfüge nur über ganz persönliche Erfahrungen. Und was für welche.
Nach erfolgreich bestandenem Vordiplom meldete ich mich als Erstes zu einer großen Fachtagung in Hamburg an. Dort wurden Vorträge zu allen möglichen Therapieformen sowie Forumsdiskussionen und Seminare geboten, und es waren internationale Gäste angekündigt. Als Student bekam man noch dazu einen Rabatt, der das Ganze bezahlbar machte.
Neugierig machte ich mich also auf in den Norden und fühlte mich dabei ganz erwachsen und irgendwie … psychologisch.
Auf der Tagung stellte ich allerdings fest, dass ich die einzige Studentin war. Alle anderen Teilnehmer, die mir über den Weg liefen, waren mindestens zwanzig Jahre älter als ich. Oder sahen zumindest so aus.
Ich unterdrückte das Gefühl, fehl am Platze zu sein, und folgte erst einmal dem Strom in den Vortragsraum. Was genau dort geboten wurde, wusste ich gar nicht, aber da etwa neunzig Prozent der Tagungsteilnehmer zu diesem Vortrag drängten, nahm ich an, dass es sich um etwas handelte, was man als angehende Psychologin und Fachtagungsbesucherin unbedingt gehört haben musste.

Tatsächlich landete ich im Hauptsaal, der etwa sechs- bis siebenhundert Personen fasste. Ich fand einen Sitzplatz am Rand der vorderen Reihen, setzte mich ... und verbrachte die nächsten anderthalb Stunden in fassungslosem Staunen. Denn was mir dort geboten wurde, sprengte nicht nur alle Klischees, die in Filmen, Comedy-Programmen oder Stammtischen über unserem Berufsstand ausgekippt werden. Nein, was sich nun vor meinen Augen abspielte, übertraf jedes Klischee um ein Vielfaches.

Ein Mann betrat die Bühne und wurde alleine schon dafür gefeiert wie ein Rockstar. Es wurde gejubelt und mit den Füßen gestampft, einige Tagungsgäste standen sogar auf. Standing Ovations schon zu Beginn eines Vortrags. Offenbar war ich die Einzige, die keine Ahnung hatte, wer der Typ überhaupt war. Aber da alle um mich herum frenetisch klatschten und johlten, stimmte ich zumindest in Ersteres höflich ein, um nicht direkt aufzufallen. Der Mann sonnte sich für mein Gefühl deutlich zu lange in dem Begrüßungsapplaus. Danach erklärte er in kurzen Sätzen, dass er die einzige wahre und zu hundert Prozent erfolgversprechende Therapieform praktiziere und somit in der Lage sei, sämtliche psychischen Störungen und Erkrankungen in kürzester Zeit zu heilen. Ein begeisterter Zwischenapplaus wurde von ihm mit gönnerhaft-maskenhaftem Lächeln quittiert, und er fuhr fort, dass er in einer Kurzsitzung von wenigen Minuten seelische Blockaden für immer lösen und den Menschen zu einer glücklichen Zukunft verhelfen könne.

Ich blickte mich vorsichtig um. Alle Zuhörer in meinem Sichtfeld hingen förmlich an seinen Lippen. Ich sah überall Köpfe zustimmend nicken, so als wüssten diese Leute alle schon Bescheid und holten sich nur noch die Bestätigung, dass es sich bei dem Redner um ein Genie handelte. Dieses Genie war auch

selbst sichtbar davon überzeugt, unglaublich mitreißend zu wirken. Mir ging er nach kürzester Zeit einfach nur wahnsinnig auf die Nerven, denn für mich waren seine Arroganz und Selbstverliebtheit fast körperlich spürbar …
Gerade hatte ich mich dazu durchgerungen, den Saal zu verlassen, da winkte Herr Fantastisch zwei Helfern zu, und diese schleppten eine dicke Matratze auf die Bühne. Nun war ich zugegebenermaßen doch neugierig, was es damit auf sich hatte, und blieb.
Während die Matratze von ihm eingewunken wurde, als ginge es darum, ein Flugzeug zu landen, erklärte er wortreich, wie vielen Menschen er schon geholfen habe und wie dankbar ihm all diese armen Kreaturen gewesen seien, denen er quasi ein neues Leben geschenkt habe.
Kaum waren die beiden Helfer von der Bühne verschwunden, blieb er plötzlich stehen, senkte den Blick und hielt sich die Hände an die Schläfen, damit auch die Menschen ganz hinten im Saal sehen konnten, wie sehr er sich konzentrierte. Ich hatte so fest mit einem Trommelwirbel gerechnet, dass ich mich verwundert umblickte, als dieser ausblieb. Auch als der selbsternannte Wunderheiler schließlich wieder ins Publikum sah, die Arme ausbreitete und verkündete, dass er nun vor aller Augen mehrere Menschen heilen werde, setzte kein spannungsgeladener Musikteppich ein, und ich erinnerte mich daran, dass ich ja eigentlich einer Fachtagung zum Thema Psychologie beiwohnte. Oder zumindest extra deswegen nach Hamburg gekommen war.
In meinem Hirn standen mehrere Fragen Schlange: Wartete hinter der Bühne eine Gruppe psychisch angeschlagener Menschen darauf, sich von ihm vor einem riesigen Fachpublikum therapieren zu lassen? Wie hatte er sie dazu gebracht? Und war das überhaupt erlaubt? Noch während mir diese und etwa tau-

send andere Fragen durch den Kopf schossen, stand der Herr Wunderheiler plötzlich mitten unter den Zuhörern. Nur zwei Meter entfernt von mir!
Oh nein!
Er hatte gar keine psychisch Kranken mitgebracht, er suchte sie hier in seinem Publikum!
Sofort schaltete ich um in meinen »Wage-es-ja-nicht«-Modus; wie immer, wenn ich mich in einem Publikum wiederfinde, in dem nach vermeintlichen Freiwilligen gesucht wird. Bevor ich diesen rettenden Automatismus herausgebildet hatte, war es mir nämlich ständig passiert, dass jeder Zauberer, Comedian oder Junggesellinnenabschiedsstripper zielgenau auf mich zusteuerte, wenn es darum ging, jemanden zur allgemeinen Belustigung auf die Bühne zu zerren. Nach ein paar peinlichen Situationen auf diversen Bühnen und einer Handvoll nicht minder beschämender Momente auf Hochzeitsfeiern und Geburtstagen hatte ich irgendwann genug Bestimmtheit und Wut angesammelt, um so viel wilde Entschlossenheit und wahrscheinlich auch ein hohes Maß an Unzurechnungsfähigkeit auszustrahlen, dass mich niemand mehr neben sich auf der Bühne stehen haben möchte.
Das sah offenbar auch der Herr Wunderheiler so, denn er streifte mich nur kurz mit seinem Blick, las dann die große Schrifttafel über meinem Kopf, die ihm in leuchtend roten Neonlettern »WAGE. ES. NICHT.« entgegenblinkte, bog dann recht überraschend zwei Schritte vor mir nach links ab und hielt einer zutiefst erschrockenen Dame um die fünfzig das Mikrofon vor das Gesicht. Sie brachte vor Schreck und Unbehagen kein Wort heraus und musste sich daraufhin von dem Herrn Therapeuten anhören, dass sie wohl noch nicht bereit für seine Hilfe sei, und sein Blick wanderte über die Dame hinweg in den Saal.

»Also, wer von euch möchte seinen inneren Schmerz loswerden? Wer von euch möchte frei von Ängsten sein? Wer?«
Und was soll ich sagen, es meldeten sich doch tatsächlich welche! Auf einer Fachtagung für Psychologen! Meldeten sich Personen, die gewillt waren, sich auf einer Bühne von diesem Mann in Minuten therapieren zu lassen! Die konnten doch unmöglich ...
Doch. Sie konnten.
Mr. Wunderheiler wählte vier Personen aus, denen die unendliche Ehre zuteilwurde, sich zu ihm auf die Bühne stellen zu dürfen.
Die Erinnerung an das, was dann geschah, ist auch jetzt noch Jahre danach mehr als verstörend, und ich versuche, Ihnen nun das Ganze möglichst unaufgeregt und wahrheitsgetreu zu schildern.

THERAPEUT zu Mann: Kommen Sie! Ich sehe Ihnen an, dass Sie eine schwere Kindheit hatten.
MANN *(erfurchtsvoll gehaucht):* Ja. Das stimmt ...
THERAPEUT: Legen Sie sich auf die Matratze, und lassen Sie alles raus!
MANN *legt sich auf die Matratze.*
MANN *liegt so rum.*
THERAPEUT: Los! Denken Sie an all den Schmerz! An all das, was Ihnen angetan wurde von Ihren Eltern!
MANN *liegt weiter rum.*
THERAPEUT: Sie müssen es rauslassen! Los! Machen Sie Ihrem Schmerz und Ihrem Ärger Luft!
MANN *(kaum hörbar):* Hmpf.
THERAPEUT: Mehr! Los! Schreien Sie! Sonst werden Sie Ihren Schmerz niemals los! Er wird für immer Ihr Leben vergiften! Los! Schreien Sie!

MANN *(leise):* Aaah.
THERAPEUT *(schreit):* Loooooos! Schreien Sie es raaaauuus! AAAAAAaaaaaah! AAAAAAAAAAaaaaaaaaah!
MANN *schaut verschreckt zum Therapeuten.*
THERAPEUT *(noch lauter):* AAAAAAAAAAAAAAAaaaaah...!! Los! Machen Sie! Sie wollen doch nicht, dass Ihre Eltern Ihr Leben für immer zerstört haben! AAAAAAAAAAAAAAAaaaaaaaaaaaaah!!
MANN *(leise):* Aaah.
Kurze Stille.
MANN *erhebt sich von der Matratze und erklärt, er habe möglicherweise eine Halsentzündung und könne deshalb nicht so laut. Er schleicht wieder auf seinen Platz.*

FRAU 1 *legt sich ungefragt auf die frei gewordene Matratze.*
THERAPEUT *(erfreut über ihr Engagement):* Ich sehe, Sie hatten auch viel zu leiden als Kind. Sie haben viele Traumata durchleiden müssen. Ihre Kindheit ist ein einziger großer Schmerz. Lassen Sie ihn r...
FRAU 1 *unterbricht Therapeuten durch markerschütternden Schrei.*
THERAPEUT: Ja! Genau! So! Weiter so! Lassen Sie sich in den Schm...
FRAU 1 *(diverse lange, grelle Schreie)*
THERAPEUT: Weiter! Ja! Nehmen Sie Ihren ganzen Körp...
FRAU 1 *schlägt mit den Armen um sich, trommelt mit den Beinen auf die Matratze, brüllt wie am Spieß.*
THERAPEUT *sagt was, ist aber wegen des lauten Geschreis nicht zu verstehen.*
FRAU 1 *richtet den Oberkörper auf, lässt sich wieder umfallen, wiederholt dies mehrere Male, trommelt dann weiter mit den Beinen und Armen, dreht sich auf den Bauch, hebt den*

Kopf und macht nun Geräusche, die klingen, als foltere man auf der Bühne eine übergewichtige Elchkuh.
THERAPEUT *geht zu Frau 1 und legt sich auf sie.*

Nein, Sie haben sich nicht verlesen. Der Mann legte sich wirklich und wahrhaftig auf die Dame. Ich sah mich um. Niemand außer mir schien das in irgendeiner Weise seltsam zu finden. Ganz im Gegenteil: Fassungslos registrierte ich, dass außer den mir bereits bekannten wissend Kopfnickenden nun auch viele andere mit angestrengt fachlich-interessiertem Blick auf die Bühne blickten und dabei betont seriös mit der Hand ihr Kinn zwirbelten.

Einer Eingebung folgend, ließ ich meinen Blick in das Halbdunkel auf den Rängen wandern, um dort vielleicht eine Kamera aufblitzen zu sehen. Dann musterte ich den Wunderheiler auf der Bühne eingehend, in der vagen Hoffnung, dass sich jeden Moment Hape Kerkeling die überhebliche Maske vom Gesicht reißen würde. Vielleicht steckte hinter diesem bizarren Schauspiel tatsächlich eine Inszenierung für die »Versteckte Kamera«! Aber warum war ich dann die Einzige, die sich über all das wunderte? Waren am Ende alle eingeweiht, und man wollte nur *mich* ... Nein. Dieser Aufwand war nun wirklich mehr als deutlich zu groß, nur um damit eine völlig unbekannte Psychologiestudentin fürs Fernsehen reinzulegen.

Meine Vermutung oder soll ich sagen »Hoffnung«, dass das Ganze nur eine Inszenierung sein konnte, zerschlug sich in dem Moment, als die Frau unter dem Therapeuten begann, sich an diesem zu reiben.

Ja. Zu reiben.

Frau 1 *schluchzt hemmungslos, klammert sich an den Therapeuten und reibt sich an ihm in mehr als eindeutiger Weise. Dabei beginnt sie wieder zu schreien.*

Frauen 2 und 3 *legen sich dazu. Gruppenkuscheln. Körper reiben aneinander. Kakophonisches Geschrei. Dazu Geräusche, die ich nicht einordnen kann. Und auch irgendwie nicht einordnen will.*

Frau 1 *zieht ihr Oberteil aus.*

Ich *will wegschauen, kann aber nicht.*

Therapeut: Sie müssen all den Schmerz Ihrer Kindheit! All die traumatischen Erlebnisse, die Trauer, die Wut! DEN SCHMEEERZ! Loslassen!

Frauen 1, 2, 3 *(überrascht-begeistert-orgiastisch):* Ooooooh!

Frau 1 *springt auf und hopst auf der Matratze herum.*

Frauen 2 und 3 *springen ebenfalls auf und nehmen sichtbar Anteil.*

Therapeut: Mehr! Da ist so viel mehr Schmerz! All der dunkle Schmerz, der dich vergiftet!

Frau 1 *rauft sich beim Hopsen die Haare, brüllt unverständlich und plumpst dann hörbar von der Matratze.*

Frau 2 *lässt sich umgehend auf Matratze fallen, beginnt zu heulen und klingt dabei wie der »Pumuckl«.*

Therapeut *(wendet sich an Frau 2):* Nicht heulen! Schreien! Sonst bleibt der Schmerz immer in dir! Und vergiftet dich!

Frau 2 *versucht zu schreien, ist aber offensichtlich zu erschöpft.*

Therapeut: Schrei! Willst du immer mit dem Schmerz leben und langsam daran zugrunde gehen? Schrei!

Frau 2 *weint nun hemmungslos.*

Therapeut: Das macht dich nicht wütend, was deine Eltern mit dir gemacht haben? Nein? Das MUSS dich wütend machen!

Dieser Therapeut hatte keine Ahnung, was die Eltern dieser Frau getan hatten. Er ging einfach davon aus, dass *alle* Eltern Dinge tun, die zu traumatischen Reaktionen führen. Ich sah weiter fassungslos zu. Inzwischen war Frau 2 damit beschäftigt, mit den Fäusten auf der Matratze herumzuhauen und dabei sehr, sehr unflätige und ekelhafte Beschimpfungen auszustoßen. Ich spürte das Verlangen, mir die Ohren zuzuhalten.

Angestachelt von dem sogenannten Therapeuten, schrie die Frau weiter herum, betitelte dabei ihre Eltern mit höchst skurrilen Substantiven und boxte ungelenk die Matratze, bis sie erschöpft von selbiger rutschte, um Platz zu machen für Frau 3.
Diese ließ sich nicht lang bitten, tat in etwa das Gleiche wie Frau 1 und 2, die sich derweil im Hintergrund der Bühne in den Armen lagen und einander dabei leise anwimmerten. Als irgendwann auch Frau 3 fertig gebrüllt und herumgetobt hatte, umarmte man sich erst zu dritt und dann den Therapeuten, wobei auch diese gemeinsame Umarmung augenblicklich stark schlüpfrige Tendenzen entwickelte.

Im Anschluss an diese mehr als erstaunliche Performance wiederholte der Herr Wunderheiler noch einmal das, was er zu Beginn schon gesagt hatte, fügte aber nun ausdrücklich hinzu, dass jeder verantwortungsvolle Therapeut unbedingt diese Methode von ihm erlernen solle – und zwar in mehreren Wochenendseminaren zu irrsinnigen Preisen. Denn jeder Therapeut müsse zuallererst seinen Patienten den Schmerz ihrer Kindheit nehmen. Aber dies – und das dürfte ja nun allen klar sein – sei nur mit seiner Methode möglich.
Wozu man mehrere Wochenenden benötigen sollte, um Leute lautstark dabei anzufeuern, eine Weile herumzuschreien

und auf Matratzen zu hauen, erschloss sich mir damals nicht. Aber ich war ja auch noch Studentin. Was wusste ich schon?

Ach ja, eines sollte ich noch klarstellen: Die Damen auf der Bühne waren wirklich keine Mitarbeiter von Herrn Fantastisch gewesen. Ich sah ein paar von ihnen später in anderen Vorträgen und wurde in der Cafeteria Zeuge, wie Frau 1 zu ihrer Kollegin sagte, sie werde nun auch diese Therapieform in ihr Repertoire aufnehmen, denn so etwas dürfe man seinen Patienten doch nicht vorenthalten.

Natürlich sah ich nach diesem einschneidenden Erlebnis dem Rest der Tagung mit gemischten Gefühlen entgegen. Was würde mich noch erwarten? Und wollte ich das wirklich miterleben? Schon spielte ich mit dem Gedanken, wieder abzureisen und das Ganze als Erfahrung zu verbuchen. Doch das Leben hat kein Drehbuch und folgt nun mal keinen dramaturgischen Pfaden. Tatsächlich verlief der Rest der Tagung schon fast enttäuschend normal. So wohnte ich zwei weitere Tage lang fachlich kompetenten Vorträgen bei und lernte verschiedene ernst zu nehmende Therapieformen kennen. Vieles wirkte auf mich angenehm sinnstiftend. Insofern war ich nach Ablauf der Veranstaltung recht versöhnt mit meinem zukünftigen Beruf.
Auch möchte ich auf keinen Fall den Eindruck erwecken, dass alle Tagungen, Seminare oder Lehrgänge grundsätzlich sinnlos, albern und bestenfalls verstörend sind. Trotzdem blieb mir diese seltsame Zirkusvorstellung bis heute im Gedächtnis, und es passiert mir immer wieder, dass mich die eine oder andere effekthascherische »Therapieform« an jenen Wunderheiler zurückdenken lässt.

Sie meinen ... Jetzt??

Familie Huber bestand aus Herrn und Frau Huber sowie Tim (fünf Jahre), Joel (drei Jahre) und Tamara (2 Monate). Herr Huber war ein Berg von einem Mann. Allerdings war er nicht wirklich dick, sondern in erster Linie ein Muskelprotz. Woher er all diese Muskeln hatte, war mir ein Rätsel, denn ich sah ihn fast ausschließlich irgendwo herumsitzen. Frau Huber stand ihm in der Leibesfülle kaum nach, wobei hier Fettgewebe die Muskelmasse ersetzte. Sie bewegte sich grundsätzlich in einem Tempo, das wirkte, als würde sie sich durch Gelee hindurcharbeiten. Entsprechend schwitzte und stöhnte sie auch bei jeder Bewegung, die mehr war als ein Kopfnicken.
Das Jugendamt war vom Kindergarten der beiden Jungen auf die Familie aufmerksam gemacht worden. Die Erzieherinnen hatten berichtet, dass Tim und Joel häufig sehr verdreckt in den Kindergarten kamen, nach Rauch rochen und insgesamt auffällig waren. So kannten sie zum Beispiel weder die Namen der Farben noch den Unterschied zwischen Frühstück und Abendessen und waren oft übermüdet. Joel war schon mehrfach während des Morgenkreises eingeschlafen. Beide Kinder liefen häufig weg und wurden dann im Supermarkt wiedergefunden, wo sie Schokolade und »Bier für den Papa« stahlen. Die Erzieherinnen hatten mehrfach versucht, mit den Eltern zu sprechen, aber diese waren zu den vereinbarten Terminen nie erschienen. Also hatte sich die Leitung des Kindergartens dazu entschlossen, dass man zur Unterstützung das Jugendamt hinzuziehen müsse.

Leider scheiterte auch das Jugendamt schon an der Terminvereinbarung mit Herrn und Frau Huber. Der zuständige Mitarbeiter, Herr Wohlfahrt, wandte sich umgehend an das Familiengericht und bat um einen Termin, da er eine akute Kindeswohlgefährdung nicht ausschließen konnte.

Zu diesem Termin erschienen die Eltern dann immerhin, erklärten aber, sie hätten eben keine Zeit gehabt für den Gang zum Kindergarten und zum Jugendamt. Schließlich hätten sie »zu tun«. Und überhaupt sei ihnen nicht klar, was denn eigentlich das Problem sei.

Da Herr und Frau Huber auch nach der ausführlichen Erläuterung der Erzieherinnen und des Jugendamtsmitarbeiters keinerlei Veranlassung sahen, etwas zu ändern oder Hilfe anzunehmen, sondern nur betonten, sie hätten für »so was« keine Zeit und wollten bitte in Ruhe gelassen werden, wurde ich als Sachverständige beauftragt. Die Fragestellung lag auf der Hand: War das Wohl der Kinder in dieser Familie gefährdet? Diese Frage konnte ich schon sehr bald mit einem klaren »Ja« beantworten und ein großes rotes, blinkendes Ausrufezeichen dahintersetzen.

Die Eltern waren mit der Erziehung und auch mit der Versorgung der Kinder schlichtweg überfordert. Regelmäßige Mahlzeiten waren ihnen so fremd wie ein gemeinsames Spiel mit ihren Kindern. Es gab auch nicht ansatzweise so etwas wie ein Erziehungskonzept. Nun hört sich das Wort »Konzept« vielleicht etwas akademisch-theoretisch an, als müssten alle Eltern erst einmal schriftlich niederlegen, nach welchen Regeln sie die Erziehung zu gestalten dachten. Das Wort »Erziehungskonzept« soll aber sehr vereinfacht gesagt nur ausdrücken, dass beide Elternteile wissen, was sie als richtig und falsch erachten, und gemeinsam an ihre Kinder weitergeben. Leider war mir – und somit ziemlich sicher auch den Kindern – bei den Hubers

vollkommen unklar, wann die Kinder was durften beziehungsweise eben nicht durften. Insbesondere Herr Huber teilte recht wahllos Schläge auf den Hinterkopf oder den Po aus.
Immerhin waren ein paar kurze emotional positive Momente zwischen Eltern und Kindern – insbesondere in Bezug auf Baby Tamara – zu beobachten, doch diese waren selten und konnten keineswegs kompensieren, was ansonsten alles schieflief.
Außerdem hatte die Partnerschaft unter Herrn Hubers zeitweise doch recht hohem Alkoholkonsum gelitten, und die Eltern stritten häufig. Und sehr laut.
Frau Huber war sogar kurzzeitig mit den Kindern zu einer Freundin gezogen. Dort hatten sich Joel und Tim aber dermaßen danebenbenommen, dass Frau Huber noch in derselben Nacht wieder in die eheliche Wohnung zurückkehren musste. Daraufhin hatten sich die Eltern allerdings wieder zusammengerauft, und so saßen sie mir beim Abschlussgespräch nun einträchtig gegenüber.
Ich setzte ihnen auseinander, dass es so auf gar keinen Fall weitergehen könne, und schaute in ungläubig-entsetzte Gesichter. Herr Huber fand als Erster die Sprache wieder. »Wie jetzt? Was meinen Sie denn damit? Sie wollen uns doch nicht die Kinder wegnehmen?«
Schon während er das sagte, begann Frau Huber bitterlich zu weinen und zu lamentieren, dass das ihr Tod wäre, sie wolle doch nicht ohne ihre Kinder leben und dass doch niemand so grausam sein könne.
War es möglich, dass die beiden tatsächlich über die gesamte Begutachtung verdrängt hatten, wie ernst die Lage war? Das konnte eigentlich nicht sein. Der Richter hatte ihnen mehr als eindringlich erklärt, dass er die Kinder im Grunde sofort in Obhut nehmen lassen sollte, ihnen aber noch eine letzte

Chance geben wolle und sie während der Begutachtung zeigen müssten, dass sie sich eben doch um ihre Kinder kümmern könnten. Der Jugendamtsmitarbeiter hatte ihnen für diese Zeit eine Familienhilfe angeboten. Als sie diese empört abgelehnt hatten, hatte ihnen Herr Wohlfahrt mit Nachdruck mitgeteilt, dass sie damit die Chance, ihre Kinder dauerhaft bei sich zu behalten, deutlich verringern würden. Auch ich selbst hatte in jedem Gespräch mit den beiden noch einmal auf die Notwendigkeit einer Veränderung ihres Verhaltens hingewiesen.
Es konnte doch nicht sein, dass sie all das umgehend erfolgreich aus ihrem Gedächtnis gelöscht hatten!
Und doch war es offensichtlich so.
Herr und Frau Huber hatten tatsächlich zu keiner Sekunde auch nur ansatzweise in Betracht gezogen, dass meine Begutachtung ergeben könnte, dass ihre Kinder nicht weiter bei ihnen würden leben können.
»Die haben es doch gut bei uns! Ich weiß gar nicht, was Sie wollen!« Herrn Hubers völlige Fassungslosigkeit verwandelte sich in blinde Wut.
Er sprang auf, nahm die Thermoskanne mit Kaffee und warf sie mit voller Wucht an die Wand. Und mit einem heiser gebrüllten »Sehen Sie das denn nicht, dass hier alles gut ist!?« war die Verwandlung abgeschlossen.
Allerdings machte die Kanne nur leise Pong und lag dann langweilig auf dem Boden herum. Noch nicht mal Kaffee war durch die Gegend gespritzt. Sehr unbefriedigend, wenn man gerade wütend etwas an die Wand geworfen hat.
Herr Huber aber war ein Mann der Tat, schnappte sich sowohl seine Kaffeetasse als auch die seiner Frau und warf sie mit einem kräftigen Wutschrei der Thermoskanne hinterher. Endlich klirrte und krachte es, und Kaffee spritzte durch den Raum. Die Zuckerdose flog sehr effektvoll hinterher. Ihr folg-

ten auf dem Fuße die Kaffeelöffel, die allerdings wieder eher in die Kategorie »enttäuschend« fielen. Das sah Herr Huber wohl ähnlich, denn er verließ den Raum mit einem neuerlichen Wutschrei und knallte die Türe hinter sich zu. Wir hörten die Wohnungstüre krachend ins Schloss fallen, dann war es still.
Frau Huber hatte aufgehört zu weinen und sah mich mit verlaufenem Make-up an. »Der ist gleich wieder da«, schniefte sie. »Der läuft jetzt nur bis zum Spielplatz und tritt ein paar Minuten an die Reifen von der Wippe und an den Mülleimer. Dabei schreit er ein bisschen rum, und dann geht's schon wieder.«
Sie stand auf und putzte sich lautstark die Nase. »Wir ... also, wir haben gedacht, Sie sagen das alle nur so ... von wegen, die Kinder müssen sonst weg und so ... Wie haben ... Also, mit so was haben wir nicht gerechnet ... Das ist ... ich kann das nicht fassen.« Frau Huber schnäuzte sich noch einmal. Dann begann sie neuen Kaffee zu machen, holte zwei Tassen sowie die angebrochene Tüte Zucker aus dem Schrank und stellte alles auf den Tisch. Thermoskanne & Co ließ sie am Boden liegen.
Ich überlegte gerade, ob ich vielleicht beim Aufräumen behilflich sein beziehungsweise mal damit anfangen sollte, als Herr Huber wieder ins Zimmer tappte und sich setzte.
Er murmelte: »Schuldigung. Ich hoffe, ich hab Sie nicht erschreckt. Ich tu niemandem was. Echt nicht. Aber ich war gerade so ... Also, das verstehen Sie doch, oder?«
Ja, das tat ich.
In Herrn Hubers Welt war seine Reaktion absolut nachvollziehbar. Keine Frage.

Ich hätte jetzt gehen und mein Gutachten schreiben können.
Aber irgendwie erschien mir das nicht richtig.
Also bat ich Frau Huber, sich noch einmal zu setzen, und begann den beiden zu erklären, dass niemand »einfach nur so«

eine mögliche Kindeswohlgefährdung in den Raum stellte und es nun wirklich allerallerALLERhöchste Zeit sei, etwas zu ändern. Irgendwie hatte ich die Vermutung, dass die Eltern jetzt, da sie endlich kapiert hatten, dass ihre Kinder nicht weiter bei ihnen würden leben können, vielleicht doch zu den notwendigen Veränderungen bereit und fähig sein würden.
Frau Huber unterbrach mich und beteuerte, sie werde alles, aber wirklich *alles* tun, wenn doch nur ihre Kinder bei ihnen bleiben könnten, auch wenn sie sich nach wie vor so gar nicht vorstellen könne, was eigentlich zu tun war. Herr Huber nickte bestätigend.
»Frau Huber, Herr Huber, bitte überlegen Sie einmal, und versuchen Sie, ehrlich zu sich selbst zu sein: Können Sie sich vorstellen, dass jemand vom Jugendamt mehrmals in der Woche zu Ihnen in die Wohnung kommt und Ihnen zeigt, was Sie ändern müssen?«
Frau Huber antwortete wie aus der Pistole geschossen, dass sie sich selbstverständlich *alles* vorstellen könne, wenn man ihr nur ihre Kinder nicht wegnehmen werde!
Herr Huber war etwas zurückhaltender und erkundigte sich zunächst, was denn genau zu ändern sei.
Mitten in meine Erklärungen hinsichtlich Ernährung, vorhersehbarem Erziehungsverhalten und feinfühliger Fürsorge hob der grobschlächtige Mann überraschend zaghaft die Hand. Ich nickte ihm zu und kam mir plötzlich vor wie meine alte Chemielehrerin, die auch immer wortlos genickt hatte, wenn sie einem Schüler gestattete zu sprechen. Ich schrieb mir eine mentale Notiz, daran zu arbeiten, und versuchte mich an einem Lächeln. Herr Huber schluckte und sprach dann ganz ernst und ohne jede Ironie: »Ich versteh nur Bahnhof.«

Ja.

Also hatte nun zunächst einmal *ich* etwas gelernt. Obwohl ich mich bemüht hatte, das alles für die Hubers verständlich zu erklären, war mir das offensichtlich überhaupt nicht gelungen. Noch nicht mal ansatzweise. Hatte ich mich zu akademisch ausgedrückt? War mein Tonfall zu gleichmäßig gewesen, meine Ausstrahlung zu oberlehrerhaft?
Ich schämte mich ein bisschen und versuchte es noch einmal.
»Ihre Kinder können nur dann bei Ihnen bleiben, wenn Sie an mehreren Tagen in der Woche jemanden hier reinlassen und dann tun, was derjenige Ihnen sagt.«
Herr Huber nickte, also sprach ich weiter: »Hier wird es *regelmäßige Mahlzeiten* geben, Sie werden darauf achten, dass Ihre Kinder sich *waschen* und *saubere Kleidung* anhaben. Und zwar Kleidung, die *zum Wetter passt*. Sie werden *lernen,* sich mit ihren Kindern zu *beschäftigen*. Und vor allem wird *kein Kind mehr geschlagen! Nie mehr!* Und es gibt *klare Regeln*, an die sich *alle halten. Auch Sie!* Und Sie, Herr Huber, müssen *weniger Alkohol trinken*.«
Während Frau Huber sofort wortreich und in mehreren Wiederholungsschleifen beteuerte, dass sie alles tun werde, saß Herr Huber einfach nur da und starrte vor sich hin.
Schließlich sagte er den Satz, der alles vorangegangene erklärte und den ich schon so gut kannte. Er lautet: »Sie wissen aber schon, dass es in anderen Familien viel schlimmer ist als bei uns?«
Ja. Wusste ich.

Das ist eine häufige Argumentation von Eltern, bei denen Defizite in der Erziehungsfähigkeit angenommen oder festgestellt werden. Natürlich kennen diese Eltern so gut wie immer eine Familie, im Vergleich zu deren Nachwuchs ihre Kinder quasi den Himmel auf Erden haben. Nicht selten denken diese Eltern bei solchen Vergleichen übrigens an ihre eigene Herkunftsfamilie. Und natürlich fragen sie sich heute, wo denn das Jugendamt oder die Frau Sachverständige damals war, als sie selbst und wohl auch ihre Eltern dringend Hilfe gebraucht hätten. Diese Frage stellt sich völlig zurecht, und es ist natürlich dramatisch, sich vorzustellen, dass auch diese Eltern einmal kleine, verstörte Kinder waren, die von ihren Eltern misshandelt und vernachlässigt wurden. Trotzdem darf dieser Umstand nicht als Rechtfertigung dienen, nun genauso oder so ähnlich mit den eigenen Kindern zu verfahren.

Die Eheleute Huber stammten beide aus Familien, in denen Misshandlungen und Vernachlässigung vollkommen normal waren und sich auch die Verwandten und Bekannten ihren Kindern gegenüber ähnlich verhielten. Sie waren aufgrund dieser Vergleichsmöglichkeiten der festen Überzeugung gewesen, richtig gute Eltern zu sein. Zum Beispiel hatte keins ihrer Kinder jemals offene Wunden von elterlichen Strafmaßnahmen davongetragen. Und es gab auch keine Rippen- oder sonstigen Knochenbrüche. Außerdem gab es jeden Tag irgendetwas zu essen. Die Kinder hatten sogar ein eigenes Zimmer, und die Betten waren überzogen.
Im Gegensatz zu seinem eigenen Vater prügelte Herr Huber seine Frau nicht regelmäßig krankenhausreif, und er schlug seine Kinder »wirklich nur« mit der Hand, statt sie mit einem Gürtel so sehr zu misshandeln, dass sie blutige Striemen hatten wie er selbst als Kind.

Alles war so viel besser als das, was Herr und Frau Huber in ihrer Kindheit erlebt hatten, dass es ihnen wirklich schwerfiel zu glauben, dass nun diese ganzen seltsamen Fachleute fanden, sie müssten noch viel mehr leisten, um gute Eltern zu sein.

Ihnen das zu vermitteln war schwierig. Aber es war möglich. Herr und Frau Huber schafften es, sich anzuhören, was ich ihnen zu sagen hatte.
Und diesmal drang ich glücklicherweise tatsächlich zu ihnen durch.
Frau Huber weinte ein bisschen, als sie erklärte, dass sie verstanden habe, dass ihre Kinder zunächst nur »auf Probe« bei ihnen bleiben konnten und dass sie als Eltern nun mit einer Familienhilfe zusammenarbeiten müssten. Herr Huber ergänzte: »Ich muss weniger trinken, und wir müssen halt machen, was diese Familiendingsda uns sagt.«
Okay, das war jetzt sehr grob zusammengefasst, aber immerhin hatten sie das Wichtigste begriffen.

Es mag einigen von Ihnen seltsam erscheinen, dass man bei einer Familie mit solchen Problemen nicht gleich die Kinder in einer Pflegefamilie unterbringt, aber es kommt eben auch hier immer auf den Einzelfall an.
Die Zustände, unter denen Tim, Joel und auch Tamara bisher aufgewachsen waren, waren weit davon entfernt, optimal zu sein, und würden sie so bleiben, wäre das eindeutig eine Gefährdung des Kindeswohls.
Aber Herr und Frau Huber hatten nun verstanden, dass sich vieles ändern musste. Das war ein erster wichtiger Schritt in die richtige Richtung. Wenn Eltern in einer solchen Situation nicht erkennen können, dass sie etwas falsch gemacht haben und ihr Verhalten (und oft auch ihre Einstellung) ändern müssen, ist es so gut wie unmöglich zu helfen.
Bei den Hubers bestand nun aber doch eine gewisse Möglichkeit, die Situation im Sinne der Kinder zu verbessern.

Es wäre natürlich viel besser gewesen, wenn sie das schon direkt im Anschluss an den Gerichtstermin verstanden und entsprechende Hilfen angenommen hätten, aber ich hatte mich entschieden, ihnen und auch ihren Kindern diese letzte Chance zu geben, und hoffte, der Richter würde das ebenso sehen.
Ich glaube, dass ich eine solche Entscheidung in den ersten Jahren meiner Sachverständigentätigkeit nicht getroffen hätte. Damals hätte ich wohl das Gutachten geschrieben und empfohlen, dass die Kinder in Pflegefamilien untergebracht werden sollten. Das wäre auch nicht falsch gewesen.
Da die Hubers es aber jetzt geschafft hatten, ihren Eindruck der Ungerechtigkeit und ihr Unverständnis beiseitezuschieben, und eine Bereitschaft entwickelt hatten, Hilfe anzunehmen und etwas zu verändern, bestand die Möglichkeit, den Kindern eine positive Entwicklung zu gewähren – und zwar im Zusammenleben mit ihren Eltern. Für Kinder ist es in der Regel viel angenehmer, wenn ihre eigenen Eltern es schaffen, das Familienleben so zu verändern, dass es allen so weit gut geht, als wenn sie von ihren Eltern getrennt werden müssen – und nicht selten auch von ihren Geschwistern.
Es war möglich – und hatte auch in anderen Fällen bereits stattgefunden –, dass Eltern durch die Unterstützung des Jugendamtes ihr eigenes Leben besser in den Griff bekamen. Natürlich war davon auszugehen, dass Herr und Frau Huber wohl nie die Erziehungskompetenz professioneller Pflegeeltern erreichen würden, aber sie konnten ihr Verhalten mit Unterstützung von außen so weit verändern, dass eine Kindeswohlgefährdung ausgeschlossen werden konnte. Und mit einer langfristigen Unterstützung und einem entsprechenden Netzwerk wäre so eine positive Entwicklung der drei Kinder dennoch möglich.
Ich hoffte also, dass Herr und Frau Huber ihre Chance wahrnehmen und nutzen würden.

Ich vereinbarte mit dem Richter und dem Jugendamtsmitarbeiter, Herrn Wohlfahrt, den umgehenden Einsatz einer Familienhilfe bei den Hubers. Glücklicherweise war schnell eine kompetente Sozialpädagogin gefunden, und die Hilfsmaßnahme konnte schon in der folgenden Woche beginnen.
Vereinbart war, dass das Gerichtsverfahren vorerst nicht abgeschlossen werden solle, um zu sehen, ob die Hubers ihren Versprechungen auch Taten folgen lassen würden.

Ich hatte mit Frau Steiger, der eingesetzten Hilfe, besprochen, dass wir in Kontakt bleiben würden und dass sie sowohl Herrn Wohlfahrt als auch mich sofort informieren sollte, falls Herr und Frau Huber nicht hinreichend mit ihr zusammenarbeiten würden.
Die beiden standen recht unglücklich neben ihrer neuen Hilfe und fühlten sich sichtlich unwohl. Ich erklärte ihnen, dass uns allen klar sei, dass sie nun sehr unter Druck stünden, dass es aber absolut und dringend notwendig sei, jetzt nicht zu jammern, sondern sich zusammenzureißen und die Anweisungen von Frau Steiger zu befolgen.
Die beiden nickten, und Frau Steiger klopfte Frau Huber auf die massigen Schultern. »Keine Sorge, wir schaffen das schon.«

Nur zwei Wochen später erreichte uns eine erste positive Rückmeldung: Das Ehepaar Huber zeigte sich erfreulich veränderungsbereit. Frau Steiger war zufrieden und äußerte sich sehr positiv über die Zusammenarbeit.
Frau Huber hatte ihre hausfrauliche Seite entdeckt und kochte nun fast täglich. Sie hielt die Wohnung und auch ihre Kinder sauber und hatte Herrn Huber untersagt, im Haus zu rauchen. Dazu könne er ja wohl auf den Spielplatz gehen.

Herr Huber hatte zwar ein paar Tage über dieses Rauchverbot geschimpft, sich dann aber gefügt.

In mehreren Sitzungen hatten die Hubers gemeinsam mit Frau Steiger eine Reihe von »Huber-Regeln«, wie Tim sie nannte, aufgestellt. Die Einhaltung dieser Regeln war allerdings noch immer ein Problem. Nicht so sehr für Tim und Joel, sondern für die Eltern. Frau Steiger war jedoch optimistisch, dass auch das bald funktionieren würde.

Gemeinsame Spielezeit zwischen Eltern und Kindern gab es auch. Allerdings nur, wenn Frau Steiger anwesend war, denn vor allem Herr Huber war damit schnell überfordert. Seine Geduld bei Gesellschaftsspielen oder Basteleien war sozusagen kaum vorhanden, und er musste sich des Öfteren schwer zusammennehmen, um nicht das Spielbrett oder den Klebestift dorthin zu schmettern, wo man noch den Rest des Kaffees erkennen konnte, den er bei meinem letzten Besuch dort appliziert hatte. Sowohl Frau als auch Herr Huber taten sich sehr schwer mit diesen gemeinsamen Beschäftigungen und trauten es sich alleine einfach nicht zu beziehungsweise kamen nach wie vor nicht von selbst auf die Idee, etwas mit ihren Kindern zu tun. Doch auch diesbezüglich äußerte sich Frau Steiger zuversichtlich.

Selbstverständlich gab es auch weniger gute Tage. Insbesondere Frau Huber fiel es zum Beispiel schwer, eine Beziehung zu ihren Kindern aufzubauen. Sie zog sich oft auf ihre Tätigkeiten im Haushalt zurück und musste von Frau Steiger immer wieder »eingefangen« werden, wie diese es ausdrückte.

Auch das mangelnde Verständnis der Eltern für angemessene Erziehungsmethoden war ein Problem. Zwar wussten sie, dass sie ihre Kinder nicht schlagen durften, weil man sie ihnen »sonst wegnehmen« würde. Leider erbrachten sie aber keine Transferleistung. So hatte Herr Huber tatsächlich einmal stolz

verkündet, dass er Tim gestern für einen Regelverstoß »nur den Schlüsselbund in den Rücken geschmissen« habe.
Frau Steiger hatte also einiges zu tun, aber sie war hartnäckig, optimistisch und unglaublich geduldig.

Sechs Monate nachdem Herr Huber die Thermoskanne an die Wand geworfen hatte, sollte ein Gerichtstermin stattfinden, um das Verfahren abzuschließen. Alle Beteiligten gingen davon aus, dass Frau Steiger zwar weiterhin in der Familie Huber tätig sein sollte, eine Fremdunterbringung der Kinder aber nicht mehr notwendig sein würde. Es hatte sich so vieles verbessert. Auch von Seiten des Kindergartens waren sehr positive Rückmeldungen gekommen. Tim und Joel seien nun »ganz neue Kinder«.
Ich war froh, dass alles so gut geklappt hatte, und vereinbarte mit Frau Steiger, dass wir ein paar Tage vor diesem Termin noch ein letztes gemeinsames Gespräch mit den Eltern führen würden.

Doch was soll ich sagen, manchmal ist das Leben leider kein Sonntagnachmittagsfilm. Eine Stunde vor diesem Termin erhielt ich einen Anruf von der Familienhelferin. Sie war ihrerseits von Herrn Huber angerufen worden, der ihr in knappen Sätzen mitgeteilt hatte, dass sie heute keine Zeit für das geplante Gespräch hätten. Da er das nicht weiter begründet und sogar einfach aufgelegt hatte, habe sie kein gutes Gefühl. Sie werde nun zur Wohnung der Familie Huber fahren, nach dem Rechten sehen und sich dann wieder bei mir melden.
Ich teilte ihr ungutes Gefühl und hoffte, dass wir beide falschlagen.

Am Abend meldete sich Frau Steiger. Sie klang erschöpft und frustriert.

Nachdem sie so penetrant bei Hubers geklingelt hatte, dass sie schon befürchtete, irgendwelche Nachbarn würden gleich die Polizei rufen, hatte ihr eine recht derangierte Frau Huber im Schlafanzug die Türe geöffnet. Sie wollte Frau Steiger nicht in die Wohnung lassen und erklärte, sie seien alle krank und bräuchten Ruhe.
»Na, wenn Sie alle krank sind, dann werde ich Ihnen mal ein bisschen helfen.« Mit diesen Worten hatte sich Frau Steiger in die Wohnung gedrängelt. Was sie dort zu Gesicht bekam, übertraf ihre schlimmsten Vermutungen.
»Frau Seeberg, Sie glauben nicht, wie es da aussah! Viel schlimmer als vor einem halben Jahr, als ich in die Familie kam! Überall lagen Essensreste herum, Kleiderberge und leere Bierflaschen. Ich weiß gar nicht, wie die in den drei Tagen, in denen ich nicht da war, so eine Masse an Müll und Dreck ansammeln konnten! Es roch wie in einem Abfalleimer, Herr Huber lag betrunken auf dem Sofa, und um ihn herum war alles übersät mit Zigarettenkippen! Ich will das alles gar nicht glauben!«
Frau Steiger hatte den leicht verstörten Kindern Abendessen gemacht, sie gewaschen und anschließend ins Bett gebracht, während Frau Huber die ganze Zeit über mit ausdrucksloser Miene am Küchentisch gesessen und ihrem Mann beim Schnarchen zugehört hatte.
»Ich hab mich dann zu ihr gesetzt, aber mit der Frau war nicht zu reden. Sie hat nur da gesessen und vor sich hingestarrt. Ich habe dann gesagt, dass ich von ihr erwarte, dass sie morgen früh die Kinder selbstständig versorgt und gemeinsam mit der Bierleiche auf der Couch die Wohnung irgendwie begehbar macht. Und ich habe gesagt, wir beide wären um 13 Uhr bei ihnen zum Gespräch. Ich hoffe, Sie haben da Zeit, Frau Seeberg?« Ich bejahte und verabschiedete mich von ihr.

Am nächsten Tag trafen wir uns um kurz vor 13 Uhr vor dem Haus, in dem Familie Huber wohnte. Ich bezweifelte, dass sie zu Hause sein beziehungsweise uns öffnen würden, aber Frau Steiger war diesbezüglich zuversichtlich. »Ich habe gestern gesagt, wenn sie uns heute nicht reinlassen, ist die Hölle los.« Sie schaute etwas betreten zu Boden. »Ich weiß ... Das war jetzt nicht gerade ... Aber ich war gestern so sauer, und ich will heute unbedingt mit den beiden reden, deshalb ...«
Sie drückte energisch auf den Klingelknopf, und fast zeitgleich wurde der Türöffner betätigt.
»Geht doch!«, murmelte Frau Steiger.

Herr und Frau Huber hatten weder die Wohnung aufgeräumt noch es geschafft, sich zu duschen. Sie stanken beide dermaßen nach Schweiß, abgestandenem Rauch und Alkohol, dass ich ungefragt mehrere Fenster öffnete, während ich mich nach den Kindern erkundigte. Tim und Joel waren schon »in den Kindergarten gegangen«. Alleine. Sie würden den Weg ja schließlich kennen, erklärte Frau Huber. Die arme Tamara lag in ihrem Bettchen und stank fürchterlich vor sich hin. Frau Steiger nahm sie heraus und begann sie wortlos zu wickeln. Dabei warf sie Herrn und Frau Huber zwischendurch so böse Blicke zu, dass diese mit einem gemurmelten »Wir machen mal Kaffee und so« in die Küche verschwanden.
Frau Steiger hatte Tamara auf dem Arm und stand einen Moment lang einfach nur da. »Ich würde die beiden jetzt wahnsinnig gerne anschreien und sie schütteln, bis sie wieder klar in der Birne sind.«
»Das verstehe ich.« Das tat ich wirklich.
»Aber wir probieren es jetzt erst einmal mit Reden. Einverstanden?« Der Hauch eines Lächelns glitt über Frau Steigers Gesicht, und sie nickte.

Wir setzten uns zu den Hubers an den Küchentisch, doch bevor ich das Gespräch eröffnen konnte, ergriff Herr Huber schon das Wort.
»Wir wollen Sie nicht mehr.«
Wie bitte?
»Wie bitte?«, fragte Frau Steiger mit konsterniertem Gesichtsausdruck.
»Wir wollen Sie nicht mehr.« Herr Huber verschränkte die Arme und sah uns herausfordernd an. »Also, wir wollen das alles nicht mehr. Das Ganze hier! Diese ewigen Termine mit Ihnen und all das.« Er sah Frau Steiger an und lächelte kurz. »Also, nix gegen Sie. Echt. Sie sind schon in Ordnung irgendwie, aber das ist uns alles zu viel. Das geht so nicht mehr.«
Frau Huber begann leise zu erklären, dass sie einfach nicht mehr könne. »Ich hab ja versucht, alles so zu machen, wie Sie das wollten.«
»Ja, und das haben Sie doch auch wirklich gut hingekriegt!« Frau Steiger konnte kaum verbergen, wie entsetzt sie war. »Sie haben doch wirklich gute Fortschritte gemacht! Sie können das!«
»Nein!« Herr Huber wurde laut. »Wir können das eben nicht! Und wir wollen das auch nicht!«
Er sah zu seiner Frau, die müde den Kopf schüttelte. »Nein, wir wollen das nicht mehr.«

Langsam, aber sicher zeichnete sich ab, worauf diese fatale Rückverwandlung zurückzuführen war: Herr und Frau Huber hatten in den vergangenen Monaten vieles verändert und gut mit Frau Steiger zusammengearbeitet. Doch dann hatte die Familienhelferin ihnen von dem Gerichtstermin erzählt, bei dem das Verfahren abgeschlossen werden sollte, und daraufhin hatte sich bei den beiden nicht etwa Erleichterung breitgemacht, sondern Panik.

Denn Frau Steiger hatte ihnen zwar gesagt, dass die Kinder nun bei ihnen bleiben könnten – dies aber selbstverständlich nur unter der Voraussetzung, dass sie auch weiterhin ihre Hilfe annehmen würden, um die erlangten Veränderungen zu stabilisieren und weitere Fortschritte in Richtung einer ausreichenden Erziehungsfähigkeit zu machen.

Die Vorstellung, dass die Anstrengungen, die sie bislang unternommen hatten, nicht mit dem Gerichtstermin endeten, sondern auch danach *weitergehen* würden, hatte Herrn und Frau Huber komplett überfordert. Die beiden hatten ganz ernsthaft damit gerechnet, oder zumindest irgendwie unterbewusst angenommen, dass sie sich nur bis zum Gerichtstermin bemühen mussten, sich Frau Steiger dann in Luft auflösen würde und sie danach endlich weiterleben durften wie zuvor. Ob der Erkenntnis, dass die Realität ganz anders aussah, hatten sie beschlossen, dass sie das so nicht mehr wollten. Gar nicht mehr.

Das war dramatisch. Besonders für die Kinder, denen die Veränderung ihrer Eltern sichtlich gut getan hatte.

Ich bat die Hubers, sich das Ganze bis zum Gerichtstermin noch einmal zu überlegen, aber ich kam nicht dazu, den Satz zu beenden. »Nein!«, unterbrach mich Herr Huber. Und auch Frau Huber schüttelte so energisch den Kopf, dass ihr Doppelkinn dabei leise schlackernde Geräusche machte.

Als wir wieder auf der Straße standen, war Frau Steiger den Tränen nahe. »Was ist denn da schiefgelaufen? So was hab ich noch nie erlebt. Die haben so gut mitgemacht und echt einiges geschafft. Und kurz vor dem Termin knicken die so dermaßen ein. Was hab ich denn falsch gemacht?«

Sie war verzweifelt. »Ich … ich hätte es langsamer angehen lassen sollen. Vielleicht hab ich zu viel von ihnen verlangt und es nicht gemerkt. Ich hätte …«
Ich unterbrach sie. »Frau Steiger … Sie hätten es nicht langsamer angehen können! In dieser Familie war es kurz vor zwölf. Sie haben verhindert, dass die Kinder in Obhut genommen werden mussten. Und dass die Hubers jetzt blocken, liegt nun wirklich nicht an Ihnen. Sie haben wirklich das Beste aus der Situation gemacht. Ich könnte mir vorstellen, dass sich die beiden bis zum Gerichtstermin übermorgen wieder einkriegen und dann wieder bereit sind, weiter mit Ihnen zu arbeiten.«
Frau Steiger stemmte ihre Hände in die Jackentaschen und zog die Schultern hoch. »Hm … Ja … Und wenn nicht?«
Ich machte mit beim Schulternhochziehen und seufzte.

Als ich am übernächsten Tag in den Gerichtssaal kam, saßen Herr und Frau Huber mit abweisenden Mienen neben ihrem Anwalt. Baby Tamara schlief auf Herrn Hubers Schoß.
Kaum hatte ich mich zwischen Frau Steiger und Herrn Wohlfahrt gesetzt, kam der Richter, Herr Nauerz, in den Saal und eröffnete die Sitzung.
Frau Steiger erstattete zunächst Bericht über die aktuelle Situation. Sie hatte kurz vor der Sitzung auch noch einmal im Kindergarten angerufen und erfahren, dass Tim und Joel die letzten beiden Tage zwar zum Kindergarten gekommen, aber von keinem Elternteil gebracht oder abgeholt worden seien. Die Erzieherinnen hätten die Kinder nach Kindergartenende selbst zu den Hubers nach Hause gebracht. Der Gesamtzustand der beiden sei nicht gut. Sie seien dreckig, unangemessen gekleidet (kein Wunder, sie hatten sich selbst angezogen) und wieder sehr müde und unausgeglichen gewesen.

Herr Nauerz bemühte sich um einen neutralen Gesichtsausdruck, doch man sah ihm an, dass auch er verärgert war über die neueste Entwicklung. Er wandte sich an die Hubers und bat sie um eine Erklärung. Doch der Anwalt der beiden, ein untersetzter Herr mit kreischend bunter Krawatte (war das tatsächlich ein Muster aus Pinguinen in lustig bunten Badehosen?), ergriff sofort lautstark das Wort. »Meine Mandanten haben sich bereit erklärt, eine Familienhilfe anzunehmen, um ihren guten Willen zu zeigen und zu veranschaulichen, dass sie durchaus dazu in der Lage sind, gut für ihre Kinder zu sorgen. Wie die Familienhilfe ja auch ausgeführt hat, ging es den Kindern in den vergangenen Monaten gut. Dass Herr Huber vor einigen Tagen schlafend auf dem Sofa vorgefunden wurde, lag daran, dass er an einer Grippe erkrankt war. Ebenso war seine Frau erkrankt und konnte daher den Haushalt nicht so führen, wie sie das in den letzten Monaten getan hatte. Aus dieser Ausnahmesituation nun die falschen Schlüsse zu ziehen wäre höchst unprofessionell. Meine Mandanten haben eindrucksvoll gezeigt, dass sie voll erziehungsfähig sind, und bitten darum, von weiteren Einmischungen von Seiten des Jugendamtes und damit auch der Familienhilfe abzusehen. Eine Fortführung der Hilfe zur Erziehung ist nicht mehr notwendig.«
Er sah mich an. Ich nahm an, dass er diese Grimasse für eine Art »eindringlichen Blick« hielt. Für mich sah er eher aus wie ein Koboldmaki mit Blähungen.
Herr Nauerz runzelte die Stirn. »Frau Seeberg, dann darf ich Sie bitten, Stellung zu nehmen.«
Es ist üblich, dass die Sachverständigen zu Beginn einer Verhandlung quasi ihr Gutachten erläutern – insbesondere dann, wenn es noch gar kein schriftliches Gutachten gibt. Ich hielt es aber an dieser Stelle nicht für zielführend, jetzt gleich sämtliche

Defizite der Hubers aufzuführen. Also bat ich den Richter, vorab noch ein paar Fragen an die Eltern stellen zu dürfen.
»Herr Huber, Frau Huber, wir haben ja vorgestern miteinander gesprochen, und ich habe Sie gebeten, sich noch einmal zu überlegen, ob Sie nicht doch weiterhin mit Frau Steiger ...«
Der Anwalt unterbrach mich. »Wie schon gesagt, meine Mandanten sind nicht gewillt, weiterhin fremde Menschen in ihrem Haus zu dulden. Dies müssen sie auch nicht, denn sie sind voll und ganz erziehungsfähig.«
Ich atmete tief durch und versuchte das kleine dicke Männchen mitsamt seiner kreischenden Krawatte auszublenden. Herr und Frau Huber konnten ja nichts für ihren, sagen wir mal wenig hilfreichen, Anwalt.
»Herr Huber, Frau Huber, ich halte es für dringend notwendig, dass Sie noch weiter Unterstützung ...«
»Meine Mandanten benötigen keine Unterstützung!«, krakeelte es oberhalb der Pinguine, und der Anwalt deutete dabei mit einem Füllfederhalter auf mich, als wollte er mich damit erdolchen. »Und deshalb sind meine Mandanten auch nicht bereit, sich noch weiter in ihrer Privatsphäre und ihrer persönlichen Freiheit einschränken zu lassen. Ich denke, ich muss das nun nicht noch ein weiteres Mal wiederholen!«
Ich merkte, wie es hinter meinem rechten Auge zu pochen begann. Herr Nauerz übernahm wieder die Leitung. »Herr Kollege, bitte lassen Sie doch einmal die Eltern antworten. Herr Huber, Frau Huber, können Sie sich vielleicht doch vorstellen, weiterhin eine Familienhilfe anzunehmen? Sie sollten sich wirklich gut überlegen, ob Sie das ablehnen. Wir sitzen hier ja nicht zum Spaß, sondern aus einem bestimmten Grund.«
Der Anwalt setzte gerade wieder zu einem »Meine Mandanten ...« an, als ihn ein strenger richterlicher Blick traf und zum Schweigen brachte.

Herr Nauerz wandte sich wieder an die Hubers. »Also ...?«
Frau Huber schaute zu Boden und versuchte sich unsichtbar zu machen. Herr Huber aber sah erst mich, dann Frau Steiger und schließlich den Richter trotzig an. Dann sprach er so laut und deutlich, dass ich das Echo von den Oberlichtern hören konnte. »Nein! Wir wollen das nicht mehr. Und unser Anwalt findet das auch. Punkt.« Baby Tamara fühlte sich im Schlaf gestört und und quengelte leise vor sich hin.
Der Richter seufzte. »Na dann, Frau Seeberg ... Würden Sie unter Würdigung der aktuellen Veränderung bitte die Ergebnisse Ihrer Begutachtung zusammenfassen?«
Also gut. Es half ja nichts. Ich konnte mich nicht länger davor drücken oder drumherum reden. Herr und Frau Huber waren offenbar fest entschlossen, alles wegzuwerfen, was sie in den vergangenen Monaten an Potential gezeigt hatten. Ich hatte keine andere Wahl. »In der jetzigen Situation muss das Wohl der drei Kinder als gefährdet angesehen werden. Beide Elternteile sind zumindest derzeit nicht hinreichend erziehungsfähig.« Ich fühlte mich mies. Natürlich stimmte das, was ich hier sagte. Aber in Anbetracht der Bemühungen und auch Leistungen der Eltern in den letzten Monaten kam ich mir trotz des jetzigen Rückfalls wirklich schäbig vor. Ich hatte die Eltern dazu überredet, es mit Frau Steiger zu probieren – und nun war das Ergebnis exakt das Gleiche wie bei meinem offenen Gespräch mit den Hubers vor ein paar Monaten. Das war so frustrierend!
Ich erläuterte die Defizite der Eltern, betonte aber auch ihre bisherigen Fortschritte und beschrieb, welch positiven Effekt diese insbesondere auf das Befinden ihrer Kinder gehabt hatten. Dabei schielte ich immer wieder auf Herrn und Frau Huber, in der vagen Hoffnung, dass die beiden in letzter Sekunde noch zur Vernunft kämen. Doch die beiden blieben still und unbewegt sitzen und hörten sich alles einfach nur an, als beträfe es sie gar nicht.

Ich machte einen letzten Versuch und erklärte, dass die Entwicklung bis auf den Rückfall der Eltern in den letzten Tagen durchaus positiv verlaufen sei und die Eltern wirklich viel geleistet hätten und stolz auf sich sein könnten. Alle drei Kinder könnten weiterhin bei ihren Eltern leben, sofern diese sich dazu bereit erklären würden, auch weiterhin mit dem Jugendamt beziehungsweise der Familienhilfe zusammenzuarbeiten. Daraufhin machte ich eine allerletzte, wie ich hoffte, effektvolle Pause, um Herrn und Frau Huber letztmalig Gelegenheit zu geben, nun zu erklären, dass sie sich von jetzt an zusammenreißen und wieder mit Frau Steiger arbeiten würden.
Aber nichts geschah.

Herr Nauerz sah mich auffordernd an. »Also: Können die Kinder unter Berücksichtigung der aktuellen Situation und der Erklärungen der Eltern beziehungsweise ihres Anwalts weiterhin im Haushalt der Eltern verbleiben, oder müssen sie fremd untergebracht werden?«
Auch er wandte sich nun an die Hubers: »Ich hoffe, Ihnen ist klar, dass ich die Sachverständige das im Grunde nur der Form halber frage. Ich werde auf gar keinen Fall zulassen, dass Ihre Kinder auch nur einen Tag länger in Ihrem Haushalt verbringen müssen.«
Die Hubers zeigten sich weiterhin völlig unbeeindruckt.
Ich war frustriert. Und es fiel mir schwer zu akzeptieren, dass meine Idee mit der Familienhilfe nicht funktioniert hatte. Zumindest nicht dauerhaft. Es hatte doch alles so gut ausgesehen. Und die Eltern hatten selbst bemerkt, dass es ihren Kindern besser ging! Ich wollte einfach nicht akzeptieren, dass sie nun nicht mehr bereit waren, sich zu bemühen, sondern lieber wieder im Dreck sitzen und ihre Kinder vernachlässigen wollten. Die drei hatten eine reelle Chance gehabt, bei ihren Eltern auf-

wachsen zu können. Aber jetzt war das definitiv nicht mehr möglich.
Ich musste einsehen, dass ich die Eltern nicht mehr motivieren konnte weiterzumachen, und betrachtete die Hilfsmaßnahme als gescheitert.
Somit räumte ich meinen Frust zusammen mit dem Ärger und der Enttäuschung darüber in eine Ecke und legte meinen Fokus auf die Kinder, die so wenig wie möglich belastet werden sollten: Ihre Situation war heute wieder genauso schlecht wie zu Beginn der Begutachtung. Der weitere Verbleib der Kinder innerhalb der Familie konnte also nicht mehr verantwortet werden.
Herr Wohlfahrt ergänzte, dass er eine sofortige Unterbringung der Kinder beantrage. Frau Steiger habe ihn vorgestern über die familiäre Situation informiert, und so habe er sich in Vorbereitung auf diesen Gerichtstermin mit dem Pflegekinderdienst in Verbindung gesetzt. Glücklicherweise gebe es sowohl eine Pflegefamilie für Tamara als auch eine, die Tim und Joel aufnehmen könne. Beide Familien seien bereit, die Kinder schon am heutigen Tag aufzunehmen, so dass kein zusätzlicher Aufenthalt in einem Übergangsheim oder einer Bereitschaftspflegefamilie notwendig wäre.
Frau Huber starrte weiterhin nur vor sich hin, doch da regte sich plötzlich etwas in Herrn Hubers Gesicht. Er drückte Tamara an sich, und seine Augen wurden groß. »Moment mal…«, ließ er sich vernehmen. »Was… was heißt das denn jetzt?«
Einen Moment lang war es still im Saal, und nicht nur mir, sondern auch dem Richter, Herrn Wohlfahrt und Frau Steiger wurde schmerzhaft klar, dass das Ehepaar Huber bis jetzt nicht kapiert hatte, dass die Kinder jetzt, also wirklich *jetzt*, bei ihnen aus- und bei Pflegefamilien einziehen würden.
Herr Nauerz seufzte, und wahrscheinlich dachte er gleichzeitig über die Vorteile eines anderen Berufes nach. »Herr Huber,

das heißt das, was wir Ihnen seit Monaten versuchen klarzumachen: So können Ihre Kinder nicht bei Ihnen leben. Und deshalb werden die drei in Pflegefamilien untergebracht. Ob Sie damit einverstanden sind oder nicht.«
Frau Huber reagierte nur mit einem verächtlichen Schnauben, aber Herr Huber hatte auf einmal Tränen in den Augen.
Er hielt seine Tochter im Arm und schaute recht verzweifelt zu Herrn Nauerz. »Sie meinen ... Jetzt? Tim und Joel ... die kommen gar nicht mehr nach Hause? Und die Kleine ... Sie nehmen die Kleine jetzt mit? Jetzt??«
Es war ein absolut schrecklicher Moment. Ich war wie gelähmt und einbetoniert zwischen zwei völlig widersprüchlichen Gefühlen. Ich wollte nun wirklich kein Mitleid mit Herrn Huber haben. Schließlich hatte er sich seinen Kindern gegenüber oft wirklich mies benommen, und er hatte beschlossen, sich jetzt nicht einmal mehr bemühen zu wollen. Ja, man könnte mit Fug und Recht behaupten, dass er sich diese Situation selbst zuzuschreiben hatte. Aber nun sah ich vor mir diesen verzweifelten Vater, der seine kleine Tochter im Arm hielt und sich nicht von ihr trennen wollte. Er hatte Tamara so fest an sich gedrückt, dass sie davon wach wurde und zu weinen begann. Erschrocken sprang der große Mann auf und lief ungelenk auf seinem Platz hin und her, um Tamara zu beruhigen. Was selbstverständlich nicht gelang.
Frau Steiger murmelte ein »Ich hasse meinen Job« und ging zu Herrn Huber. Sie stellte sich vor ihn und streckte ihre Arme nach Tamara aus.
Er versuchte sich ganz offensichtlich zusammenzureißen, aber sein Gesicht war inzwischen nass von Tränen. »Ich muss sie Ihnen jetzt geben? Also ... Jetzt?«
Frau Steiger nickte, und einen Moment lang standen sie sich gegenüber, dieser riesenhafte Mann mit dem winzigen Baby in

den mächtigen Armen und die kleine Frau vom Jugendamt. Niemand sagte ein Wort. Sogar der Anwalt hielt die Luft an. Für eine Sekunde sah es so aus, als würde Herr Huber gleich losbrüllen und mit dem Baby einfach durch die Wand nach draußen brechen, um dann auf Nimmerwiedersehen zu flüchten. Doch dann geschah etwas ganz anderes. Denn nun liefen auch Frau Steiger die Tränen über die Wangen, und Herrn Hubers Gesichtszüge wurden plötzlich ganz weich. Behutsam legte er seine Tochter in Frau Steigers immer noch ausgestreckte Arme, streichelte dem Baby ebenso unbeholfen wie sanft mit seiner patschigen Hand über die Wange und setzte sich dann wieder.

Als Frau Steiger mit Tamara den Saal verließ, war es totenstill. Alle Anwesenden waren noch einige Momente mit sich beschäftigt.

Fast hätte ich darauf wetten können, wer als Erster seine Stimme wiederfinden würde: »Meine Mandanten werden sich damit nicht einverst...« Der Herr Anwalt war aufgestanden, um seinen Worten Nachdruck zu verleihen, wagte es nun aber nicht, seinen Satz zu beenden, denn Herr Huber sah ihn einfach nur an. Und ich kannte diesen Blick. Ein klein wenig hoffte ich darauf, dass Herr Huber mit seinem Anwalt nun ähnlich verfahren würde wie mit dem Kaffeegeschwirr, aber nichts dergleichen geschah.

Der Anwalt allerdings machte ein ziemlich lustiges Glucks-Geräusch, als wäre ihm plötzlich die Krawatte zu eng, er lockerte seinen Kragen und setzte sich mit hochrotem Kopf wieder auf den Stuhl. In Herrn Nauerz Gesicht zuckte es.

»Herr Kollege, vielleicht lassen Sie Ihre Mandanten jetzt auch einmal zu Wort kommen, ja? Ich möchte gerne klären, wie die Umgangskontakte zwischen Eltern und Kindern aussehen können. Und dazu brauche ich in erster Linie den Sachverstand von Herrn Wohlfahrt und Frau Seeberg, aber eben auch eine Aussage Ihrer Mandanten. Also, Ihrer Mandanten *persönlich*. Ich hoffe, Sie verstehen.«

Der Anwalt nickte und wollte mit verschränkten Armen ein ganzes Stück mit seinem Stuhl zurückrutschen. Dabei blieb er allerdings mit der Armlehne am Henkel von Frau Hubers Handtasche hängen und wäre um ein Haar vom Stuhl gefallen. Herr Wohlfahrt und ich konnten uns einen enttäuschten Seufzer nicht verkneifen.

Da der Anwalt beleidigt schwieg, verlief der Rest der Verhandlung recht reibungslos. Die Hubers erklärten sich mit der Fremdunterbringung ihrer Kinder einverstanden. Sie betonten, dass sie das alles eigentlich ja nicht wollten, aber einsehen würden, dass es wohl nicht anders möglich sei. Und sie baten den Richter, das auch so aufzuschreiben.

Es wurde vereinbart, dass die Eltern regelmäßige Termine mit Herrn Wohlfahrt haben würden, um zu erfahren, wie es ihren Kindern ging, und um zu sehen, wie man Kontakte zwischen ihnen und den Kindern organisieren könnte.

Dann war der Termin beendet.

Herr und Frau Huber gingen nach Hause, um die Sachen ihrer Kinder zu packen und darauf zu warten, dass jemand kam, um sie abzuholen.

Tim und Joel waren schon von Frau Steiger vom Kindergarten abgeholt und ebenso wie Tamara in ihre Pflegefamilie gebracht worden.

Auf eine seltsame Art war ja nun alles gut. Aber ich fühlte mich leer. Und hinter meinem Auge pochte es wie wild.

Als ich aus dem Gerichtsgebäude trat, wurde ich von einer fiesen Nieselregenböe erwischt und war im Nu nass. Wie passend. Ich stand ein wenig im Regen herum und fühlte mich ir-

gendwie ... gar nicht. Dieser Zwiespalt zwischen Mitleid und Wut, Hoffnung und Ablehnung war verwirrend und schwer in den Griff zu bekommen. Seltsamerweise tat mir der Regen gut, denn er fühlte sich real an und erfrischend eindeutig. Es bedeutete einfach nur, dass ich nun nass wurde, und es war völlig unerheblich, wie ich das emotional beurteilte. Schließlich machte ich mich auf den Weg zu meinem Auto und rief meine Kollegin Bärbel an. Als ich mit meinem Kurzbericht fertig war, sagte sie: »Es ist nicht deine Schuld. Hörst du? Nicht. Deine. Schuld. Komm trotzdem vorbei. Ich mach uns einen Kaffee, und dann sag ich dir noch ein paar Mal, dass es nicht deine Schuld ist. Einverstanden?«
Ja. Und wie.

Ich hatte in den folgenden Jahren immer wieder einmal mit Herrn Wohlfahrt zu tun und freute mich, dass ich nur Positives über die Hubers zu hören bekam. Den Kindern ging es in den jeweiligen Pflegefamilien gut, und sie entwickelten sich alle drei altersentsprechend. Die Familien hatten auch untereinander Kontakt und sorgten dafür, dass sich die Geschwister in regelmäßigen Abständen sahen.
Herr und Frau Huber hatten sich nach anfänglichen Schwierigkeiten tatsächlich sehr kooperativ gezeigt und auch die Umgangskontakte in Begleitung von Frau Steiger zuverlässig wahrgenommen. Sie fanden nur alle sechs Wochen für einige Stunden statt, aber das reichte den Hubers aus. Herr Wohlfahrt berichtete, dass Herr Huber es einmal sehr schön formuliert hatte: »Wenn wir nur alle paar Wochen Eltern sein müssen, dann kriegen wir das gut hin. Bloß so immer und jeden Tag Eltern sein, das können wir eben nicht. So ist es für uns alle besser. Und meine Frau und ich streiten uns auch gar nicht mehr so oft.«

Ein Team zum Verlieben

Wenn ich noch ein einziges Mal den Satz ›Das hat uns aber auch nicht geschadet‹ hören muss, werde ich wahnsinnig! Was ist das denn für eine bescheuerte Argumentation?!? Vor allem, wenn das einer sagt, der weder mit seinem Berufsleben noch seiner Familie oder ir-gend-was zurechtkommt! Den Nächsten, der mit dem Spruch rechtfertigt, dass er seinen Kindern zur Strafe eine runterhaut, den … Also, den … Was weiß ich! Dem trete ich ans Schienbein! Jawohl! Das wird toll!«
Suse schaute so komisch aggressiv und gleichzeitig verzweifelt in die Runde, dass ich lachen musste. Und mit mir das gesamte Fachteam, neben Suse bestehend aus Bärbel, Petra, Anne, Christoph und mir. Wir alle sind Sachverständige für familienrechtliche Begutachtung.
Suse sah uns tadelnd an und strich sich betont seriös eine ihrer blonden Haarsträhnen hinters Ohr, aber da zuckte es schon um ihre Mundwinkel, und sie lachte mit.

Ohne mein Fachteam würde ich – eventuell gemeinsam mit Suse – durchdrehen. Na ja, oder so was Ähnliches … Auf jeden Fall bin ich sicher, dass ich den Belastungen dieses Berufes nicht so gut gewachsen wäre, wenn ich mich nicht regelmäßig mit meinen wunderbaren Kollegen austauschen und vor allem mit ihnen lachen könnte.
Natürlich geht es bei einem Fachteam in erster Linie um fachlich relevante Informationen und Erfahrungsberichte sowie darum, sich gegenseitig mit Ratschlägen und Supervision zur

Seite zu stehen. Oft fällt es ja viel leichter, einen guten Rat zu geben, wenn man nicht selbst mit dem Fall befasst ist und den Wald vor lauter Bäumen beziehungsweise die Lösung vor lauter Schakkelines oder Schanins nicht sieht.
Was ich im Laufe der Jahre neben der fachlichen Komponente mindestens genauso zu schätzen gelernt habe, ist die menschliche Seite. Ich fühle mich verstanden und gut aufgehoben. Und ich darf ganz wunderbar unprofessionell meinem Ärger und meiner Verzweiflung oder auch meiner Trauer Luft machen. Wie zum Beispiel dann, wenn ich von Natascha erzähle, die mit ihren gerade neun Jahren gemeinsam mit ihrem dreijährigen Bruder Robin beim Jugendamt erschien, um sehr bestimmt zu erklären, dass weder sie noch Robin jemals wieder zu ihren Eltern nach Hause zurückgehen würden – und wie zum Beweis auf die beiden äußerst umsichtig gepackten Rucksäcke deutete, an deren Seite sogar jeweils ein Schlafsack befestigt war. Die ganze Zeit, die die beiden Kinder beim Jugendamt verbrachten, hielt Natascha mit ernster Miene Robins Hand.
Ich besuchte sie nur wenige Tage später in ihrer Bereitschaftspflegefamilie und sah ein äußerlich neunjähriges Mädchen, das sich aber so erwachsen und kontrolliert verhielt, dass es schmerzte. Sie berichtete von Misshandlungen durch beide Elternteile und sexuellem Missbrauch durch den Vater. Ihre Schilderungen waren so detailliert und voller Dinge, die Natascha nicht verstanden, aber richtig beschrieben hatte (beispielsweise Ejakulat, das sie aber als »so 'ne Spucke« bezeichnete), dass ich nicht daran zweifelte, dass sie hier von etwas erzählte, das sie tatsächlich erlebt hatte. Doch selbst wenn, so hätte ich spätestens dann keinen Zweifel mehr gehabt, als Natascha leise zugab, dass sie wohl selbst schuld an dem Verhalten ihrer Eltern sei. »Ich hab immer gedacht, die hören auf damit, wenn ich nur brav bin und alles mache, wie die das wollen. Ich hab

mir ganz viel Mühe gegeben, richtig zu sein.« Sie senkte den Kopf und war kaum noch zu verstehen. »Aber es hat nicht geklappt.« Sie weinte nicht, als sie darüber sprach. Sie zeigte überhaupt kaum eine Regung. Auch nicht, als sie berichtete, wie ihre Mutter ihr ins Gesicht gesagt habe, dass sie wünschte, Natascha wäre tot. Aber am Abend bevor Natascha mit Robin im Jugendamt aufgetaucht war, hatten die Eltern »das Allerschlimmste gemacht, was es gibt«. »Das Allerallerallerschlimmste!« Nun zitterte Nataschas Stimme doch. »Sie haben Robin geschlagen. Alle beide. Ich wollte ihm helfen und hab gesagt, dass sie das nicht dürfen. Da hat der Papa mich in den Schrank im Flur gesperrt, wo auch die Mäntel und der Staubsauger drin sind. Ich hab da drin aber auch gehört, wie Robin geweint hat.«
Natascha hatte alles, was die Eltern ihr bis dahin angetan hatten, ausgehalten. Sie hatte sich nicht beschwert, sondern versucht, »immer noch besser zu sein«, in der irrigen Annahme, dass sie es wohl verdient haben musste, so behandelt zu werden, wenn ihre Eltern sie immer weiter misshandelten. Aber eins wusste sie ganz sicher: Robin hatte es nicht verdient, geschlagen zu werden. Niemals! »Er ist so ein süßer, kleiner Bruder. Er ist ganz bestimmt richtig! Ihn dürfen die nicht hauen! Nie wieder!« Nun weinte Natascha bitterlich. Um ihren Bruder.
Als ich meinen Kollegen von diesem Fall berichtete, weinte ich fast genauso haltlos wie Natascha. Und wenn ich ehrlich bin, laufen mir sogar jetzt, Jahre nach meiner Begegnung mit ihr, bei der Erinnerung an diesen Fall die Tränen übers Gesicht. Was dieses kleine Mädchen über viele Jahre aushalten musste und wie groß ihre Liebe und ihr Beschützerinstinkt gegenüber ihrem kleinen Bruder waren ... All das ist eben manchmal auch für uns Fachleute zu viel.

Dass ich durch mein Fachteam einen Ort habe, an dem ich ganz unprofessionell um dieses Mädchen weinen kann, und dass ich dort nicht nur verstanden, sondern auch aufgefangen und mit Trost und hilfreichen Ratschlägen wieder aufgebaut werde, das ist etwas wirklich Besonderes und sehr, sehr hilfreich.

Natascha und Robin geht es heute übrigens beiden gut, wie ich vom zuständigen Mitarbeiter beim Jugendamt weiß. Robin hat keine bewusste Erinnerung mehr an die Zeit bei seinen Eltern. Und Natascha konnte im Rahmen einer Therapie und mit Hilfe der Geduld und Liebe ihrer Pflegeeltern das Erlebte so weit verarbeiten, dass sie heute ganz gut zurechtkommt. Sie konnte sogar ein klein wenig Kindheit nachholen und legte einen Teil ihrer Ernsthaftigkeit ab. Später machte Natascha Abitur und studiert nun Sozialpädagogik.

Neben der Möglichkeit, sich einfach mal gehen zu lassen und unterdrückter Trauer und Verzweiflung Raum zu geben, mag ich mein Fachteam aber eben auch deshalb so sehr, weil ich mit meinen Kollegen über so manch skurrile Situation herzlich lachen kann – auch und gerade dann, wenn diese tatsächlich nur dann lustig ist, wenn man einen Schritt zurück macht – mitunter einen großen Schritt.
Petra erzählte beispielsweise einmal, dass sie sich mit der Familienhilfe der zu begutachtenden Familie Pfeiffer mehrere Tage darüber unterhalten hatte, was das wohl für ein ungewöhnlicher Bodenbelag sei, den diese Familie im Kinderzimmer verlegt hatte. »Wir dachten, es sei eine besondere Art Korkboden oder so… Immer wieder hatten wir gemeinsam überlegt, wo es diesen Bodenbelag geben konnte und ob er aufgrund seiner leicht federnden und trotzdem stabilen Beschaffenheit nicht auch was für die eigene Wohnung wäre …

Und nun ratet, was es war!« Wir starrten sie erwartungsvoll an. »Es war festgetretene Hasenkacke!«
Natürlich ist das furchtbar, aber mit einem Schritt zurück eben auch etwas, worüber wir im Fachteam – und wirklich nur dort – lachen konnten.
Nebenbei bemerkt, erfuhren wir daraufhin von Christoph, dass beispielsweise Schamanen bei ihren Ritualen häufig auf Kameldung zurückgreifen und in Ägypten mehr als die Hälfte der Häuser mit Hilfe von ebendiesem Kamel-Endprodukt gebaut werden. Das mit dem Bodenbelag war also gar nicht sooo weit hergeholt … Und vielleicht ist das ja eine prima Marktlücke. Bioboden – und zwar richtig.

Anfangs hatten wir oft ein schlechtes Gewissen, wenn unser Fachteamtreffen eher einem Impro-Abend von Möchtegern-Comedians ähnelte als einem seriösen fachlichen Austausch.
Aber es tat so unfassbar gut!
Dennoch … Sich gegenseitig mit grotesken Begebenheiten zu unterhalten und dabei vor Lachen kaum noch atmen zu können … Das ist doch unprofessionell hoch zehn!
Suse verdanken wir allerdings einen recht gelungenen Weg aus dem Dilemma: Sie fand einen grandios professionellen Namen für unsere unpassenden Lachanfälle: Psychohygiene.
Klingt toll, nicht wahr?
Wenn Sie sich also mal ganz unkorrekt über Ihren cholerischen Chef oder Ihre zwanghaft Buchsbaum-in-geometrische-Formen-schneidende Nachbarin lustig machen, dann ist das etwas Gutes. Denn Sie befreien sich mit Hilfe des Humors von Ärger und Stress. Sie betreiben Psychohygiene. Und das ist gesund. Und wichtig für das seelische Gleichgewicht. Lassen Sie sich da von niemandem etwas anderes einreden. Aber tun Sie es wenn möglich nur, wenn Ihr Chef und Ihre Nachbarin außer

Hörweite sind. Und tun Sie es mit Gleichgesinnten, die einschätzen können, wie ernst Sie es meinen und was Ihre wirkliche Einstellung ist.

Bärbel erzählte von den zerstrittenen Eltern, die beide in irgendeinem Online-Chat »jemanden kennengelernt« hätten.
»Frau Nowak war so aufgeregt, dass sie mir am Laptop den letzten Chatverlauf gezeigt hat. Sie heißt dort ›Eowyn of Boeblingen‹, und ihre Chatbekanntschaft nennt sich ›Obi-Wan-2000‹.« Sie grinste breit. »Und stellt euch vor, der Herr Nowak hatte mir vor zwei Tagen die gleiche Geschichte erzählt.«
»Lass mich raten: Er heißt Gandalf-3000 und hat Prinzessin R2-D2 kennengelernt!«, kicherte Petra.
Bärbel schüttelte den Kopf. »Viel besser! Er hat im Netz eine ›Eowyn of Boeblingen‹ kennengelernt.«
Es dauerte einen Moment, bis wir verstanden hatten.
Und noch einen Moment, in dem wir diese Ungeheuerlichkeit schweigend verdauen mussten.
Die beiden hatte sich tatsächlich unwissentlich in ihren jeweiligen Ex-Partner verknallt, mit dem sie gerade in einem erbitterten Rechtsstreit lagen! Ein Blind Date zwischen den beiden wäre wie eine dieser Filmszenen, bei denen man den Kopf schüttelt und »So ein unrealistischer Quatsch« brummelt. Nur dass es eben die Realität wäre …

Christoph streckte sich und sagte grinsend: »Wer errät, warum ich in der Sache mit der thailändischen Mutter nun doch kein Gutachten schreiben muss, gewinnt eine Flasche Rotwein. Ach, was: der gewinnt eine ganze Kiste Rotwein!«
Wir überboten uns in zunächst sinnvollen, dann aber immer abstruseren Ideen zum Grund für das nicht mehr benötigte Gutachten, aber wir kamen einfach nicht darauf.

»Tja, dann muss ich den Wein wohl behalten. Der Herr Jansen, ihr wisst noch, der zuständige Jugendamtsmitarbeiter?« Wir nickten. »Ebendieser spießige Herr Jansen ist mit der Mutter nach Thailand abgehauen! Die Kinder haben sie hier beim Vater gelassen. Und immerhin so was wie ein Abschiedsschreiben verfasst. Na ja, eigentlich war's nur eine Wir-sind-dann-mal-weg-SMS an die Richterin …«

Ja, auch diese Geschichte wäre ein toller Filmstoff oder würde zumindest eine prima Storyline für eine Daily Soap abgeben … Wir lachten gemeinsam Tränen bei der Vorstellung, wie sich der uns allen bestens bekannte Herr Jansen auf einem typischen Markt in Bangkok zurechtfinden würde. Denn Herr Jansen war einer dieser Menschen, die es kaum ertragen, wenn ein Kugelschreiber nicht absolut parallel zur blitzsauberen Unterlage auf dem Schreibtisch liegt. Und wenn wir Herrn Jansen zitierten, ging diesem Zitat immer ein lautmalerisches »Pfft-Pfft« voraus, das ziemlich perfekt das Geräusch der Sprühflasche nachahmte, mit der Herr Jansen jedes Objekt desinfizierte, das er gezwungen war anzufassen.

Wir steigerten uns schnell in die wahnwitzige Vorstellung, dass Herr Jansen sich von einem thailändischen Schneider einen Anzug anfertigen ließ, der über zwanzig Innentaschen verfügte, in denen er ein Arsenal aus Desinfektions-Sprays unterbringen konnte. Doch schließlich waren wir alle der Meinung, dass es eine tolle Sache war, so über seinen Schatten zu springen, und das wohl tatsächlich aus Liebe. Wir stießen auf ihn und sein Lebensglück an und widmeten uns der nächsten Geschichte. Die kam von Suse, und auch sie begann mit einer Preisfrage: »Ich habe doch diesen Fall, in dem die Mutter unbedingt will, dass ihre Kinder jetzt auch den Namen des neuen Ehemannes annehmen sollen … Und was glaubt ihr, hatte die Mutter bei meinem Hausbesuch dort an?«

»Nix!«, kam es wie aus der Pistole geschossen von Christoph. Suse guckte ihn verdrossen an. »Männer …! Also echt!« Sie sah in die Runde. »Aber recht hat er.«
Tatsächlich war der armen Suse bei ihrem letzten Besuch bei Frau Wolf von ebendieser nackt die Türe geöffnet worden! Suse verzog das Gesicht. »Sie ist dick. Und hat so rosa Schweinchenhaut. Also, damit das klar ist! Ich hab nix gegen Dicke! Wie könnte ich!« Suse ist selbst recht rundlich und das beste Beispiel für eine Frau, die sich so mag, wie sie ist. »Aber das! Das wollte ich einfach nicht sehen! So gar nicht! Allerdings konnte ich irgendwie auch nicht wegschauen. Wie bei einem Unfall. Man will nicht hingucken, tut es aber aus irgendwelchen Gründen doch.« Sie schüttelte mit einem verzweifelten Gesichtsausdruck den Kopf. »Ich meine, man kann sich doch immer irgendwas überwerfen, bevor man die Türe aufmacht, oder? Aber sie hat mich dann auch nackt ins Wohnzimmer geführt und nackt Kaffee serviert!« Suse machte dabei genau das fassungslose Gesicht, welches sie sich bei der Begutachtung verkniffen hatte. Psychohygiene eben.

»Ich hab dann irgendwann gefragt, ob sie sich nicht eben vielleicht was überziehen wollte, ich würde wirklich gerne so lange hier sitzen und warten, kein Problem, wirklich nicht … Aber sie hat dankend abgelehnt. Sie sei zu Hause immer nackt. Dann hat sie auf ihren Bauch gezeigt, gackernd gelacht und gemeint, der würde doch sowieso alles verdecken, was ich ihr ›abschauen‹ könnte!«

Suse schüttelte erneut den Kopf. »Unfassbar … Ich musste ihr dann recht deutlich sagen, dass sie sich was anziehen soll! Und der Hammer kommt jetzt: Die hat sich doch glatt über mich beschwert, weil ich sie in ihrer eigenen Wohnung gemaßregelt und in ihrer Freiheit eingeschränkt hätte! Echt jetzt!« Ihr letzter Satz ging fast unter in unserem haltlosen Gekicher.

Ich hatte einmal etwas Ähnliches erlebt, aber immerhin hatte diese Mutter sich zumindest ein schmales Handtuch umgewickelt.

Anne meldete sich zu Wort: »Apropos Handtuch. Wisst ihr, was dieser Vater, von dem ich das letzte Mal erzählt habe, jetzt gemacht hat?«
»Der mit der schrecklichen Ex-Frau, die dich ständig anruft, um dir zu sagen, dass er das Kind vier Minuten zu früh abholen wollte, und die mit dem Kind die vier Minuten in voller Montur hinter der Wohnungstüre wartet, damit er bloß keine Minute mehr Umgangskontakt hat als festgelegt?«
»Ja, genau der.«
»Der war nackt?«
»Nein. Natürlich nicht.« Anne verdrehte die Augen. »Als er zum letzten Mal zum Gespräch zu mir in die Praxis kam, hatte er ein Handtuch über der Schulter. Ich hab ihn gefragt, ob er noch zum Sport geht, und er meinte, nein, es sei Towel Day.«
Sie sah gespannt in die Runde. Nur Christoph und ich kreischten auf und waren sofort noch mehr auf Seiten des Vaters, als wir es ohnehin schon waren. Suse, Petra und Bärbel starrten uns an, als hätten wir den Verstand verloren.
»Was zum Henker soll denn ein Handtuch-Tag sein? Und warum findet ihr das toll, wenn da einer mit einem Handtuch rumläuft? Ihr spinnt, wisst ihr das?« Aber Suse grinste, als sie das sagte.
Anne, stolz auf ihr Fachwissen, erklärte, dass dies der Gedenktag zu Ehren des britischen Autors Douglas Adams sei, der in seinem berühmten Werk »Per Anhalter durch die Galaxis« erwähnt, dass ein Handtuch so ziemlich das Nützlichste sei, was man auf Reisen durch die Galaxis dabeihaben konnte.

Christoph und ich erklärten, dass wir uns weigerten, weiterhin in einem Fachteam mit Menschen zu sein, die ganz offensichtlich den »Anhalter durch die Galaxis« nicht kannten. Dies führte zur Erstellung einer offiziellen Fachteam-Literaturliste, bei der der »Anhalter« unangefochten den ersten Platz einnahm.
Aber nicht nur verrückte und alberne Geschichten sind Thema bei unseren Treffen. Natürlich geht es auch oft um schwierige Fälle, knifflige Situationen oder Momente, die man so oder so ähnlich bisher noch nie erlebt hat. Auch wenn man immer das Wohl der Kinder im Blick hat, geht es ja auch bei den Eltern um Schicksale, und es ist selten so, dass Eltern in »gut« und »böse« einzuteilen sind und ganz einfach zwischen »Recht« und »Unrecht« unterschieden werden kann.
Zum Beispiel trifft man auch im Rahmen von Begutachtungen Menschen, die einem auf Anhieb sympathisch sind. Wenn es sich dabei um Jugendamtsmitarbeiter, Anwälte, Richter oder Familienhelfer handelt, ist das in erster Linie nett. Schwierig ist es aber, wenn es sich dabei beispielsweise um eine zu begutachtende Mutter handelt.

»Ich hab einen neuen Fall. Und ich mag die Mutter total gerne.«
Mit diesem Satz erntete ich beim nächsten Fachteam ein kollektives Aufstöhnen, gefolgt von Mitleidsbekundungen und einigen »Ach-du-Scheiße«-Ausrufen.

Erstaunlicherweise ist es nämlich weit weniger dramatisch, wenn man einen Elternteil nicht mag. In solchen Fällen bemühe ich mich, positive Aspekte zu erkennen, und wenn ich sie nicht finde, sage ich mir, dass dieser Mensch ja aus irgendwelchen Gründen so geworden ist, wie er heute ist. Das hilft mir, ein gewisses Maß an Verständnis und manchmal auch Mitleid zu entwickeln, so dass ich keine Sorge haben muss, in der Begutachtung durch meine Abneigung gegenüber diesem Elternteil womöglich befangen zu sein.

Ich bin von Natur aus Perfektionist. Und ich finde, dass man bei einem Job wie dem einer Sachverständigen besonders verantwortungsvoll und achtsam arbeiten muss. Natürlich ist irren menschlich, aber bei einer Tätigkeit mit einer solchen Tragweite für das Leben anderer Menschen sollte man sich immer nach Kräften bemühen, sämtliche Fehlerquellen zu erkennen und umgehend aus dem Weg zu räumen.
Und wenn man jemanden mag, kann die Fehlerquelle schnell anschwellen zu einem ganzen Fehlerwasserfall.
Also muss man viel Zeit und Kraft darauf verwenden, immer wieder zu überprüfen, ob man auch wirklich alles richtig verstanden hat und nicht etwas vermeintlich Positives in die Aussagen des netten Elternteils hineininterpretiert hat, das da vielleicht gar nicht wirklich war.
Hat man tatsächlich genau hingeschaut und Aussagen auf ihren Gehalt im Hinblick auf Handlungen überprüft? Oder hat man vielleicht am Ende gar die Einstellungen des sympathischen Elternteils kritiklos übernommen?
Man muss sich viel zusätzliche Arbeit machen und so misstrauisch gegenüber sich selbst sein, dass es manchmal entsetzlich nervt.
Aber auch das wird mit jedem Mal ein kleines bisschen leichter. Denn glücklicherweise wird man ja mit jeder Erfahrung ein wenig besser.
Die Mutter, um die es ging, kommt in diesem Buch übrigens auch vor. Sie heißt Frau Krüger.

Die traurige Merida

Ich hatte den Auftrag für einen »typischen« Umgangsstreitigkeitsfall bekommen.
Ja, leider gibt es die.
Für die Beteiligten ist das sehr unschön. Zum einen, weil es immer unangenehm ist, wenn eine Streitigkeit zwischen Eltern vor Gericht landet. Zum anderen, weil gerade das »Typische« an diesen Fällen schnell dazu führen kann, dass sie von Richtern, Jugendamtsmitarbeitern oder auch Sachverständigen in eine bestimmte Schublade gesteckt werden.
Für mich sind diese Fälle anstrengend, weil sie sich oft so wahnsinnig ähneln, dass es eines gewissen Kraftaufwandes bedarf, um nicht vorschnell zu urteilen. Und weil ich während der Termine manchmal einiges tun muss, um meine Konzentration aufrechtzuerhalten, wenn ich einem Monolog lausche, den ich schon zig Mal so oder so ähnlich gehört habe.
Die Mutter berichtet, dass ihr Ex-Mann das Kind immer zu spät abholt und/oder bringt, das Kind nach jedem Papa-Wochenende krank ist, die Kleidungsstücke nicht vollständig wieder zurückkommen, der Vater dem Kind nur ungesunde Dinge zu essen vorsetzt, es nicht altersgemäße Filme schauen beziehungsweise Computerspiele spielen lässt, die von der Mutter vorgegebenen Schlafenszeiten nicht einhält und überhaupt das Kind ja total durcheinander- und sogar auch gegen sie aufbringt und er eben kein Gespür für Kinder hat.
Der Vater seinerseits erklärt mir, dass die Mutter eine überbehütende Glucke ist, die ständig behauptet, das Kind sei sehr krank, obwohl es nur einen Schnupfen hat, und ihn, den Vater,

vor, während und nach jedem Besuchswochenende mit Vorwürfen und Anweisungen überhäuft, obwohl sie es ist, die dem Kind nicht genug Kleidungsstücke für das Wochenende einpackt und überhaupt das Kind ja total durcheinander- und sogar auch gegen ihn aufbringt und sie eben kein Gespür für Kinder hat.

All das höre ich nicht »häufig«, sondern so oft, dass man es fast schon »dauernd« nennen könnte.

Jetzt, in Zeiten des Internets und der Eltern- beziehungsweise Trennungs-, Scheidungs-, Mütter- und Väter-Foren, erlebe ich immer wieder, dass Vater und Mutter Buch führen über diverse Verfehlungen ihrer ehemaligen Lebenspartner und mir dieses dann besonders gerne und eifrig präsentieren. Ich nehme an, dass dies so als »guter Tipp, wenn die Gutachterin kommt« im Netz herumgeistert, und grundsätzlich ist auch gar nichts dagegen einzuwenden, wenn man sich Dinge aufschreibt, um sie nicht zu vergessen oder vielleicht sogar noch ein- bis zweimal darüber zu reflektieren.

Leider handelt es sich bei diesen Aufzeichnungen aber in den allermeisten Fällen um so was wie ein »Verfehlungs-Aufzählungs-Buch«, wie es in meiner Vorstellung immer der Nikolaus bei sich trug. Ich erhalte dann also von jedem Elternteil einen dicken Packen schriftlicher Anschuldigungen den jeweils anderen betreffend. Es ist oft recht mühsam, den Beteiligten klarzumachen, dass etwas Aufgeschriebenes noch lange keine Tatsache ist, nur weil es aufgeschrieben wurde.

Kann es auch nicht sein, denn selbstverständlich widerspricht das Mutter-Buch dem Vater-Buch in so gut wie allen Punkten und vice versa. Die Wahrheit liegt mal beim einen, mal beim anderen, mal irgendwo in der Mitte und mal überhaupt nirgends. Es gibt natürlich auch genug Fälle, wo ein wenig, ein wenig mehr oder gar alles komplett geflunkert, erstunken und erlogen wurde.

Die meisten Fachleute sind professionell genug, um die reflexhaft geöffneten Schubladen der »typischen Fälle« schnell und diskret wieder zu schließen und sich auf ihr Gegenüber zu konzentrieren. Ich glücklicherweise auch. Man muss sich aber jedes Mal wieder aktiv einnorden, um eine objektive, offene Perspektive einzunehmen. Das ist manchmal nicht einfach, aber eben dringend notwendig, weil nun einmal jeder Fall ein Einzelfall ist, auch wenn er zunächst nicht unbedingt so daherkommt. Leider wurde mir vom Jugendamt oder auch den Richtern selbst mehr als einmal eine Mutter als »wieder mal so eine Umgangsvereitelungsmutter« angekündigt. So auch im Fall der Familie Krüger.

Als ich nach Erhalt des Auftrags mit der zuständigen Mitarbeiterin des Jugendamtes, Frau Heiser, sprach, beschrieb diese den Fall so: »Na ja, das Übliche. Die Eltern trennen sich, der Umgang zwischen Vater und Tochter läuft von Anfang an nicht rund. Dann hat der Vater eine neue Freundin. Die Mutter kommt zum Jugendamt, weil das Kind angeblich nun gar nicht mehr zum Vater will ... Ich kann Ihnen gar nicht sagen, wie satt ich diese Mütter habe! Dieses scheinheilige: ›Ich möchte ja, dass sie ihren Vater sieht, aber was soll ich denn machen, wenn meine Tochter nicht will? Ich kann sie doch nicht zwingen.‹« Frau Heiser äffte zugegebenermaßen täuschend echt den Tonfall einer pseudobesorgten Mutter nach. »Und natürlich kann die Mutter rein gaaar nichts dafür und der Vater hat sich ja eigentlich noch nie für das Kind interessiert und so weiter und so fort. Das übliche Blabla. Was diese Mütter uns an Kapazitäten rauben, die wir wirklich für wichtigere Dinge nutzen könnten! Unfassbar! Und dann kommen sie meistens auch noch durch mit ihrer Tour! Dabei ist ja wohl klar, was da wirklich los ist. Frau Krüger ist verletzt, weil ihr Ex jetzt eine Jüngere hat, und bestraft ihn, indem sie ihm das Kind entzieht. Schon tausendmal hab ich das erlebt!«

Ja, auch ich kenne solche Fälle. Und man kann sich natürlich auch zu Recht darüber aufregen, wenn eine Mutter den Kontakt zwischen Vater und Kind boykottiert – und das auch noch aus gekränkter Eitelkeit oder anderen niederen Beweggründen und ohne auf die Bedürfnisse ihres Kindes zu achten. Das ist wirklich ganz furchtbar!
Wenn es denn tatsächlich so ist. Und noch hatte ich in diesem Fall keine Indizien dafür, außer der Frustrede von Frau Heiser. Selbige fuhr sich durch ihre kurzen Haare – man könnte auch sagen, sie raufte sie sich. »Ich hab da so was von die Nase voll von! Ganz ehrlich? Ich bin echt froh, dass Sie sich jetzt mit dem Fall rumärgern müssen!«, schimpfte sie und tigerte dabei in ihrem kleinen Büro hin und her. »Ich will diese Umgangsvereitelungsmütter einfach mal eine Weile nicht mehr sehen und hören! Und mich um echte Fälle kümmern!«

Ich seufzte. Und stellte mich schon einmal auf die üblichen oben beschriebenen Vorwürfe ein. Vielleicht kamen ja ein paar weniger häufige dazu, wie: Der Vater hat dem Kind ohne zu fragen die Fingernägel geschnitten beziehungsweise sie trotz Anweisung nicht geschnitten.

Nun gut, da bin ich wieder mit meiner Sorge, man könnte mich falsch verstehen. Also: Bitte verstehen Sie mich nicht falsch. Natürlich sollen Kinder gesunde Sachen essen und, wenn

überhaupt, nur altersgemäße Filme sehen. Wenn ein Kind nach Umgangskontakten immer krank ist (wirklich immer?), dann sollte man dem auf den Grund gehen, Kleidung sollte man vollständig zurückgeben, und über das Schneiden oder Nichtschneiden von Fingernägeln, wahlweise Fußnägeln oder Haaren, sollte man sich als Eltern austauschen können.
All das sind aber keine triftigen Gründe dafür, den Kontakt zwischen Vater und Kind auszuschließen. Oft sind diese Kritikpunkte ohnehin lediglich vorgeschoben. Meist essen die Kinder bei ihren Müttern beispielsweise genauso häufig ungesunde Dinge. Und es kommt durchaus vor, dass die Vorwürfe schlicht aus der Luft gegriffen sind. Der wahre Grund für das Problem mit dem Umgang hat in vielen Fällen gar nicht wirklich etwas mit dem Kind zu tun, sondern spielt sich rein auf der Paarebene der ehemaligen Ehepartner ab.
Das den Beteiligten zu erklären ist einigermaßen schwierig.
Und macht so gar keinen Spaß.
Ich seufzte noch einmal.
Und noch einmal.

Dann begann ich mit der Arbeit an dem Fall. Seufzend.

Herr Krüger erklärte mir bei der Terminvereinbarung, dass er beruflich stark eingebunden sei und daher kaum Zeit habe für die Begutachtung, die seiner Meinung nach ohnehin vollkommen unnötig sei. Er sei Annas Vater und habe ein Recht, sie zu sehen. Wozu man hierzu auch noch mit einer Psychologin sprechen müsse, erschließe sich ihm nicht wirklich, aber für seine Tochter tue er alles – also werde er sich auch zu einem Gespräch mit mir treffen. Allerdings stehe er kurz vor einer längeren Geschäftsreise und habe vorher nur etwa eine Stunde Zeit.

Na gut, dachte ich mir, das ist besser als nichts, und so kann ich mir zumindest schon einmal einen ersten Eindruck verschaffen.

Ich traf mich mit Herrn Krüger morgens um halb sieben, weil er einfach keinen anderen Termin vor seiner Abreise fand. Ich war müde, und wie immer, wenn ich müde bin, war mir auch kalt.
In Herrn Krügers Wohnung wurde mir dann noch kälter. Das lag zum einen daran, dass Herr Krüger offenbar nicht geheizt hatte. In seiner Wohnung war es kälter als draußen, wo der Spätherbst schon recht ungemütlich wurde. Zum anderen möchte ich die Einrichtung der Wohnung als klischeehaft männlich bezeichnen: Alles war in Weiß, Schwarz und Grau gehalten, unterbrochen von viel Chrom. Die Wände waren bilderlos weiß, der Boden schwarz gefliest. Es sah alles recht teuer aus, aber eben irgendwie ... na ja ... kalt.
Auch das Kinderzimmer, das Herr Krüger für seine Tochter eingerichtet hatte, war schick – und komplett farblos. Lediglich die Bettwäsche war rosa (wahrscheinlich in Ermangelung von schwarz-grauer Kinderbettwäsche).
Das war natürlich nicht gerade besonders schön oder kindgemäß, aber auch nicht wirklich schlimm, weil problemlos zu verändern.
Herr Krüger passte allerdings gut in seine Wohnung. Er trug einen dunkelgrauen Anzug mit weißem Hemd und Krawatte sowie einen gepflegten blonden Kurzhaarschnitt. Ich verkniff mir die Bemerkung, dass er noch perfekter mit seiner Einrichtung harmonieren würde, wenn er sich die Haare schwarz oder weiß färben würde, und beschränkte mich darauf, mir vorzustellen, wie Herr Krüger immer nur sichtbar wurde, wenn er sich bewegte, und ansonsten komplett mit dem Hintergrund verschmolz.

Er begrüßte mich freundlich, aber distanziert und machte kein Hehl daraus, dass er die gesamte Begutachtung für eine reine Zeitverschwendung hielt.
Dann erzählte er sehr sachlich und nahezu emotionslos, dass er sich von seiner Frau getrennt habe, als Anna noch nicht ganz zwei Jahre alt gewesen sei. Seitdem habe er nur unregelmäßigen Kontakt zu seiner Tochter. Es habe in den letzten Jahren immer wieder diverse Schwierigkeiten zwischen seiner Ex-Frau und ihm gegeben, so dass Anna noch nie bei ihm übernachtet habe, obwohl er extra ein Kinderzimmer für sie eingerichtet habe. Er finde dies nicht angemessen. »Sie ist schließlich schon sechs. Da kann sie ja wohl mal bei ihrem Vater übernachten, oder? Sie geht ja nächstes Jahr auch zur Schule. Und überhaupt ist das ja eigentlich so üblich, dass Kinder alle zwei Wochen am Wochenende bei ihrem Vater sind, oder? Ich sehe nicht ein, dass das bei uns anders sein sollte, nur weil meine Ex mit ihrem Leben nicht zurechtkommt und das an Anna und mir auslässt.«
Tatsächlich mischte sich ein verzweifelter Unterton in Herrn Krügers Stimme. Er versuchte, das mit einem herausfordernd-entrüsteten Tonfall zu übertünchen, was ihm aber nicht ganz gelang: »Also, ich meine, hier ist alles in Ordnung, oder nicht? Hier ist es sauber, ordentlich, und ich bin ihr Vater. Anna geht es gut bei mir. Es kann doch nicht sein, dass Annas und meine gemeinsame Zeit von den Launen der Mutter abhängt. Da muss es doch Regelungen geben, die so was verhindern! Oder? Anna muss wirklich schon genug mitmachen bei meiner Ex.«
Ich fragte mich, ob ich mir Sorgen um die kleine Anna machen musste, und bat Herrn Krüger, mir ein wenig mehr vom gemeinsamen Zusammenleben, der Trennung und der folgenden Zeit zu berichten.

Insgesamt war ich zu diesem Zeitpunkt noch meilenweit davon entfernt, mir ein Bild von der Gesamtsituation machen zu können, und darauf angewiesen, so viele Informationen wie möglich zu bekommen.

Herr Krüger atmete tief durch. Es war ihm deutlich anzumerken, dass er nicht wirklich Lust dazu hatte, mit mir über seine Vergangenheit zu sprechen. Aber er tat es und erzählte, dass es einfach nicht mehr auszuhalten gewesen mit seiner Ex-Frau. Sie habe sich mit Annas Geburt in einen anderen Menschen verwandelt. »Vorher war sie eine Frau, die ich auch gut mit zu beruflichen Abendessen nehmen und mit der man sich zeigen konnte. Nachdem Anna da war, war sie ständig mit allem überfordert und hat sich richtig gehen lassen. Ich kann an einer Hand abzählen, wann sie danach mal geschminkt war und was anderes als Schlabberklamotten anhatte. Also, nicht dass das jetzt das Wichtigste wäre, verstehen sie mich um Gottes willen nicht falsch, aber ich hab sie gar nicht mehr wiedererkannt.«
Auch das war eine Beschreibung von Umständen, die ich nicht zum ersten Mal hörte. Es kommt immer wieder vor, dass Männer sich darüber beschweren, dass die Mütter nach der Geburt des Kindes an Stil, an Weiblichkeit und an Sexappeal verloren hätten. Die Gründe für diesen Vorwurf sind allerdings vielfältig und nicht immer wirklich bei der Frau zu suchen. So mangelt es zum Beispiel manchen Vätern an Einfühlungsvermögen, Vorstellungskraft oder praktischer Erfahrung, was es eigentlich bedeutet, sich den ganzen Tag um ein oder mehrere Kinder zu kümmern. Auf der anderen Seite gibt es aber auch die Art Frauen, bei denen man meinen könnte, dass mit der Geburt ein Schalter umgelegt wurde auf »Mission Complete«.

Es gibt schlicht und ergreifend alle möglichen Gründe, warum sich ein Elternteil so und der andere anders verhält, verändert oder gerne anders verhalten würde. Und darum ist es essentiell wichtig, genau zuzuhören. Auch wenn es schwerfällt.

So wie in diesem Fall. Herr Krüger lieferte mir eine Art »Best of Klischeevorwürfe«:
»… Und dann dieses ewige Rumgejammer. Das hält ganz sicher niemand auf Dauer aus. Ich meine, sie musste doch nichts machen außer sich um Anna und den Haushalt kümmern. Aber noch nicht mal das hat sie geschafft. Und dann wollte sie trotzdem unbedingt wieder ein paar Stunden arbeiten, als Anna gerade mal ein Jahr alt war. Und wissen Sie, warum? Na, um sich selbst zu verwirklichen, mein Gott, das auch noch!«
Herr Krüger hielt inne. Dann lächelte er mich entschuldigend an. »Das klingt jetzt alles so nach Macho. Aber so meine ich das nicht. Es war nur so, dass ich eben für die Familie gesorgt habe. Sie hätte nicht arbeiten müssen. Und ihr war doch ohnehin alles zu viel. Also, warum dann noch der Stress mit diesen paar Stunden Arbeit, in denen sie kaum was verdient hat? Das war einfach nicht besonders schlau. Aber sie ist wahnsinnig dickköpfig, und ich habe gar nicht erst versucht, sie davon abzuhalten.« Er seufzte und wirkte tatsächlich niedergeschlagen. Doch dann straffte er wieder die Schultern, und ein verächtlicher Zug schlich über sein Gesicht, der nicht so ganz zu dem passte, was er mir gerade eben vermittelt hatte – oder vermitteln wollte.
»Wissen Sie, ich verstehe meine Ex-Frau einfach nicht. Also, ich kann nicht nachvollziehen, was da in ihrem Kopf vor sich geht. Sie ist total gestresst und halst sich noch mehr auf. Das ist für mich nicht normal. Und es war ja auch zu viel für sie! Nach ein paar Wochen bekam ich einen Anruf aus einer Klinik, dass ich kommen müsse, weil sie sich umbringen wollte! Das muss

man sich mal vorstellen!! Ich war mitten in einem wichtigen Meeting und dann so was! Also, das hätte ich niemals gedacht, dass sie sich zu so einer hysterischen Ziege entwickeln würde!«
In den ersten Jahren wäre es mir schwergefallen, bei so einer Aussage äußerlich ruhig zu bleiben. Es zeugte nun wirklich nicht von Liebe oder wenigstens Empathie, eine Frau aufgrund eines Selbstmordversuchs als hysterische Ziege zu bezeichnen. Herr Krüger war jetzt richtig in Fahrt: »Danach ging dann gar nichts mehr. Sie hat ständig geweint, und ich habe mich nicht mehr getraut, sie mit Anna alleine zu lassen. Nachher tut sie sich *und* Anna was an! Also, das war eine furchtbare Zeit! Ich habe alle Freunde, Bekannte und Verwandte mobilisieren müssen, damit immer jemand bei ihr und Anna war, wenn ich arbeiten war. Und ich bin ja von morgens bis abends eingespannt. Oft auch am Wochenende. Also, das war wirklich nicht schön, das alles. Sie ist einfach psychisch nicht stabil. Gar nicht.«
Dann schwieg er plötzlich, und sein Gesichtsausdruck wirkte wie versteinert. Nach einem Moment Stille fragte ich Herrn Krüger, wie es denn dann weitergegangen sei. Was er da schilderte, klang nach einer schweren Zeit für die gesamte Familie, und ich wollte insbesondere wissen, wie es der kleinen Anna heute ging.
»Na ja, also das war natürlich alles kein Zustand auf Dauer. Ich konnte ja nicht ständig einen Babysitter für Mutter und Kind organisieren. Und meine Ex wollte das auch gar nicht. Es gab ständig Streit deswegen. Überhaupt war sie... na ja, wie ich schon gesagt habe: Sie war einfach ein ganz anderer Mensch. Das war definitiv nicht mehr die Frau, die ich geheiratet habe. Also, mal von meiner Enttäuschung abgesehen, dass ich da nun eine Frau zu Hause hatte, die ich im Grunde gar nicht kannte und die ich ja so auch gar nicht geheiratet hätte, war das für Anna auch nicht schön. Das kann nicht gesund sein für so ein

kleines Kind, wenn es da immer so eine selbstmordgefährdete Mutter um sich hat. Also, ich weiß nicht ...«
Er schüttelte bekümmert den Kopf und beschrieb seine Enttäuschung über die gesamte Situation. »So hatte ich mir das nun wirklich nicht vorgestellt. Ich meine, ich muss ja tagsüber auch Leistung erbringen. Und das geht nicht, wenn ich außerhalb der Arbeitszeit nur gestresst bin. Ich hab es einfach nicht mehr ausgehalten mit ihr und bin dann ein paar Monate später ausgezogen. Es ging einfach nicht anders.«
Herr Krüger war offenbar allein durch die Erinnerung an diese Zeit schon genervt. Natürlich verstand ich, dass das damals eine sehr stressbeladene Phase gewesen war, als es seiner Frau so schlecht ging, und da durfte er ruhig auch ein gewisses Maß an Genervtheit an den Tag legen. Aber wo waren das Mitgefühl und die Besorgnis – zumindest im Hinblick auf seine Tochter?

Ich erkundigte mich, wie es Anna denn nach seinem Auszug gegangen sei. Nach dem, was Herr Krüger von Annas Mutter erzählt hatte, war ich mir nicht sicher, ob diese auch tatsächlich für ihre kleine Tochter hatte sorgen können. Aber ich war die Einzige, die sich deswegen sorgte. Herr Krüger erklärte lapidar, er könne ja nicht wissen, wie es Anna gegangen sei. Das müsse ich schon seine Ex-Frau fragen. Ihm sei es nämlich nicht möglich, »auch nur ein vernünftiges Wort« mit ihr zu wechseln, weil seine Ex-Frau nämlich »eine arme Irre« sei.
Nun war ich irritiert. Bisher hatte ich Herrn Krüger zwar nicht gerade als besonders warmherzig und emotional empfunden, aber er hatte doch den Eindruck vermittelt, sich für seine Tochter zu interessieren. Dass er aber nun so gar keine Auskunft darüber geben konnte, wie es Anna nach der Trennung ergangen war, passte nicht dazu. Die Begutachtung war erst ein paar Stunden alt, und schon wirkte alles etwas seltsam.

Ich fragte also nach, ob er mir denn wirklich gar keine Auskunft darüber geben könne, wie es seiner Tochter aktuell gehe ... und wurde Zeuge, wie sich der distanziert-freundliche Herr Krüger verwandelte. In den Hulk.
Nein, er wurde weder grün noch irre groß und muskulös, aber ansonsten war da doch einiges an Ähnlichkeit: Er sprang vom Stuhl auf und beugte sich drohend nach vorne, während diverse Adern an Hals und Stirn bedenklich anschwollen und sein Kopf sich verfärbte in Richtung Himbeerrot.
Allerdings passte seine Stimme nun so gar nicht mehr zu der ansonsten effektiv bedrohlichen Erscheinung. Denn mit der Lautstärke hatte sich nun auch eine Art stimmbruchhaftes Kieksen eingeschlichen. Ich glaube, Herr Krüger ärgerte sich selbst darüber, dass er klang wie ein aufgeregter Pubertist, als er lamentierte: »Das ist doch jetzt nicht zu fassen! Bin *ich* jetzt der, der sich rechtfertigen muss?? *Meine Ex* ist die, die hier permanent Scheiße baut! Nicht *ich*!! Sie kriegt jeden Monat einen *Haufen Kohle* von mir!! Da wird Madame es ja wohl schaffen, sich um ein Kind zu kümmern!! *Muss ich das jetzt auch noch machen??? Was soll ich denn noch alles leisten???*«
Er brüllte beziehungsweise kiekste noch ein paar Minuten herum, dass Männer im Allgemeinen und Väter im Besonderen immer benachteiligt würden, dass ich als Frau ja offenbar sofort auf Seiten der Mütter sei, egal wie verrückt sich diese benahmen, und dass er einfach nur seine Tochter sehen wolle und damit Schluss! Dabei hatte er mehrfach den Glastisch umrundet, um bei dem Wort »Schluss« wieder direkt vor mir anzuhalten und dann zugegebenermaßen sehr effektvoll mit den Händen auf den Tisch zu schlagen.
Dabei erwischte er die Kante einer schwarzen Dekoschale mit grauen Dekokugeln, und so überschlug sich die Schale mitsamt

den Kugeln auf dem Glastisch. Die Kugeln kullerten nach allen Richtungen vom Tisch, und während Herr Krüger immerhin drei oder vier davon erwischte, bevor sie auf den gefliesten Boden schlugen, rollte das restliche Dutzend unter alle Schränke, Anrichten und Glasregale im weiteren Umfeld.
Dieses sehr unrühmliche Ende seines Wutausbruchs ärgerte Herrn Krüger sichtlich, und fast rechnete ich damit, dass er nun doch noch die Hautfarbe wechseln würde von Himbeerrot zu Plutoniumgrün, während ihm die Knöpfe vom Hemd platzten ...
Ich wartete.
Nein, nicht darauf, dass nun doch noch eine Hulktransformation stattfinden würde. Ich wartete einfach ab.
Denn ich habe in leidvoller Erfahrung lernen müssen, dass es wenig bis gar keinen Sinn macht, jemanden beruhigen zu wollen, der sich dringend noch eine Weile aufregen muss. Die Energie, die man darauf verwendet, verpufft mit einem ganz jämmerlichen Pfffft im Raum. Und exakt dieses Geräusch führt dazu, dass sich derjenige, den man gerade mit irgendwelchen wahnsinnig klugen Worten beruhigen wollte, noch mehr aufregt. Das ist keine psychologische Erklärung, sondern nur meine persönliche Erfahrung. Sie dürfen es trotzdem gerne als Tipp verwenden, verbunden mit dem Hinweis, dass es auch sinnvoll sein kann, wutschnaubende Personen weiträumig zu umgehen.

So wartete ich also, und Herr Krüger brüll-kiekste noch ein wenig weiter, während er um mich herum robbte, um die Dekokugeln wieder einzusammeln. Schließlich hatte er genug geschimpft und genug Kugeln gefunden, um die Schale wieder in die Mitte des Tisches und sich selbst nach Atem ringend wieder auf den Stuhl zu plazieren.

Ich nutzte die Gelegenheit und erklärte ihm, dass ich keineswegs in irgendeiner Weise voreingenommen oder aufgrund meines Geschlechts parteiisch sei, sondern lediglich wissen wolle, wie es seiner Tochter in den letzten Jahren gegangen sei, da seine Erläuterungen meiner Ansicht nach Anlass zur Sorge gäben.
Nun nickte Herr Krüger und hob die Hände in machtloser Geste: »Ja, das sag ich ja auch immer. Ich weiß doch gar nicht, ob meine Ex auch wirklich für Anna sorgen kann – bei den psychischen Problemen, die die hat! *Das* sollte mal jemand überprüfen! Machen Sie *darüber* doch mal ein Gutachten!«
Herr Krüger nickte bekräftigend.
Ich erklärte ihm, dass ich von Gericht mit der Begutachtung hinsichtlich einer zukünftigen Umgangsregelung zwischen Anna und ihm beauftragt war. Die Frage der Erziehungsfähigkeit der Mutter stehe zumindest von Seiten des Gerichts nicht im Raum.
Herr Krüger unterbrach mich aufgeregt. »Das sollte sie aber!«
Somit hatte der Fall nun also das Potenzial, sich von einer »typischen Umgangsstreitigkeit« in eine »Frage der Erziehungsfähigkeit« zu wandeln.

Ich erkundigte mich bei Herrn Krüger, ob er denn der Ansicht sei, dass Anna nicht bei ihrer Mutter, sondern bei ihm wohnen solle, denn genau so konnte man seine letzte Aussage ja interpretieren.
Da wich der Mann erschrocken mitsamt dem Stuhl zurück, und die Stuhlbeine auf den Fliesen quittierten dies mit einem fiesen Quietschgeräusch.
»Was!? ... Also das ist doch... Ja, wie stellen Sie sich das denn bitte vor? Ich bin voll berufstätig und kann mich doch nicht auch noch um eine Sechsjährige kümmern! In was für einer Welt leben Sie und Ihresgleichen denn bitte schön?!«

Und schon ging es wieder dahin: Er zahle seiner Ex einen Haufen Geld. Da könne er ja wohl erwarten, dass sie sich dann auch ordnungsgemäß um seine Tochter kümmere! Das sei ja wohl nicht zu viel verlangt und so weiter und so fort.

Ein Alarm aus Herrn Krügers Smartphone beendete unser Gespräch pünktlich auf die Sekunde, und ich vereinbarte mit ihm, dass ich während seiner Geschäftsreise mit seiner Ex-Frau und auch mit Anna sprechen würde, um mir einen Eindruck von der Situation zu verschaffen.
Er solle sich melden, wenn er wieder im Lande sei. Herr Krüger seufzte theatralisch, versprach aber, mich nach seiner Rückkehr anzurufen.

Ich muss gestehen, dass ich nach meinem Termin mit Herrn Krüger nicht das Gefühl hatte, die Situation der Familie Krüger besser einschätzen zu können. Im Gegenteil. Ich war ein wenig verwirrt. Und besorgt.

Wenn das alles stimmte, was Herr Krüger erzählt hatte, dann war Annas Mutter womöglich psychisch krank. Und zwar eventuell schon seit mehreren Jahren. Ob das tatsächlich so war und wenn ja, wie ausgeprägt ihre Erkrankung war, konnte ich nicht einschätzen. Wie es Anna ging, vermochte ich noch weniger zu sagen. Womöglich lag hier eine Kindeswohlgefährdung vor. Was wäre, wenn sich im Rahmen der Begutachtung ergab, dass Anna nicht bei ihrer Mutter bleiben könnte? Herr Krüger schien der Gedanke, seine Tochter dauerhaft bei sich zu haben und Verantwortung für sie zu übernehmen, in Angst und Schrecken zu versetzen.
Nun ja, vielleicht war auch alles gar nicht so dramatisch, wie von Herrn Krüger geschildert.

Da Anna inzwischen sechs Jahre alt war, hoffte ich, dass sie einen Kindergarten besuchte, dem aufgefallen wäre, wenn sie durch die Verfassung ihrer Mutter beeinträchtigt wäre. Allerdings hatte ich im Laufe der Jahre schon so einige Kindergärten erlebt, die vor lauter Hilflosigkeit ihre Augen vor offensichtlichen Vernachlässigungen und Misshandlungen verschlossen hatten.
Daher war ich froh, dass ich schon eine Woche später einen Termin mit Frau Krüger hatte.

Sie war eine zierliche Frau mit großen blauen Augen und langen, roten Locken und trug Jeans sowie ein grünes Shirt. Auch ohne Mittelalterkleid nebst Pfeil und Bogen sah sie Merida (der Disney-Prinzessin) frappierend ähnlich.
Sie wischte sich die Hände an den Hosenbeinen ab und reichte mir eine.
»Guten Tag!« Erneutes Händeabwischen. »Herrgott, ist mir das peinlich. Ich hab richtig feuchte Hände vor Aufregung. Bitte entschuldigen Sie!«
Sie bedeutete mir, ihr zu folgen, und ging vor mir her in die Wohnküche.
Frau Krüger hatte den Tisch mit Kaffeegeschirr sowie zwei Tellern mit Keksen, einer Schale Salzstangen und einer mit Erdnüssen gedeckt. Daneben standen ein Strauß Blumen und mehrere Teelichte.
»Setzen Sie sich, bitte!«
Frau Krüger stellte eine Kaffeekanne sowie ein Milchkännchen auf den Tisch, fand wohl, dass das nun alles ein bisschen viel war, und sagte leise: »Jetzt hab ich ... irgendwie hab ich ein bisschen übertrieben, glaube ich. Oder? Entschuldigen Sie...«
Sie entfernte einen der Kellerteller, stellte ihn neben die Spüle und füllte dann einen Topf mit Wasser. »Ich hab jetzt nur Kaf-

fee, vielleicht wollen Sie ja Tee? Ich habe ... Moment.« Frau Krüger stellte den vollen Topf in die Spüle, suchte in einer Schublade nach Teebeuteln, fand keine, seufzte dann, hielt plötzlich inne und schaute mich schließlich entschuldigend an. »Ich glaube, ich hab gar keinen ... Also, ich hoffe jetzt, Sie trinken Kaffee ... und ...« Sie stellte die Kekse wieder auf den Tisch zurück, stand dann einen Moment lang etwas verloren in der Küche herum und ließ sich schließlich auf den Stuhl mir gegenüber plumpsen.
Dann lächelte sie, schaute danach aber gleich irgendwie erschrocken, als vermute sie, dass es nicht erlaubt war, eine Sachverständige anzulächeln. Ich lächelte zurück, und sie nahm es dankbar auf.
»Ich bin total durch den Wind. Und ich hab die ganze Nacht nicht geschlafen. Also, wirklich nicht geschlafen. Manchmal sagt man das ja so: Ich hab die ganze Nacht nicht geschlafen. Dabei hat man nur schlecht geschlafen. So wie: Das Baby hat die ganze Nacht gebrüllt. Ich meine, die brüllen ja nie die *ganze* Nacht, oder? Aber ich habe diese Nacht wirklich kein Auge zugetan. Das ist mir noch nie passiert. Fast nie. Ach Gott, ich fasele!«
Sie holte Luft und hielt inne. Dann atmete sie aus und fiel ein wenig in sich zusammen. »Und ich hab den Tisch vollgepackt mit Zeug, als wollte ich Sie damit bestechen. Und überhaupt ... Haben Sie jetzt schon einen schlechten Eindruck von mir?« In dem Moment, in dem sie mich so ängstlich anschaute, wirkten ihre Augen tatsächlich so groß wie die einer Disney-Figur.
Ich erklärte ihr, dass sie nicht die Einzige sei, die bei einer Begutachtung nervös wäre, und dass dies natürlich keinen schlechten Eindruck mache, sondern vollkommen normal sei. Anschließend erklärte ich ihr ausführlich, wie die Begutachtung ablaufen werde.

Danach sind die meisten Menschen deutlich entspannter, und die anfängliche Aufregung macht einer erträglicheren Anspannung Platz.
So war das auch bei Frau Krüger. Sie lächelte erleichtert.
»Da bin ich ja froh, dass es mehrere Termine geben wird. Ich hatte Sorge, dass ich nur diesen einen Tag habe. Ich hab gedacht, wenn ich da jetzt nicht gut rüberkomme oder nicht richtig erklären kann, um was es geht, dann ... Ach, ich weiß auch nicht. Das ist alles so furchtbar!«
Sie schaute mich traurig an und begann dann von ganz alleine zu erzählen.

Sie hatte Annas Vater, Sven, am Ende ihres Germanistik-Studiums kennengelernt und sich »eben irgendwann von ihm rumkriegen lassen«.
»Er war so ... so charmant, einfallsreich und liebevoll. Und er war gebildet und intelligent. Na ja, also gebildet und intelligent ist er immer noch, aber alles andere ... Er hat sich so sehr ins Zeug gelegt, um mich zu beeindrucken und für sich zu gewinnen. Und nachdem ich dann schwanger war und wir zusammengezogen sind und geheiratet haben, da war das alles ... einfach weg. Verpufft. Als hätte er sich über Nacht verwandelt. Ich weiß jetzt, warum manche Menschen denken, irgendwer sei von Außerirdischen entführt worden. Das ist dann doch mal eine logische Erklärung.« Sie lächelte, aber kurz darauf erschien wieder dieser erschrockene Ausdruck auf ihrem Gesicht.
»Um Gottes willen, Sie denken jetzt aber nicht, dass ich ...? Ich glaube natürlich *nicht*, dass er von Außerirdischen entführt wurde! Sicher nicht! Wirklich! Ich wollte nur ...«
Ich musste lächeln. »Frau Krüger, Sie müssen nicht so große Sorgen haben. Ich frage nach, wenn ich etwas nicht ganz verstehe oder mir unsicher bin, wie Sie etwas gemeint haben könnten.

Und wenn ich den Eindruck habe, dass Sie tatsächlich an Aliens glauben, dann frage ich ganz sicher nach. Versprochen.«
Frau Krüger lächelte dankbar und entspannte sich wieder sichtlich: »Oh. Ja, natürlich. Entschuldigen Sie. Ich bin doch sehr ... nervös.« Sie stützte ihren Kopf auf und atmete ein paar Mal ganz bewusst tief ein und aus. »Sie haben keinen leichten Beruf, glaube ich. Möchten Sie eigentlich Kaffee? Ich hab gar nicht ... Oh, ich hab das alles hier hingestellt und gar nicht ...« Sie verdrehte die Augen und sprang auf, um mir und auch sich selbst Kaffee einzuschenken.
Ich bedankte mich und lächelte sie so beruhigend an, wie ich nur konnte. »Bitte, Frau Krüger, ich hätte mich schon gemeldet, bevor ich verdurste. Erzählen Sie einfach weiter. Ich frage mich dann schon durch.«
»Ja, in Ordnung.« Frau Krüger setzte sich, warf vier Stück Zucker in ihren Kaffee und rührte um.
Dann begann sie zu erzählen. Dass sie zunächst gar nicht so begeistert von Sven gewesen sei, dass seine Hartnäckigkeit sie dann aber doch so sehr beeindruckt habe, dass sie sich auf ihn eingelassen habe. »Ich weiß auch nicht ... Er war gar nicht mein Typ. Also, rein optisch schon, klar. Er ist ein wirklich gut aussehender Mann. Also, finde ich, ich weiß ja nicht, ob Sie... auf welche Art von ... Egal. Er ist ja, wie gesagt, auch wirklich intelligent. Das gefiel mir.«
Frau Krüger legte die Stirn in Falten, als würde sie nun überlegen, was außer Intelligenz und Aussehen sie eigentlich an Herrn Krüger gefunden hatte. »Aber ... ansonsten ... Wir hatten nicht den gleichen Geschmack, was Filme, Musik oder Bücher betraf. Und in der Wohnungseinrichtung, ach Gott, dieses Schwarz-weiß-Glas-Stahl-Dings. Das ist irgendwie so ... Ich meine, man muss sich ja nicht bei allem einig sein, aber irgendwie ...« Sie zog ihre Schultern hoch und schaute bekümmert. »Ich hatte ihm ein

Buch von Douglas Adams gegeben. ›Per Anhalter durch die Galaxis‹. Ich liebe dieses Buch! Und er konnte nichts damit anfangen. Er hat die ersten Seiten gelesen und dann gesagt, dass Science Fiction nicht so sein Ding ist.« Sie verdrehte die Augen. »Dabei ging es mir doch um den Humor und … Na ja, ich hab ihm dann ›Die letzten ihrer Art‹ gegeben. Auch von Douglas Adams. Das hat er aber genauso wenig gelesen beziehungsweise eben auch nicht gut gefunden. Und manchmal, also, ich hab mir manchmal gedacht, dass ich doch da im Grunde schon hätte sehen können, dass wir nicht zusammenpassen.«

Ich musste ganz unprofessionell breit grinsen, als sie das sagte. Zum einen, weil ich eben auch ein großer Douglas-Adams-Fan bin, und zum anderen, weil ich mich an eine Szene während meines Studiums erinnerte. Ich hatte mich gerade von meinem Freund getrennt. Von Oliver, einem gut aussehenden Kieferchirurgen, der sich leider im Laufe der Monate als sehr langweilig entpuppt und dann im Zuge der Schwangerschaft seiner Schwester einige so skurrile Äußerungen zum Thema Kindererziehung gemacht hatte, dass ich schnell das Weite gesucht hatte. Als ich auf einen Kaffee bei meiner Mutter vorbeischaute und ihr von der Trennung erzählte, lud sie mir ein extra großes Stück Apfelkuchen auf den Teller und meinte ungerührt: »Na, das war doch klar, dass der nichts für dich ist.« Und auf meine Frage, woher sie das denn gewusst habe – sie hatte ihn nur etwa zwei- bis dreimal gesehen –, seufzte sie und sagte in bester »Ach-Kind-du-hast-wirklich-keine-Ahnung-vom-Leben«-Stimme: »Er fand Loriot langweilig. Mit so jemandem kann man nicht glücklich werden.« Damit war das Thema für sie erledigt.

Ich war damals natürlich entrüstet gewesen – schon alleine, weil sie so tat, als hätte sie von Anfang an all das gewusst, wo-

für ich ein paar Monate gebraucht hatte. Und, na ja, weil die Sache ja nun nicht sooo einfach war. Man konnte sich doch nicht von jemandem trennen, nur weil er einen anderen Humor hat als man selbst. Oder?
Oder doch …?
Ich kann mich noch gut an das gemeinsame Abendessen bei meinen Eltern erinnern, bei dem jener Oliver in einem Nebensatz erklärt hatte, dass er Loriot langweilig finde. Ich hatte mich ein bisschen geschämt, als er das sagte. Meine gesamte Familie besteht aus Loriot-Fans, und wenn wir beisammen sind, dauert es nicht lange, bis einer von uns ein Loriot-Zitat von sich gibt. So unterschiedlich wir sonst auch sind, unsere gemeinsame Begeisterung für Loriot hat uns an so manchem emotional aufgeladenen Weihnachtsfeiertag vor dem klassischen Familienstreit bewahrt und schnell wieder für ein Gefühl der Gemeinschaft gesorgt.
Meine Schwester hatte sogar einmal extra den Helenenmarsch besorgt, um auf ein »Ich will jetzt meine Platte spielen!« mit lauter Marschmusik reagieren zu können. (Sollten Sie, liebe Leser, nicht wissen, worum es geht, empfehle ich dringend das Ansehen von »Weihnachten bei Hoppenstedts« – sowie sämtlicher anderer Werke von Loriot.)
Ich stellte mir vor, was Oliver wohl dazu gesagt hätte. Und ob er ein gemeinsames Weihnachtsfest mit meiner Familie überhaupt überstanden hätte. Hätte ich mich also schon damals von ihm trennen sollen? Weil er Loriot langweilig findet? Ehrlich gesagt, ich weiß es nicht.
Wenn Sie mich als Psychologin fragen, dann sage ich, dass es viele Dinge gibt, die ausschlaggebend sind für eine funktionierende Partnerschaft, dass es hier um das große Ganze geht und es doch ein eher oberflächlicher Gedanke wäre, die Partnerwahl von der Vorliebe für eine bestimmte Art von Humor abhängig zu machen.

Aber ich muss gestehen, tief in meinem Innern kann ich schon die Begrifflichkeit »funktionierende Partnerschaft« nicht leiden. Ich persönlich will, dass meine Partnerschaft schön ist, erfüllend und inspirierend, eben einfach wundervoll. Und davon abgesehen habe ich zumindest für mein Leben festgestellt: Wenn ein Mann mit meinem Sinn für Humor nichts anfangen kann, dann wird nichts aus uns. Zumindest nicht dauerhaft.

Ein ähnlicher Sinn für Humor ist natürlich beileibe keine Garantie für eine glückliche Beziehung, aber ich kann für mich sagen, dass es ohne das einfach nicht geht. Vielleicht bin ich eine Art Humorjunkie und brauche das als Basis. Ich weiß es nicht.

Aber verlassen wir mein Liebesleben und kehren wieder in die Krüger'sche Wohnküche zurück.

Ich hatte wohl sehr breit und aufgrund des Flashbacks auch etwas zu lange vor mich hin gegrinst, denn Frau Krüger sah mich irritiert an.

»Ich verstehe, was Sie meinen«, beeilte ich mich zu sagen. Und fügte hinzu: »Ich finde Douglas Adams einfach großartig.«

Frau Krüger strahlte. »Oh, das ist toll! Da fühle ich mich gleich viel besser.«

Tatsächlich entspannte sie sich merklich. Ihre Stimmlage kletterte ein paar Tonlagen tiefer, und ihre Gestik wurde weicher und verlor die abgehackte Hektik, die sie zuvor begleitet hatte.

Sie berichtete von ihrer ersten Zeit mit Sven: »Am Anfang, da war es schön, und ich habe mir eingeredet, dass es doch toll ist, wenn jemand so ganz andere Interessen und einen anderen Geschmack hat. Das erweitert den Horizont.« Sie sah mich an und verdrehte ihre großen Disney-Augen. »Na ja, ich hab mir

wohl einfach was vorgemacht. Er wollte mich so unbedingt, und unbewusst hab ich wahrscheinlich gedacht, dass nie wieder jemand kommen würde, der mich so sehr will. Na ja, so unbewusst war's vielleicht gar nicht...« Sie seufzte tief. »Das war wirklich dumm von mir. Jetzt weiß ich das.«
Frau Krüger erzählte, wie sie nach kurzer Zeit schwanger wurde, zu Herrn Krüger zog und ihn heiratete.
»Ich war irgendwie geschockt von der Schwangerschaft. Ich meine, ich wollte immer Kinder. Das war gar keine Frage. Aber zu so einem frühen Zeitpunkt in der Beziehung schon schwanger werden und ... na ja, das ging alles recht schnell. Ich fand aber toll, dass Sven gar nicht gezögert hat. Er hat sofort gesagt, ich solle jetzt zu ihm ziehen und ihn heiraten. Also, romantisch war das nicht, aber ich fand es irgendwie ... sehr nett. Und ich hab gedacht, dass das schon alles richtig ist so. War's aber nicht. Und eigentlich hab ich das auch tief im Innern gewusst.«
Frau Krüger lehnte sich auf ihrem Stuhl zurück und blickte gegen die Decke. »Ich weiß noch so genau, wie wir nach dem Standesamt nach Hause kamen und sich alles so ... irgendwie so falsch angefühlt hat. Ich hab das auf die Hormone geschoben. Mir ging es in der Schwangerschaft nicht gut. Ich war total empfindlich und bin mir selbst auf die Nerven gegangen. Damals dachte ich noch, nach der Geburt würde alles gut werden. So wie in der Werbung. Glückliche junge Eltern mit einem süßen Baby ... so was in der Art.«

Aber es war ganz anders gekommen. Die Geburt war schwierig und endete mit einem Kaiserschnitt. Frau Krüger erholte sich nur langsam davon, fühlte sich von ihrem Mann alleingelassen und kam mit ihrem neuen Leben als Ehefrau und Mutter immer weniger zurecht.

»Ich meine, mir war schon klar, dass es nicht *wirklich* sein würde wie im Fernsehen. Ich bin ja nicht blöd. Also vielleicht ein bisschen. In anderen Dingen. Aber eben nicht diese Art blöd.« Sie lachte kurz auf und schüttelte dann den Kopf. »Aber dass es *so* sein würde, damit hatte ich nicht gerechnet. Warum bereitet einen da keiner drauf vor? Auf ... auf all das ... Die durchwachten Nächte, die einem die Kraft rauben, die ständige Unsicherheit, ob man auch alles richtig macht, die vielen Menschen, die einem ungefragt »gute Ratschläge« geben, diese riesige Verantwortung für ein kleines Leben, das Elternsein, das plötzlich die ganze Partnerschaft auffrisst – und am allerschlimmsten ... dieses furchtbare Gefühl, dass man keine gute Mutter ist.«

Ihr Mann war nach Annas Geburt immer länger im Büro geblieben, hatte auch am Wochenende gearbeitet und häufig Fortbildungen besucht. Frau Krüger schilderte, dass von seinen früheren Bemühungen um sie bald nichts mehr übrig geblieben sei. Er habe sie kaum noch beachtet und auch kein wirkliches Interesse für die kleine Anna gezeigt. Als sie eine Aussprache gewünscht habe, habe er nur erklärt, er sei nun einmal beruflich sehr eingespannt. Und um Anna solle doch bitte *sie* sich kümmern.

»Ich glaube, da war es eigentlich schon aus zwischen uns. Dass er mich irgendwie nicht mehr wollte, das konnte ich sogar ein wenig verstehen. Ich war nicht mehr so wie früher. Ich sah nicht mehr »toll« aus, ich war dauernd müde und unglücklich und hab mich, glaube ich, ein bisschen in ein Muttertier verwandelt und nur noch über Anna gesprochen. Also, ich denke, ich war da schon eine Enttäuschung für ihn. Aber dass er nichts mit Anna anfangen konnte, also das kann ich bis heute nicht verstehen. Und ihm auch irgendwie nicht verzeihen.«

Als Anna ein Jahr alt geworden war, hatte Frau Krüger begonnen, wieder stundenweise zu arbeiten.
»Ich fühlte mich einfach so nutzlos, verstehen Sie? Und ich dachte, wenn ich wieder arbeite, dann macht wenigstens das irgendwie Sinn, und vielleicht entlastet ihn das ja, wenn ich ... Aber er fand das nur dumm und sinnlos. Steuerlich war es auch völlig bescheuert, es blieb ja kaum was davon übrig. Und so lebten wir also aneinander vorbei. Es war schrecklich!«
Frau Krüger überlegte kurz. »Also, jetzt nicht so schrecklich, wie das bei anderen Frauen vielleicht ist. Er hat mich nicht geschlagen oder Anna irgendwas angetan. Gar nicht. Nicht, dass Sie jetzt denken ... Es ist nicht so, dass ...«
Ich sah Frau Krüger nur an, und sie verstand sofort.
»Haben Sie gar nicht ... okay, ich wollte nur ... Okay. Also, es war eben anders schlimm. Er hat uns einfach nicht beachtet. Wenn er nach Hause kam, hat er sich vor den Fernseher gesetzt oder ist in seinem Arbeitszimmer verschwunden. Oder er kam erst mitten in der Nacht, weil er noch beim Sport war und sich danach mit Freunden getroffen hat. Oder weil er irgendwelche geschäftlichen Termine hatte. Wir haben nichts mehr miteinander unternommen. Es hat uns als Paar gar nicht mehr gegeben. Und wissen Sie, was eigentlich das Schlimmste daran war? Es hat mir gar nichts ausgemacht. Im Gegenteil. Ich wollte überhaupt nicht mehr mit ihm essen gehen oder sonst was machen. Ich war froh, wenn er nicht da war, weil ich mich in seiner Anwesenheit immer so schlecht gefühlt habe. Und mir hat das so weh getan, dass er so gar nichts mit Anna gemacht hat. Ich glaube, ich kann an einer Hand abzählen, wann er sie mal ins Bett gebracht oder ihr etwas vorgelesen hat. Wenn ich mal abends wegwollte oder zum Arzt musste, haben meine Mutter oder meine Schwester auf sie aufgepasst. Und dann ...« Frau Krüger schaute von ihrer Tasse hoch. Sie schluckte.
»Und dann ging es mir immer schlechter. Ich hab ... Also ...«

Sie schob ihre Kaffeetasse hin und her und schaute auf den Tisch. Leise sagte sie: »Meine Freundin hat gesagt, ich soll einfach offen mit Ihnen reden. Sie ist auch Psychologin. Und sie meinte, Sie würden das schon verstehen. Außerdem wird Sven sowieso seine Version erzählen, und da ist mir lieber, wenn Sie auch meine Sicht kennen.« Sie schaute auf und sah sehr verloren aus. Dann starrte sie wieder auf ihre Kaffeetasse und berichtete leise davon, wie sie sich bemüht hatte, eine gute Mutter und beruflich erfolgreich zu sein, wie sie sich bemüht hatte, die Abweisungen von Sven zu ignorieren, und sogar einmal versucht hatte, mit einem alten Schulfreund eine Affäre zu beginnen, es dann aber gelassen hatte, weil sie das Gefühl gehabt hatte, Anna gleich mit zu betrügen.

»Ich konnte mich selbst nicht mehr leiden, und außerdem konnte ich nicht mehr schlafen. Sogar als Anna dann endlich anfing durchzuschlafen, konnte ich nicht einschlafen. Manchmal hab ich zwei oder drei Gläser Wein getrunken. Einfach, weil ich dachte, dass ich dann vielleicht schlafen kann. Konnte ich nicht.« Sie sah mich an. »Ich hab das wirklich nur manchmal gemacht. Nicht, dass Sie jetzt denken … schongutschongut, denken Sie gar nicht … Oder?«
Ich schüttelte nur lächelnd den Kopf, und Frau Krüger atmete ein weiteres Mal auf.

Dann berichtete sie von Konzentrationsstörungen, Kopfschmerzen, sozialem Rückzug und ständiger bleierner Müdigkeit. Am schlimmsten sei aber gewesen, dass sie sich über nichts mehr habe wirklich freuen können und mit jeder Kleinigkeit überfordert gewesen sei. »Ich hab mit niemandem darüber gesprochen, weil mir das so peinlich war. Ich hab mich gefühlt wie ein totaler Versager. Einmal ist mir der Ordner mit

den Steuerunterlagen runtergefallen. Sonst nichts. Nur runtergefallen. Und ich hab mich daneben auf den Boden gesetzt und geweint, bis Anna wach wurde und nach mir gerufen hat.«
Aus Frau Krügers weiteren Schilderungen schloss ich, dass sie sich ihrer Tochter gegenüber erstaunlich gut im Griff gehabt hatte und offenbar sehr bemüht gewesen war, dass sie nichts von dem desolaten Zustand ihrer Mutter mitbekam. Aber das, was sie da beschrieb, klang alles andere als gesund.
»Frau Krüger, haben Sie denn nie überlegt, sich Hilfe zu suchen?«
Sie schnaubte. »Doch. Hab ich dann irgendwann. Das war, nachdem ich mal ohne Anna einkaufen war, an einer Fußgängerampel stand und mich richtiggehend zurückhalten musste, nicht einfach einen Schritt auf die Fahrbahn zu machen. Die Autos fuhren so schnell, das hätte bestimmt funktioniert. Ich wäre einfach weg gewesen. All das hätte aufgehört. Die permanente Überforderung, das Gefühl, ein Versager zu sein, die Hoffnungslosigkeit ... Ich hätte einfach meine Ruhe gehabt.«
Sie schlug die Hände vors Gesicht und stöhnte auf. »Das klingt so armselig. Und so krank. Schrecklich.«

Frau Krüger saß eine Weile einfach nur da, die Hände noch immer vor dem Gesicht. Ich wartete und bot ihr dann an, eine Pause zu machen. Aber noch während ich es vorschlug, war mir klar, dass sie ablehnen würde.
»Nein, nein. Ich schaff das schon.« Sie setzte sich gerade hin, atmete tief durch und sprach weiter. »Dieser Moment, als ich da an der Straße stand und es so verlockend war, einfach einen Schritt vorwärts zu machen, hat mich sehr erschreckt. Ich fand mich wahnsinnig egoistisch. Wie wäre das für Anna gewesen? Ich darf gar nicht daran denken! Aber die Aussicht, dass einfach alles aufhören würde, die war auch im Nachhinein noch wirklich ... tröstlich irgendwie. Und da hab ich Angst vor mir

selbst bekommen. Ich bin zu meinem Hausarzt gegangen und hab ihn gebeten, mir irgendwas zu verschreiben, damit das wieder aufhört. Und er ...« Frau Krüger stockte und atmete mehrmals tief ein und aus. Ich konnte fast körperlich spüren, wie sehr sie sich zusammenriss, um nicht zu weinen.

»Mein Arzt hat gesagt, er muss mich einweisen. In die Psychiatrie. Auch gegen meinen Willen. Das war ... ich war einfach nur geschockt. Ich hab mich so in die Ecke gedrängt gefühlt. Das war alles ganz furchtbar. Ich hab dann zugestimmt, weil ich Angst hatte, dass ich sonst vielleicht ... Ich weiß nicht, ich hatte wirklich Angst, ich werde in eine Zwangsjacke gesteckt und komme da nicht mehr raus oder so was. Ich hab mich gefühlt wie in einem Alptraum. Das war ja sowieso schon alles schlimm genug, und ich hab mich so geschämt, meinem Hausarzt das alles zu erzählen. Und dann sagt er nur, dass er mich einweisen muss. Egal, ob ich will oder nicht. Ich meine, ich verstehe ja, dass es da Vorschriften gibt und dass er was tun muss, damit ich mich nicht wirklich vor ein Auto schmeiße, aber das kann man doch ... Also, da kann man doch mit jemandem erst mal reden, oder? Ich war ja nicht von Sinnen oder unansprechbar. Ich hab ihm das ganz ruhig erzählt. Ich hab zwischendurch mal geweint, aber ich war nicht ... also, ich war nicht hysterisch oder sonst was. Ich wollte einfach nur Hilfe von ihm. Und er redet gar nicht weiter mit mir, sondern ruft gleich einen Krankenwagen. Und dann hat er meinen Mann angerufen und ihm gesagt, er müsse kommen, weil ich jetzt umgehend in die Psychiatrie eingewiesen werden müsste. Das war alles so peinlich! Ich hab mich so ... Ich hab mich irgendwie so ... vergewaltigt gefühlt.«

Der Hausarzt hatte nicht unbedingt falsch gehandelt. Das nicht. Aber offenbar sehr uneinfühlsam. Natürlich wollte er in erster Linie verhindern, dass Frau Krüger sich womöglich doch noch etwas antat, aber das hätte er sicherlich auch mit ein wenig mehr Empathie und Sensibilität tun können. Nein, tun müssen! Da ich Frau Krügers damaligen Zustand nur aus ihrer Schilderung kannte, maße ich mir nicht an zu sagen, was ich an Stelle des Hausarztes getan hätte. Aber es wäre kein Ding der Unmöglichkeit gewesen, Frau Krüger das so nahezubringen, dass sie es als eine Schutzmaßnahme für sich und ihre Tochter hätte einordnen können und sich nicht so fremdbestimmt und in die Ecke gedrängt gefühlt hätte.

»Mein Ex hat eine Riesensache daraus gemacht. Er war total sauer, weil er aus einem Meeting in die Klinik fahren und jemanden für Anna organisieren musste. Wenn ich das jetzt so erzähle, fällt mir erst auf, wie unfassbar das eigentlich ist ... Er hat mich richtig angeschnauzt und gefragt, was das »jetzt wieder für eine Spinnerei« sei, und dass ich mich »gefälligst mal zusammenreißen« sollte. Als würde ich ständig irgendwelche dummen Sachen machen! Mir ist erst viel später klargeworden, dass er sich keinen Moment wirklich um mich gesorgt hat oder wissen wollte, was denn los ist und wie er mir vielleicht helfen kann. Nein, er hat es stattdessen sofort allen Freunden und Verwandten erzählt und sich bedauern lassen, weil er mit einer Verrückten verheiratet ist.«
Frau Krüger lachte trocken auf. »Die Verrückte durfte allerdings schon nach zwei Tagen wieder nach Hause, weil ich glaubhaft versichern konnte, dass ich mich nicht umbringen würde.«
Dann atmete sie schwer und schüttelte den Kopf. »Ich weiß jetzt, was Leute meinen, wenn sie sagen, sie kamen sich vor wie im falschen Film. Genauso hab ich mich gefühlt. Das war alles so absurd und surreal! Mein ganzes Leben war plötzlich aus den Fugen geraten. Und ich war noch viel belasteter als vorher.

Jetzt wussten ja alle Bescheid! Ich hab mich noch mehr als Versager gefühlt. Ich hätte gar nicht gedacht, dass das geht, aber das ging. Ich hab mich als totaler Oberversager gefühlt. Der Mega-Oberversager!«
Frau Krüger stockte, als suche sie nach einer weiteren Steigerung, fand aber anscheinend keine befriedigende. Also berichtete sie weiter: »Sven hatte wirklich alle möglichen Leute informiert. Auch seine Eltern ... Und für die war das ein gefundenes Fressen. Die hatten schon immer gesagt, dass ich nicht die Richtige für ihn wäre und so. Sie haben sich aufgespielt und tatsächlich eine Rund-um-die-Uhr-Betreuung organisiert. Als wäre ich nicht zurechnungsfähig und als müssten sie Anna vor mir schützen!«
Nun liefen doch Tränen über Frau Krügers Gesicht. »Das war ein einziger Alptraum! Nach einer Woche oder so hatte ich Sven dann so weit, dass er seine Eltern zurückgepfiffen hat. Ich glaube, ihm war das auch zu viel, dass da immer irgendwelche Leute bei uns in der Wohnung waren.«
Frau Krüger wischte sich energisch die Tränen aus dem Gesicht. »Vielleicht tu ich ihm ja auch unrecht. Vielleicht wollte er mir helfen, war aber überfordert mit der Situation. Kann sein. Es fühlte sich für mich nur nicht so an.«
Sie machte eine Pause, um sich zu sammeln.
»Ich wusste, dass ich irgendwas ändern musste beziehungsweise tun musste, aber ich konnte nicht. Ich war wie gelähmt. Oder wie ein Roboter. Ich hab den Alltag erledigt. Irgendwie. Und ich hab versucht, nicht aufzufallen. Aber jede noch so kleine Tätigkeit hat mich so viel Kraft gekostet, dass ich dachte, ich klappe gleich hier und jetzt zusammen. Ich hab mir immer gesagt, dass ich mich einfach nur zusammenreißen müsste und dann schon alles wieder funktionieren würde. Aber das ging nicht.« Nun schwammen ihre Augen abermals in Tränen.

»Und Anna wurde älter ... Ich hatte so eine Angst, dass sie darunter leiden würde. Also, ich hatte das Gefühl, dass ich das mit ihr schon schaffe, aber vielleicht stimmte das ja gar nicht. Ach, verdammt!!« Frau Krüger stand auf und rupfte sich ein Taschentuch aus einer Box auf der Arbeitsfläche. Doch wie diese Dinger eben so sind, löste sich das Taschentuch nicht direkt aus dem Karton, und Frau Krüger rupfte die Box mit in die Höhe, worauf diese sich endlich von dem Tuch löste und mit einem leisen »Plock« in die Spüle fiel.
Frau Krüger blickte stumm in die Spüle, und ich bemerkte ein Zucken um ihre Mundwinkel. Ich sah sie fragend an, doch da streckte sie betont langsam den Arm aus und fischte mit spitzen Fingern die klatschnasse Taschentücherbox aus dem vollen Topf, den sie vorhin in die Spüle gestellt hatte. Sie seufzte betont theatralisch und ließ die Box einfach wieder zurück in den Topf fallen. Oliver Hardy hätte das vermutlich kaum besser gekonnt.
Dann erst lachte sie, und zwar so authentisch und herzlich, dass ich kurz mitlachen musste. »Das ist so typisch für mich!«, rief Frau Krüger, während sie den nassen Karton schwungvoll in den Müll beförderte. »Und jetzt stellen Sie sich mal vor, ich mach so was und mein Mann schaut mich an, als hätte ich den Verstand verloren. Wobei ...«
Schon kehrte wieder dieser traurige Blick zurück. »Vielleicht hat er ja recht und ich bin wirklich nicht ganz dicht ...«

Ich fragte vorsichtig, ob sie vielleicht jetzt eine Pause ...? Nein, die wollte Frau Krüger nicht.
Sie setzte sich mit geradem Rücken wieder an den Tisch, atmete durch und erklärte, sie werde das schon schaffen. »Ich habe wirklich Sorge, dass Sie einen falschen Eindruck von mir bekommen ... Aber ich vertraue da jetzt eben meiner Freundin,

die gesagt hat, ich soll einfach so sein, wie ich bin, dann würde schon alles gut werden.«
Frau Krüger berichtete, dass sie eben jene Freundin noch aus ihrer Schulzeit kenne und sie in der Zeit nach ihrer Klinikeinweisung auf Facebook wiedergefunden hatte. Da sie ihr vertraut war und doch weit weg, konnte sie sich ihr öffnen. »Ich war in einem regelrechten Schreibwahn. Ich hab ihr alles geschrieben. Ganz schonungslos. Und sie hat wunderbar reagiert. Zunächst hat sie mir aufbauende Mails geschrieben und dann den Kontakt zu einer Therapeutin hergestellt, die sie kannte und von der sie viel hielt. Ich hab eine Therapie begonnen, und nach einigen Wochen ging es mir besser. Bestimmt auch wegen der Antidepressiva, aber das ist ja nicht verboten, oder?«

Frau Krüger hatte die Therapie »erfolgreich durchlaufen«, wie sie lächelnd erklärte. Sie nahm schon seit zwei Jahren keine Antidepressiva mehr und erzählte, sie habe sich bis zu Beginn des Gerichtsverfahrens stabil gefühlt. »Jetzt stresst mich das alles schon sehr, muss ich zugeben. Ich habe einfach Angst, dass mein Ex mich genauso wie damals als Verrückte hinstellt. Und dass Sie dann ...« Sie brach ab und sah aus, als würde sie die Luft und damit alle schrecklichen Gedanken anhalten.
»Ich hab Angst, dass er sagt, ich wäre eine Irre, die sich nicht richtig um ihre Tochter kümmern kann, und dass Sie nachher sagen, dass Anna nicht mehr bei mir sein darf.«
Frau Krüger wischte sich trotzig ein paar Tränen weg. »Aber er hat nicht recht, wenn er das sagt! Und auch keine Ahnung! Er weiß ja gar nicht, wie es mir geht. Und auch nicht, wie es Anna geht. Weil ihn das nämlich gar nicht interessiert. Und das finde ich viel schlimmer als eine Mutter, die mal Depressionen hatte.«
Ich nickte. »Ich kann Sie da beruhigen, Frau Krüger. Nur weil Sie einmal eine psychische Störung hatten, komme ich ganz si-

cher nicht automatisch zu dem Schluss, dass Ihre Tochter nicht gut bei Ihnen aufgehoben ist. Selbst wenn Sie akut unter einer depressiven Episode leiden würden, würde ich nicht einfach so sagen, dass Anna von Ihnen wegmuss.« Frau Krüger setzte an, etwas zu sagen. Ich hob beschwichtigend die Hände. »Ich weiß, dass Sie gerade keine Depression haben. Ich habe das nur gesagt, um Ihnen zu verdeutlichen, dass Sachverständige es sich nicht so leicht machen, wie Sie befürchten. Und es geht im Moment wirklich nur um die Frage der Umgangskontakte. Das ist mein Auftrag vom Gericht. Sonst nichts. Niemand zweifelt Ihre Erziehungsfähigkeit an.«

Nun ja, zumindest nicht offiziell … Herr Krüger tat dies zwar bis zu einem gewissen Grad. Aber da er diesem Zweifel keine Taten in Form eines Antrags auf Entzug des Sorgerechts oder Änderung von Annas Lebensmittelpunkt folgen ließ, konnte man das schon so sagen, fand ich.

Außerdem wollte ich Frau Krüger beruhigen, um endlich mit ihr über die aktuelle Situation und die Umgangskontakte sprechen zu können. Denn dazu wusste ich ja nach wie vor kaum etwas.

Frau Krüger bestätigte im Grunde, was ihr Ex-Mann schon gesagt hatte. Es hatte wegen der Umgangskontakte zwischen Anna und ihrem Vater immer wieder Schwierigkeiten gegeben. Anna hatte ihren Vater zwar ab und zu besucht, aber noch nie bei ihm übernachtet.

Ich erkundigte mich nach diesen ominösen Schwierigkeiten, die Herr Krüger zwar erwähnt, aber nicht näher erläutert hatte.

»Ach«, seufzte Frau Krüger. »Es war einfach immer irgendwas. Nach der Trennung war ich mit Anna in einer Kur. Danach war mein Ex-Mann in Urlaub. Dann war Anna krank und er auf Geschäftsreise. Das klingt jetzt so ausgedacht, aber es war tatsächlich so. Es war immer irgendwas. Und dann waren plötzlich fast acht Monate vergangen. Anna war ja bei der Trennung noch klein. Sie hat nie nach ihrem Vater gefragt. Und ich ... Na ja, ich gebe zu, ich war einfach nur froh, wenn er sich nicht gemeldet hat. Ich habe nicht wirklich etwas getan, damit die Kontakte stattfinden. Das stimmt schon.«

Frau Krüger berichtete außerdem, dass Anna beim ersten Besuchskontakt sehr gefremdelt hätte. Sie habe geweint und sich nicht von ihr lösen wollen, so dass der Kontakt gar nicht wirklich habe stattfinden können. Herr Krüger sei sehr wütend auf sie gewesen und habe ihr vorgeworfen, sie habe Anna nicht zu ihm gehen lassen wollen.

»Dabei stimmte das gar nicht! Also ... nicht richtig ...« Frau Krüger kaute auf ihrer Unterlippe herum. »Ich konnte sehr gut nachvollziehen, dass Anna nicht von meinem Arm runterwollte zu diesem Mann, der so unfreundlich schaute. Na ja, vielleicht konnte ich es ein bisschen zu gut nachvollziehen ... Aber er war da mal wieder so ... so unfreundlich eben. Auch zu Anna. Sie konnte ja nicht wissen, dass er sauer auf mich war und nicht auf sie. Ich fand, er hat sich da schon sehr ungeschickt verhalten. Was hätte ich denn machen sollen? Das heulende Kind einfach von meinem Arm pflücken und weggehen? Das wäre doch furchtbar für Anna gewesen!«

Frau Krüger erzählte, dass sie umgehend ein bitterböses Schreiben von Herrn Krügers Anwalt erhalten habe, in dem ihr vorgeworfen wurde, den Umgang zu verweigern. »Er hat sogar gedroht, zu veranlassen, dass ich ein wahnsinnig hohes Zwangsgeld zahlen muss, wenn ich es nicht schaffe, dass Anna beim nächsten Kontakt in vierzehn Tagen bei ihm bleibt.«

In ihrer Verzweiflung hatte sich Frau Krüger wieder an ihre Freundin, die Psychologin, gewandt und um Rat gefragt. »Die war da sehr hilfreich. Zum einen hat sie mich ein wenig beruhigt, und zum anderen hatte sie die Idee, dass sie Anna zu meinem Ex bringt. Anna kannte sie damals schon ganz gut und hat das auch problemlos mitgemacht. Und mein Ex hat sich meiner Freundin gegenüber dann auch von seiner besten Seite zeigen wollen, so dass alles ganz gut lief. Sie ist die erste halbe Stunde einfach dageblieben und erst dann gegangen. Für Anna war das zum Glück gar kein Problem. Aber dann hieß es natürlich sofort, dass das ja wohl der Beweis sei, dass das Theater beim letzten Mal nur an mir lag ... Das macht mich so wütend, wenn ich nur daran denke! Er dreht sich immer alles so zurecht, wie er es braucht!« Frau Krüger machte eine kurze Pause und schaute mich schuldbewusst an. »Entschuldigen Sie. Das ist nicht gut, wenn ich so negativ über ihn rede. Ich weiß. Ich bin nur ... Mir fällt schwer, das alles nicht persönlich zu nehmen. Nee, stimmt nicht. Ich nehme das persönlich. Ich kann nicht anders. Immerhin habe ich mich ja trotzdem bemüht, dass Anna ihren Vater besucht, obwohl er sich so ... na ja, so verhält eben ....«

In den folgenden Jahren übernahm Frau Krügers Freundin die Übergaben, wenn Anna ihren Vater besuchte. *Wenn* sie ihn besuchte ... Laut Frau Krüger fand von den angedachten Besuchen alle zwei Wochen nämlich nur jeder dritte oder vierte auch tatsächlich statt. »Ich gebe zu, dass auch ich mal Termine abgesagt habe. Wenn meine Freundin nicht konnte, Anna krank war und schon auch mal, wenn wir verabredet waren. Ich weiß, das soll man nicht ... Aber auch mein Ex hat so oft abgesagt, weil er angeblich arbeiten musste oder auf Geschäftsreise war, da dachte ich, dass es dann auf den einen oder anderen Kontakt, den ich absage, auch nicht ankommt. Er hat sich ja auch nie beschwert. Und Anna schon gar nicht. Sie ist nie gerne zu ihrem Vater gegangen. Jedes Mal hat sie gesagt, dass sie keine Lust hat, ihn zu besuchen. Aber es waren ja immer nur drei oder vier Stunden, und meine Freundin konnte sie dann zum Glück jedes Mal dazu überreden, dort zu bleiben. Anna ist aber nie gerne zu ihm gegangen.«

Ich musste nachhaken: »Frau Krüger, das klingt zwar nicht gerade berauschend harmonisch und wunderbar, aber auch nicht zwangsläufig danach, als müsste man jegliche Kontakte unterbinden. Was hat sich denn geändert? Warum wollen Sie jetzt gar keine Kontakte mehr?«
Und schon sah Frau Krüger wieder wie eine verängstigte Merida aus. Sie riss ihre riesengroßen Augen auf und sagte: »Aber es ist doch nicht so, dass ich keine Kontakte mehr will. Anna will nicht mehr. Und ich weiß nicht, was ich tun soll. Ich kann sie doch nicht zwingen, ihren Vater zu besuchen. Oder muss ich das?« Ich hätte es nicht für möglich gehalten, aber bei dieser Frage wurden Frau Krügers Augen noch ein wenig größer. Ihre ehrliche Besorgnis war mehr als deutlich.
»Was soll ich denn tun, wenn sie weint und mir sagt, sie will da auf keinen Fall wieder hingehen?«

Diese Frage höre ich, ebenso wie Mitarbeiter des Jugendamtes oder von Beratungsstellen, tatsächlich sehr häufig.
Und wie schön wäre es, wenn es eine klare Antwort darauf gäbe!
Aber die gibt es nicht. Es kommt, wie eben fast immer, auf den Einzelfall an.
Das ist sicher exakt die Antwort, die ratsuchende Eltern nicht mehr hören können. Da will man mal eben schnell von einem Fachmann wissen, was man in dieser oder jener Situation tun soll, und dann bekommt man mitgeteilt, dass man das so nun einmal nicht sagen könne, weil es ja immer auf den Einzelfall ankomme.

Ich weiß aus eigener Erfahrung, wie frustrierend das ist, denn ich als Mutter habe in Bezug auf meine eigenen Kinder natürlich auch schon einmal jemanden um Rat gefragt und mir gewünscht, eine Antwort zu bekommen, die der einer klaren Gebrauchsanweisung für einen Reifenwechsel beim Auto oder der Reparatur einer Waschmaschine entspricht. (Ja, auch studierte Psychologen brauchen mal Rat, sobald es um die eigene Familie geht.)

Bei der Antwort auf die Frage, was man tun soll, wenn ein Kind weint und den anderen Elternteil nicht besuchen möchte, muss man zunächst herausfinden, warum das Kind sich so verhält.

Hier ein paar Gründe, warum ein Kind nicht zum Vater wollen könnte – und ich bitte um Verständnis, es liest sich einfach besser, wenn ich von Vater und Mutter schreibe statt von dem einen und dem anderen Elternteil –, und meist geht es tatsächlich nach wie vor um Besuche beim Vater beziehungsweise um die Verweigerung derselben.
Es könnte so sein, weil:

a. das Kind sich noch nicht gut von seiner Mutter trennen kann und eine kurzfristige und einfache Lösung hierfür sucht (nämlich einfach bei der Mutter zu bleiben).
b. die Mutter dem Kind erfolgreich eingeredet hat, dass der Vater ein böser Mensch ist, und es nun Angst vor diesem seltsamen Typen hat.
c. der Vater bei den letzten Besuchen mehrfach im Beisein des Kindes über die Mutter geschimpft hat und das Kind den Loyalitätskonflikt lösen will, indem es den Vater nicht mehr besucht.

d. das Kind gelernt hat, dass es ganz besondere Aufmerksamkeit und vielleicht auch Streicheleinheiten bekommt, wenn es solche Äußerungen tätigt.
e. der Vater das Kind misshandelt oder missbraucht hat.
f. sich das Kind beim Vater schon mehrfach gelangweilt hat und weiß, dass die Mutter mit ihm ins Schwimmbad oder Kino gehen würde, wenn es am Wochenende bei ihr bliebe.
g. das Kind das Gefühl hat, seine Mutter erwartet von ihm, dass es den Vater ablehnt, und Angst hat, die Liebe der Mutter zu verlieren, wenn es dieser Erwartung nicht entspricht.
h. das Kind keine gute Beziehung zu seinem Vater entwickeln konnte und sich dort nicht wohl fühlt.
i. das Kind eben mal keine Lust hat, den Vater zu besuchen, weil es gerade damit beschäftigt ist, einen Lego-Tierpark zu bauen oder Ähnliches.

Wenn man zu wissen glaubt, weshalb das Kind nicht zum anderen Elternteil möchte, hängt die richtige Reaktion darauf von der Persönlichkeit des Kindes – und auch der der Eltern ab.
Die Aussage, dass es auf den Einzelfall ankommt, ist also keine faule Ausrede von Fachleuten, die es nicht besser wissen, sondern tatsächlich richtig.
Keine Sorge, wenn man sich ein bisschen Zeit nimmt, wird man dennoch eine Antwort finden und das Problem lösen können.
Um genau das im Fall der kleinen Anna zu tun, bat ich Frau Krüger um ihre Einschätzung und plante, später noch ein Gespräch mit Anna führen.

Frau Krüger glaubte, dass Anna sich vom Vater nicht geliebt fühlte und dass dieses Gefühl stärker geworden sei, seitdem er eine neue Freundin habe. »Ich weiß, wie das klingt. Als wäre ich eifersüchtig auf die Neue. So schreibt es ja auch der Anwalt von meinem Ex. Aber so ist es nicht! Es ist mir egal, ob er eine Neue hat, solange sie nett zu Anna ist. Das scheint sie auch zu sein. Aber trotzdem sagt Anna, dass sie nicht mehr zu ihrem Vater will. Ich habe ein paar Mal nachgefragt. Klar. Aber Anna hat immer nur gesagt, dass sie eben nicht will. Oder dass sie keine Lust hat und das dort doof findet. Mehr war nicht aus ihr rauszubekommen, und ich will ja auch nicht so bohren. Oder hätte ich das tun sollen?«

Frau Krüger seufzte und drehte nervös eine ihrer roten Haarsträhnen um den Finger. »Ich bin total verunsichert. Ich weiß einfach nicht, was richtig ist. Können Sie mir das sagen? Bitte, ich weiß nicht, ob Sie das dürfen oder nicht, aber ich ... also, ich will einfach nur das Richtige für Anna tun!«

Ich glaubte Frau Krüger.

Ja, ich glaubte ihr, obwohl ich so ähnliche und auch exakt diese Sätze schon von tatsächlichen »Umgangsvereitelungsmüttern« gehört hatte, die ja meist so taten, als würden sie gerne Ratschläge annehmen, aber tatsächlich nur ein Ziel hatten: ihr Kind dahingehend zu beeinflussen, dass es Kontakte zum Vater strikt ablehnte. Ein ekelhaft egozentrisches Verhalten!

Frau Krüger wirkte auf mich authentisch. Aber hundertprozentig sicher konnte und durfte ich mir dennoch nicht sein. Noch nicht. Also verbrachte ich ein paar Stunden mit Anna. Sie war ein fröhliches Kind und sah mit den Kulleraugen ihrer Mutter und den blonden Haaren ihres Vaters aus wie ein Mädchen aus einem Bilderbuch. Wir spielten UNO, Lotti Karotti und das allseits beliebte Obstgartenspiel. Dabei erzählte mir Anna von ihrer Schule, ihren Freundinnen und auch der Freundin der Mama, die so nett sei, dass sie »Tante Sonja« zu ihr sage, »obwohl die gar nicht in echt meine Tante ist. Aber ich hätte das gerne. Und da haben Mama und sie gesagt, ich darf das so sagen.«

Ich brachte spielerisch ein paar meiner sogenannten Explorationshilfen im Gespräch unter. Also Formulierungen, die mir halfen einzuschätzen, wie Anna über bestimmte Dinge dachte und was sie wollte. Ich fragte zum Beispiel, wer bei ihr sein sollte, wenn es ihr nicht gut gehe, von wem sie sich gerne bei etwas helfen lasse, was sie sich von einer guten Fee wünschen würde und Ähnliches. Anna beantwortete all diese Fragen unbefangen und fügte ihren Antworten oft auch ungefragt eine Erklärung oder eine kleine Geschichte hinzu. Sie wirkte ausgeglichen, ihre Grundstimmung war fröhlich. Anna war sicher an ihre Mutter gebunden. Offenbar hatte Frau Krügers depressive Episode der Beziehung zu ihrer Tochter nicht geschadet. Wie schön!

Ihren Vater erwähnte Anna nicht ein einziges Mal.
Bis ich fragte, ob es etwas oder jemanden gebe, der ihr Kummer mache oder den sie am liebsten auf den Mond schießen würde. Oft lachen Kinder bei dieser Frage, weil das »auf den Mond schießen so eine wahnsinnig gute Idee ist«, wie ein kleiner Junge einmal sagte. Benannt werden dann von den Kindern meist Spielkameraden oder Geschwister, über die man sich vor kurzem geärgert hatte, die Lehrerin, die immer so viele Hausaufgaben gab, oder der Nachbar, der immer sofort schimpfte, wenn man mal vor dem Haus Ball spielte.
Aber Anna sagte, es sei ihr Vater, der ihr Kummer mache. Wenn er weg wäre, gerne auch so weit wie auf dem Mond, dann fände sie das schön.

Auf meine Frage, was sie ihm denn zum Abschied sagen würde, wenn er sich in die Rakete zum Mond setzen würde, lächelte sie. »Tschüss, jetzt kannste mich nicht mehr ärgern.« Auf meine Frage, was sie denn am allermeisten geärgert hätte, antwortete Anna: »Mich ärgert, dass der gemein zu mir ist. Das mag ich nicht. Mit jemandem, der gemein ist, muss man nicht befreundet sein. Das sagt auch meine Lehrerin. Und ich will mit dem Papa nicht mehr befreundet sein. Und da find ich gut, wenn der so weit weg ist, dass ich da nicht mehr hin muss.«
»Worüber würdest du dich am meisten freuen, wenn du nicht mehr zu deinem Vater müsstest?«
Sie strahlte regelrecht. »Dass ich nicht mehr in dem komischen Zimmer sein muss und der Papa keine gemeinen Sachen mehr sagen kann. Oder ...«
Sie überlegte. »Sagen kann der die ja immer noch, aber ich hör die dann nicht mehr.« Sie grinste schelmisch und freute sich über ihren klugen Satz.
»Anna, kannst du mir vielleicht etwas von den Sachen sagen, die der Papa gesagt hat? Ich kann mir jetzt nicht so recht vorstellen, was das gewesen sein könnte.« Anna nickte grimmig. »Der sagt immer ›du bist so blöd wie deine Mutter‹. Dabei ist die Mama gar nicht blöd! Und ich auch nicht! Der ist selber blöd.« Anna schaute mich empört an. »Ich finde, Papas sollen so was nicht sagen zu ihren Kindern. Das ist doch gemein, gell?«
Ich stimmte ihr zu. Danach erklärte ich, dass Menschen manchmal dumme Sachen machen würden. Auch Eltern. Diese Menschen könnten aber auch ebenso gute Sachen tun, denn niemand sei nur böse oder gemein. Anna nickte.
»Was gab es denn für schöne Sachen, wenn du den Papa besucht hast?« Sie dachte kurz nach und sagte dann: »Wenn wir ferngesehen haben. Das war schön.«

»Und was noch?«
»Hm ...« Sie überlegte. »Die Tanja, also das ist Papas Freundin, die hat mit mir gemalt und auch mit mir mit meinen Filly-Ponys gespielt. Das war auch schön. Aber die Tanja ist nicht mehr beim Papa. Die wohnt jetzt weit weg.«
»Gab es denn noch irgendwas, das schön mit dem Papa war?«
»Ja«, sie grinste breit. »Wenn der mich wieder zur Mama gefahren hat.« Sie kicherte. Dann schaute sie grimmig. »Das ist echt nicht schön beim Papa. Na ja, ein paar Mal hat er mir was vorgelesen, wenn ich ein Buch von zu Hause dabeigehabt hab. Das hab ich schön gefunden. Aber das war auch schon lange nicht mehr. Und sonst sitze ich da in dem doofen Zimmer, und er ist am Computer, weil er was schreiben muss, auf das die Leute von der Arbeit warten. Oder so was. Und dann ist mir langweilig und ich frag den, ob der was mit mir spielt. Das hab ich letztes Mal gemacht. Und dann hat der gesagt, dass ich ruhig sein soll, weil er sich konzentrieren muss und ich so eine Ego-Kuh wie die Mama bin. Ich weiß gar nicht, wie eine Ego-Kuh aussieht, aber ich bin keine Kuh und die Mama auch nicht.« Sie machte einen Schmollmund. »Das nervt alles da. Der Papa nervt. Ich mag den nicht. Warum muss ich da hin, wenn ich den nicht mag und der gemein zu mir ist? Ich will das nicht! Letztes Mal hat er gesagt ... Also, da hab ich gefragt, ob ich fernsehen kann. Und das hat der nicht gut gefunden und gleich ›nein‹ gesagt, obwohl ich noch gar nicht fertig ausgeredet hatte. Und da hab ich ihm das gesagt. Also, dass ich noch nicht ausgeredet hatte. Und da hat er gesagt, ich soll mal aufpassen, dass ich nicht so werde wie Mama und dann keinen Mann bekomme, weil ... Ich weiß nicht mehr genau, warum. Weil ... weil irgendwas. Hab ich vergessen. Aber ich hab das gemein gefunden. Ich will nämlich gerne werden wie die Mama! Und nicht so wie der Papa! Nee!«

Das klang zwar alles ganz und gar nicht gut, aber Anna wirkte eher verärgert als ängstlich, so dass die Chance bestand, die Situation so zu verändern, dass Kontakte zwischen Anna und ihrem Vater wieder beziehungsweise endlich so verliefen, dass sich Anna bei ihm auch wohl fühlen konnte. Es mag jetzt befremdlich auf Sie wirken, dass ich das überhaupt in Erwägung zog. Aber ein funktionierender, geregelter Kontakt ist grundsätzlich immer erstrebenswert. Erst wenn das wirklich nicht möglich ist, muss man die Konsequenz daraus ziehen. Es gibt genug Fälle, in denen sich eine zunächst ausweglos und negativ erscheinende Situation positiv für alle Beteiligten entwickeln kann. Diese Hoffnung gebe ich nie auf, solange es noch Grund dafür gibt.

Ich wollte Anna gern mit ihrem Vater sehen. Wenn Herr Krüger wirklich so ungeschickt mit ihr war, wie es klang, dann würde sich das auch bei der Interaktionsbeobachtung zeigen, und ich hätte einen besseren Ansatzpunkt als »nur« Annas Antworten. Wenn ich Herrn Krüger in Ruhe und psychologisch fundiert erklären konnte, dass er sich seiner Tochter gegenüber anders verhalten musste, um eine gute Beziehung zu ihr zu entwickeln, dann konnte aus Herrn Krüger mit ein paar guten Ratschlägen ja vielleicht doch noch ein ganz passabler Vater werden. Ich konnte und wollte nicht so einfach aufgeben.
Also unterbreitete ich Anna meine Idee.
»Du, Anna, ich weiß, du willst deinen Vater eigentlich gar nicht mehr besuchen ...«
»Genau! Gar nicht mehr!« Sie nickte heftig mit dem Kopf, dass die blonden Locken nur so flogen.
»Das habe ich verstanden. Und ich glaube, ich habe auch verstanden, warum du ihn nicht mehr besuchen willst. Ich hab

deinen Vater ja schon kennengelernt, und ich würde gerne was ausprobieren.«
»Was denn?«
»Also, ich würde gerne noch mal mit deinem Vater reden und schauen, ob ich es schaffen kann, dass er ein bisschen mehr so werden kann, wie du es gerne hättest.«

Anna schaute mich ernst an. »Glaubst du, du kannst machen, dass der Papa ganz anders wird?«
»Na ja, ganz anders wahrscheinlich nicht. Aber vielleicht ein bisschen. Und dann noch ein bisschen. Und vielleicht dann ja doch so, dass du wieder zu ihm gehen willst.«
»So ein vieles bisschen?« Sie staunte mit großen Augen.
»Ich würde es gerne versuchen. Ob es klappt, weiß ich nicht. Aber probieren möchte ich es. Würdest du denn mit mir zusammen noch mal zum Papa gehen? Ich würde gerne sehen, ob er vielleicht doch mit dir spielen kann. Wenn ich dabei bin, können die Väter das oft besser als alleine. Und ich verspreche, dass ich sofort mit ihm schimpfe, wenn er gemeine Sachen sagt. Dann schimpfe ich und wir gehen. Sofort!«
Anna lächelte. »Versprochen?«
»Versprochen!«
»Okay.« Anna reichte mir mit ernster Miene ihre kleine Hand, um das Versprechen zu besiegeln.

Ich war erleichtert. Denn wenn Kinder sich in derartigen Fällen im Rahmen der Begutachtung bereit erklären, mit mir noch mal einen Besuch zu wagen, dann habe ich deutlich bessere Chancen, alles in Ordnung zu bringen. Ich kann dann zum Beispiel die Mütter beruhigen, dass beim Vater vielleicht doch alles gar nicht so schlimm ist wie gedacht. Oder ich kann Vä-

tern erklären, dass sie dieses oder jenes ändern müssen, um die Beziehung zu ihren Kindern zu verbessern.
Und ich kann vor allem den Kindern zeigen, dass ihr Vater oder ihre Mutter kein Monster ist. Ein bisschen ungeschickt vielleicht, aber eben kein Monster. Das ist für Kinder wichtig und macht mehr aus, als man im ersten Moment vermuten mag.

Als ich Frau Krüger erzählte, was Anna mir berichtet hatte und dass ich mit ihr gemeinsam zu einem Besuch bei ihrem Vater gehen würde, war sie zwar ein wenig skeptisch, aber in erster Linie erleichtert. »Dann können Sie sich das mal anschauen und ja vielleicht was ändern. Das wäre toll. Vielleicht hört er ja auf Sie, wenn Sie sagen, dass er etwas anders machen soll.«
Ihre Reaktion bestätigte mich in meiner Vermutung, dass Frau Krüger keine der Mütter war, die unbedingt und zur Not auch auf Kosten ihres Kindes den Umgang mit dem Vater verhindern wollten. Nein, sie war keine »typische Umgangsvereitelungsmutter«. Da hatte sich Frau Heiser vom Jugendamt geirrt.

Sobald Herr Krüger wieder von seiner Geschäftsreise zurück wäre und sich bei mir gemeldet hätte, würde ich Frau Krüger Bescheid geben, wann ich mit Anna zu ihrem Vater fahren würde.

Aber Herr Krüger meldete sich nicht.
Ich hatte in dieser Zeit eine Reihe anderer Fälle, zwei davon mit Misshandlungen und sexuellem Missbrauch. Ich war also etwas abgelenkt und dachte nicht jeden Tag an die Familie Krüger. Als ich vier Wochen nach unserem ersten Termin noch immer nichts von Herrn Krüger gehört hatte, rief ich ihn an, erreichte aber nur die Mobilbox. Also sprach ich meine Bitte

um Rückruf darauf, und als der Rückruf ausblieb, schrieb ich weitere zwei Wochen später einen Brief, in dem ich abermals um einen Anruf zwecks Terminvereinbarung bat.
Nichts geschah.
Ich schrieb einen weiteren Brief. Per Einschreiben.
Nichts.

Ich informierte das Gericht. Das wiederum Herrn Krügers Anwalt informierte, der wohl seinem Mandanten nahelegte, sich doch mal bei der Sachverständigen zu melden.
Nur zwei Tage später rief Herr Krüger mich gehetzt an, um zu erklären, dass er keine Zeit habe und sich in den nächsten Wochen wegen eines Termins melden werde.
Ich war fassungslos. Und sauer! Ich hatte Anna dazu gebracht, dass sie ihm noch eine Chance gab und mit mir zusammen einem Besuch zustimmte. Und dieser Heini schaffte es innerhalb von sage und schreibe elf Wochen nicht, einen Termin mit mir zu vereinbaren! Das sprach Bände.
Als sich Herr Krüger auch nach weiteren drei Wochen nicht wie versprochen noch einmal zwecks Terminvereinbarung gemeldet hatte, informierte ich das Gericht erneut und bat um einen Termin. Zu einem Gerichtstermin würde Herr Krüger dann ja wohl erscheinen.
Die zuständige Richterin und ich waren uns einig, dass er seine Verweigerungshaltung dringend erklären sollte. Schließlich hatte er das ganze Verfahren angeleiert.
Aber Herr Krüger erschien nicht zum Gerichtstermin.
Man konnte seiner Anwältin, der noch recht jungen Frau Vogt, deutlich ansehen, wie unwohl sie sich fühlte. Sie schob ihre Akten hin und her, sah immer wieder hinein, als befände sie sich kurz vor einer Prüfung und müsse nur eben schnell noch mal einen Blick in den Unterrichtsstoff werfen.

Die Richterin stellte fest, wer alles zum Termin erschienen war – und wer nicht. Und übergab dann das Wort an Herrn Krügers Anwältin. Frau Vogt erklärte, es tue ihrem Mandanten sehr leid … Sie unterbrach sich und begann von Neuem: »Es tut mir sehr leid, Ihnen mitteilen zu müssen, dass Herr Krüger zur heutigen Verhandlung nicht erscheinen wird. Er hat mich beauftragt mitzuteilen …« Sie räusperte sich nervös. »… mitzuteilen, dass er seit zwei Monaten und nun auch dauerhaft in Delmenhorst bei Bremen lebt. Er hat dort eine Wohnung mit seiner Lebensgefährtin, die von ihm ein Kind erwartet. Er wird also in einigen Monaten erneut Vater und hat mich beauftragt …« Erneutes Räuspern. »Ich soll Ihnen mitteilen, dass er nun eine neue Familie hat und sich aus dem Leben von Anna und Frau Krüger zurückziehen, also verabschieden will …«
Frau Vogt atmete erleichtert aus und lehnte sich zurück. Sie hatte nun nichts mehr zu sagen.
Wir anderen waren ebenfalls erst einmal sprachlos.

Ich sah Frau Krüger an, wie sie zwischen Erleichterung und Ärger schwankte. Ihr Anwalt grinste nur breit, gratulierte ihr mit den Worten »Na, den sind Sie ja nun los« und verabschiedete sich.
Frau Vogt war das Ganze nach wie vor unangenehm, und sie verabschiedete sich ebenfalls schnell. Die Richterin erklärte die Sitzung ebenso wie das Verfahren für geschlossen. Und ich meine, sie ein verächtliches »Männer« murmeln gehört zu haben.

Frau Krüger sah mich fragend an. »Aber … was mach ich denn jetzt? Also, ich meine, was sag ich Anna? Das ist doch total verletzend für sie. Oder nicht? Er hat jetzt eine neue Familie?

Was für ein …« Sie sprach nicht aus, was sie dachte. Aber das musste sie auch nicht.
Ein Vater, der sich so verhielt, war wirklich eine Schande.

Ich sprach noch länger mit Frau Krüger, die verständlicherweise ebenso aufgebracht wie durcheinander war. Nach wie vor wusste sie nicht so recht, was sie Anna sagen sollte, damit diese das Verhalten ihres Vaters nicht auf sich bezog. »Na ja, wahrscheinlich ist sie jetzt erst einmal einfach erleichtert. Aber ich fand Ihre Idee so schön, dass man den Kontakt zum Vater vielleicht doch verbessern kann. Ich meine, er ist nun mal ihr Vater. Sie hat nur den einen …«
Frau Krüger ließ traurig die Schultern hängen. »Und wenn sie dann älter ist, dann wird sie sich doch fragen, warum er sie einfach ersetzt hat durch ein neues Kind. Was sag ich ihr dann? So was kann man doch im Grunde gar nicht erklären!«
Ihre Augen füllten sich mit Tränen. Sie blinzelte. »Entschuldigen Sie, ich bin normalerweise wirklich nicht so eine Heulsuse.«
Ich musste lächeln. »Es gibt nichts, wofür Sie sich entschuldigen müssten. Wirklich nicht. Und was Anna betrifft: Wenn Sie ihr das Ganze relativ nüchtern erzählen, dann wird sie das auch nicht weiter belasten. Zumindest aktuell nicht. Wenn Anna den Eindruck gewinnt, dass Sie das belastend finden, wäre es auch für Anna schwerer. Aber Sie können einfach recht sachlich erzählen, dass Papas Freundin so weit weg wohnt und der Papa eben gerne bei ihr sein will. Anna kennt seine Freundin ja und fand sie nett. Sie wird also wahrscheinlich verstehen, dass er bei ihr sein möchte. Vielleicht braucht sie zurzeit gar keine weitere Erklärung. Für Anna war er ja immer eher ein Störfaktor. Und diese Entfernung bietet auch Möglichkeiten. Anna und er können sich schreiben. Nicht oft. Einfach ab und zu eine Karte. Und darauf kann man vielleicht aufbauen.«

Frau Krüger schaute mich zweifelnd an und ich nickte: »Klar, eine »normale« Vater-Tochter-Beziehung hatten die beiden nie und werden sie auch nicht haben. Aber wie Sie ja schon so schön sagten: Anna hat nur diesen einen Vater. Und wenn da hin und wieder Briefkontakt besteht, dann ist er nicht einfach aus ihrem Leben verschwunden, und sie kann irgendwann einmal auf diesen Kontakt aufbauen – wenn sie will. Außerdem wird er, wenn er ihr mal eine Karte schreibt, sicher nichts Gemeines drauf schreiben. Anna hätte die Möglichkeit, eine andere Seite an ihm zu erleben, wenn auch auf Sparflamme.«

Frau Krüger nickte langsam. »Ja, das klingt sehr einleuchtend. Aber meinen Sie denn, er wird ihr überhaupt schreiben? Er hat doch quasi ausrichten lassen, dass er jetzt weg ist und eine neue Familie hat.«

Das stimmte. Aber ich hatte schon eine Idee, wie ich da ein wenig nachhelfen konnte.

Ich schrieb einen Abschlussbericht zur Begutachtung und empfahl darin, dass Herr Krüger in Annas Sinne den Kontakt nun nicht abbrechen, sondern in Form von einigen Postkarten oder Briefen pro Jahr aufrechterhalten sollte, um Anna ihren Vater, der doch eine wichtige Bezugsperson für jedes Kind sei, zu erhalten. Ich erklärte ausführlich, welche Vorteile dies für Anna hätte und welche möglichen emotionalen Belastungen sich ergeben würden, wenn Herr Krüger den Kontakt einfach abbrach.

Normalerweise schicke ich derartige Schreiben an das Familiengericht, das diese wiederum an die Prozessbeteiligten verteilt. Diesmal aber informierte ich die Richterin, dass ich den Eltern und dem Jugendamt meinen Bericht schon direkt geschickt hatte.

Frau Vogt hatte mir Herrn Krügers Adresse gegeben, und ich hatte mein Schreiben an ihn und auch an seine Freundin adressiert. Konnte ja keiner wissen, ob sein Name schon auf dem Briefkasten stand. Sicher ist sicher.
Und: Anna hatte einen guten Eindruck von dieser Freundin gehabt, und offenbar hatte diese Frau auch Anna gemocht. Nebenbei spekulierte ich ein kleines bisschen auf ein schlechtes Gewissen, das die neue Frau von Herrn Krüger ja eventuell haben mochte …

Nur wenige Tage später bekam ich die Nachricht, dass Herr Krüger sich bei Anna gemeldet habe. Via einer Postkarte aus Delmenhorst, auf die er zwar nur »Liebe Grüße, Papa« geschrieben habe – aber immerhin!
Anna schickte ihm auch tatsächlich sehr bald eine Postkarte zurück und fand es sehr lustig, einfach draufzuschreiben »Liebe Grüße, Tochter«.
Daraufhin entwickelte sich kein reger, aber immerhin ein regelmäßiger Kontakt, der im letzten Jahr dazu führte, dass die inzwischen sechzehnjährige Anna ihren Vater bei seiner nun nicht mehr ganz so neuen Familie besucht und sogar für ein paar Tage dort geblieben war. Freiwillig.

Das ist auf jeden Fall deutlich besser, als ein kompletter Abbruch aller Beziehungen zwischen Vater und Tochter. Denn die Hoffnung stirbt ja bekanntlich zuletzt. Oder gar nicht.

Muff und Eso-Therm

Auf dem Weg zur Sachverständigen besuchte ich nicht nur Tagungen, sondern auch eine große Anzahl an Seminaren, wobei Seminare sich von Tagungen, wie sie oben beschrieben wurden, grundsätzlich unterscheiden. Während Tagungen oft von Hunderten von Leuten besucht werden und dabei diverse Vorträge zu unterschiedlichen Therapieformen, Ansätzen oder Forschungsergebnissen gehalten werden, behandelt man in einem Seminar meist nur eine Therapieform oder ein Thema und das in einer deutlich kleineren Gruppe.

An eines dieser Seminare erinnere ich mich ähnlich bildhaft wie an das Abenteuer auf meiner ersten Tagung. Es war während meines Hauptstudiums kurz vor den Diplomprüfungen. Zu der Zeit begann ich die Ausbildung zur Familientherapeutin.

Ein wenig aufgeregt war ich schon vor Beginn des Seminars. Es war ja schließlich mein erstes Mal, und ich hatte keine Ahnung, was genau mich erwartete.

Schon der Ort des Seminars war irgendwie ... bizarr. Ich fand mich in einem uralten Bauernhaus wieder. Nicht eins von der romantischen Sorte, sondern eins von der, na ja, uralten Sorte eben. Es war stark renovierungsbedürftig und roch muffig. Sehr muffig. Igitt.

Ich hatte den Verdacht, dass das hier so ein »Wir renovieren ein Haus«-Selbsterfahrungsdings werden sollte.

Wurde es nicht.

Leider.

Als ich ankam, waren drei weitere Teilnehmer bereits vor Ort. Sie unterhielten sich angeregt über einen Therapeuten, den ich nicht kannte, den man aber wohl kennen musste, weshalb ich mehrfach mit wissendem Gesichtsausdruck nickte. Das hatte ich bei der Fachtagung zur Genüge vorgeführt bekommen.
Nach und nach kamen die anderen Seminarteilnehmer an. Natürlich war ich mal wieder die Jüngste und auch die einzige Studentin.
Ich wünschte mir so sehr, dass jemand in meinem Alter zur Türe hereinkommen und sagen würde: »Mein Gott, wieso riecht es denn hier so muffig? Und überhaupt, was ist das hier? Ein ›Wir renovieren ein Haus‹-Selbsterfahrungsdings oder was?‹
Anders ausgedrückt, ich fühlte mich wie ein Alien.
Ich verstand nicht, wovon diese Menschen sprachen (sie waren von den diversen Therapeuten, die ich nicht kannte, zu verschiedenen Fachbüchern gelangt, von denen ich noch nie gehört hatte – wieso wurde man auf der Uni nicht auf das wahre Leben vorbereitet?), und wenn ich ehrlich bin, wollte ich das auch gar nicht so recht verstehen.
Ja, ich muss gestehen, dass ich erstaunlich wenig Interesse hatte, diese Leute näher kennenzulernen. Ich empfand das damals durchaus als Problem, denn das war als angehende Therapeutin ja wohl keine besonders sinnvolle Haltung!
In der Tat war es auch eher untypisch für mich, denn meine Freunde behaupten immer, ich sei ein wahrer Menschensammler. Wo immer ich hinkomme, lerne ich Menschen kennen, die auf die eine oder andere Art in meinem Leben hängen bleiben und mit denen mich nach kürzester Zeit etwas verbindet. Ich mag das. Mir gefiel es – und gefällt es noch –, mit Menschen in ein echtes Gespräch zu kommen, das über den üblichen Smalltalk hinausgeht. Irgendwie sind mir auch fast alle Menschen

erst einmal sympathisch. Schlicht und ergreifend, weil ich davon überzeugt bin, dass jeder Mensch etwas Liebenswertes an sich hat, und ich sofort beginne, danach zu suchen, sobald ich jemandem »Guten Tag« gesagt habe.
Okay, es gibt Ausnahmen. Aber dass sich in einem Raum mit zwölf Personen ausschließlich Ausnahmen befanden, das war schon sehr seltsam.
»Geh einfach«, flüsterte eine Stimme in mir. »Du kannst dich jetzt einfach umdrehen, zur Türe hinausmarschieren, dich in dein Auto setzen und nach Hause fahren. Dort kannst du ein gutes Buch lesen …«
Doch die verheißungsvolle Stimme wurde in ihrem lockenden Singsang unterbrochen von Frau Obermaier. Die Seminarleiterin trampelte mit einem lauten »Guten Tag, liebe Seminargruppe!« in den Raum und machte alle Gedanken an Flucht zunichte – und zwar sowohl mit ihrem resoluten Auftreten als auch mit ihrem massigen Körper, der alle Wege nach draußen verstopfte.
Frau Obermaier war auf eine seltsame Art alterslos, was vielleicht ebenfalls an ihrem fast schon beeindruckenden Umfang liegen mochte. Sie trug ein orange-rosa Wallegewand aus mehreren Schichten, war stark und vor allem vielfarbig geschminkt und roch nach diesem Zeug, nach dem es auch in Esoterikläden immer riecht. Was ist das eigentlich? »Eso-Therm«? Jetzt einsetzbar als Parfüm und Intensiv-Raumspray?
»Ich freeeueee mich, dass ihr alle hiiiiier seid! Wir sind per du, nicht waaaahr?«, knödelte Frau Obermaier uns entgegen, und ich starrte sie ungläubig an.
Diese Frau klang wirklich original wie der inzwischen leider verstorbene Schauspieler Dirk Bach. Und wenn man sie mal genau betrachtete … Nein, sie war nicht Dirk Bach, aber eine gewisse Ähnlichkeit … Und diese Stimme …

Wir wurden in einen Raum geführt, der mit reichlich Kissenmaterial in orange, rosa und rot sowie mehreren knallbunten Teppichen ausgestattet war. Außerdem roch es nach Muff und Eso-Therm.
Wir sollten uns »erst einmal in dem Raum beweeeegen und den Raum erspüüüüüren«.
Aha.
Wie macht man das?
Oh Gott, schoss es mir durch den Kopf, ich war wirklich total ungeeignet als Therapeutin! Ich konnte noch nicht mal einen Raum erspüren!
Also tat ich, was man eben so tut, wenn man nicht weiß, was zu tun ist: Man schaut, was die anderen machen.
Tja, und die ... also die ... Himmel, was taten die denn da?
Manche hatten die Arme ausgebreitet und liefen mit geschlossenen Augen umher, wobei sie selbstverständlich ständig gegen etwas oder jemanden liefen. Andere tasteten die Wand, den Boden, die Kissen und im Weg stehende Seminarteilnehmer ab als wären sie Blinde auf Erkundungstour. Wobei ... ich bin mir ziemlich sicher, dass Blinde das irgendwie anders machen und dabei auch nicht so vergeistigt und leicht verrückt aussehen.
Eine Frau stellte sich in die Mitte des Raumes, wedelte mit den Händen und machte in unregelmäßigen Abständen »Ha!« und »Ho!«. Zwei Männer hatten ihre Schuhe und Strümpfe ausgezogen (igitt!) und machten seltsame Verrenkungen (Vielleicht war das Yoga – auch davon hatte ich keine Ahnung. Herrjeh!). Eine ältere Dame tanzte durch den Raum und sang »Hasch mich, ich bin der Frühling!«. Nein, das sang sie nicht wirklich. Aber sie tat es in meinem Kopf. Laut und deutlich! Oh, nein! Ich würde gleich anfangen zu lachen! Nein, das durfte nicht passieren! Bitte! Nicht jetzt! Und gleichzeitig dachte ich: Oh Gott, nicht denken, dass ich jetzt nicht lachen darf!

Atmen! Ich musste atmen! Sonst würde ich gleich platzen.
Ruhig atmen!
»Hasch mich, ich bin der Früüühling!«
Weghören! Atmen!
Lenk Dich ab!
Ich begann zu rechnen. Das kann ich nämlich ganz schlecht.
Meine Fähigkeit zu rechnen ist fast so unterentwickelt wie
mein Orientierungssinn. Ich muss mich schon bei einfachen
Aufgaben sehr konzentrieren.
Es half. Der Frühling hörte auf, erhascht werden zu wollen
und ich konnte mich auf das Atmen und Rechnen konzentrieren.
Ich schwitzte. Aber ich schaffte es.
Kein Lachanfall.
Ich verlieh mir innerlich eine schicke goldene Heldenmedaille
samt Urkunde, atmete tief durch und starrte dann sofort auf
meine Füße, um nicht erneut Grund für einen Lachkrampf zu
haben.
Überrascht registrierte ich, dass mich Frau Obermaier vor allen anderen lobte und hervorhob, wie »konzentriiiieeeeert« ich
den Raum »erspüüüüüüürt« hatte.
Aha.

Ich bemerkte schnell, dass das Seminar im Wesentlichen aus
einer Abfolge diverser Selbsterfahrungsübungen bestand.
Nun ist das ja grundsätzlich gar nicht so verkehrt. Jeder, der
Menschen therapieren möchte, sollte über ein gewisses Maß an
Selbsterfahrung oder vielleicht eher Selbsterkenntnis verfügen.
Ich habe später auch noch positive Erfahrungen mit derartigen
Übungen sammeln können und will somit ganz ausdrücklich
klarstellen, dass ich dergleichen für nützlich, sinnvoll und hilfreich halte. Allerdings nicht in diesem Seminar. Wirklich nicht.

Vielleicht lag es ja an mir. Vielleicht konnte ich mich auch einfach nicht richtig »drauf einlassen«, oder es war alles »gerade nicht so mein Thema« oder so ...
Vielleicht lag es aber auch schlicht und ergreifend an Dirk Bachs Schwester und der geballten Klischeehaftigkeit der anderen Seminarteilnehmer. Heute bin ich mir da ziemlich sicher, aber damals ...
Nun denn, auch dem Familienrollenspiel, bei dem ich die Mutter der älteren Frau, die zuvor im Raum umhergetanzt war, darstellen sollte, konnte ich nichts abgewinnen. Ich fühlte mich albern und so weit von meinem »Selbst« entfernt wie nur irgend möglich.
Als wir danach eine halbe Stunde lang mit geschlossenen Augen auf den Kissen sitzen und die Umwelt samt unserer inneren Mitte erspüren sollten, wurde ich nur saumäßig müde und wäre beinahe mit halboffenem Mund eingeschlafen. Das galt es unter allen Umständen zu verhindern.
Die Übung »Was ist das Lied deines Lebens?« führte zu einem ganztägigen Ohrwurm vom Mana-Mana-Song aus der Sesamstraße.
Und als wir jeder einen Klumpen Knete in die Hand gedrückt bekamen, um »das, was gerade euer Thema symbolisiert«, zu kneten, formte ich ein Auto, das auf dem Weg nach Hause war. Auch war ich unfähig, bei der anschließenden Fragerunde »Und? Wie fühlst du dich jetzt?« zu antworten. Ich konnte ja schlecht sagen, dass ich mich fühlte, als hätte ich gerade ein Auto geknetet. (Übrigens ein erstaunlich gelungenes Exemplar. Vielleicht sollte ich mich als Kunsthandwerkerin selbständig machen und kleine geknetete Autos auf Floh- und Weihnachtsmärkten verkaufen.)
Es folgte die sogenannte »Fantasiereise«, in deren Rahmen uns Frau Obermaier flüsternd ausmalte, dass uns irgendwo in den

schottischen Highlands ein weiser alter Mann die Antwort auf die Frage nach dem Leben, dem Universum und dem ganzen Rest geben sollte. Immerhin sah ich nun vor meinem geistigen Auge einen älteren Herrn. Allerdings befand der sich in einem gemütlichen Ohrensessel neben einem prasselnden Kaminfeuer, hatte eine dampfende Tasse Kaffee in der Hand und las ein Buch. Er sprach nicht mit mir, sondern schaute nur erstaunten Blickes von seinem Buch auf, zog dann die Augenbrauen hoch, seufzte und vertiefte sich wieder in die Lektüre.

Als zum Abschluss ein Gedicht über die Erfahrungen des Seminars geschrieben und den anderen vorgetragen werden sollte, fuhr ein einziger Gedanke in meinem Hirn Karussell und rezitierte unaufhörlich Loriots eingängiges Weihnachtsgedicht »Zicke zacke, Hühnerkacke«. Sehr treffend. Wirklich.
Mehr und mehr drängte sich mir der Gedanke auf, dass ich vielleicht doch besser etwas anderes studieren hätte sollen...

Insgesamt kann ich heute sagen, dass ich gerade durch dieses Seminar und auch durch den Besuch der Tagung viel gelernt habe: Nichts von dem zwar, was Frau Obermaier mir versucht hatte nahezubringen, und ich habe mich auch nicht an der verstörenden Urschreitherapie des Wunderheilers versucht. Nein, vielmehr weiß ich seitdem, dass ich meine Zeit nicht mit Therapieformen oder Herangehensweisen verschwenden werde, gegen die sich jede Faser meines Körpers und jede Windung meines Geistes sträubt. Ich halte es für wichtig, dass man in diesem Beruf authentisch bleibt und voll hinter dem steht, was man vermitteln möchte. Nur dann ist man in der Lage, anderen Menschen zu helfen.

Es mag jetzt der Eindruck entstanden sein, Psychologen beziehungsweise Therapeuten hätten allesamt mindestens eine gehörige Meise, wenn nicht sogar einen epochalen Knall. Um ehrlich zu sein, war das über lange Zeit auch mein Eindruck. Aber wer weiß, vielleicht geht es so manchem Kollegen im Umgang mit mir ganz genauso.

Seien Sie bitte nicht allzu besorgt: Der Großteil der Psychologen ist wirklich vollkommen in Ordnung bis genial und beseelt von dem Wunsch, anderen respektive Ihnen zu helfen. Falls Sie sich jetzt fragen, ob Ihr Therapeut womöglich einer dieser Einzelfälle ist, bei denen das nicht der Fall ist, hören Sie auf Ihre Intuition und Ihr Bauchgefühl. Und schon haben Sie die Antwort.

Im Laufe der Jahre habe ich genug einfühlsame, intelligente und wirklich großartige Therapeuten beziehungsweise Psychologen kennengelernt, um das Schreckensbild meines eigenen Berufsstandes, welches sich während meines Studiums entwickelt hatte, zu revidieren. Es ist meiner Ansicht nach nichts dagegen zu sagen, wenn jemand irgendwie anders ist. Ich mag das. Sehr sogar. Auch in diesem Beruf weiß ich es sehr zu schätzen, wenn Kollegen über ein gewisses Maß an Humor, Kreativität und Optimismus verfügen. Daneben finde ich, als Therapeut oder Psychologe sollte man zudem zumindest so weit innerlich gefestigt sein, dass man professionell arbeiten kann.
Und bei den alleralleralleisten meiner Kollegen, seien es nun Sachverständige oder Psychotherapeuten, ist genau das der Fall.

Die Schanin hat nur schwere Knochen

Es ist nicht so, dass ich per se etwas gegen Fritteusen habe. Wirklich nicht. Es ist nicht das Gerät, sondern der Geruch nach altem, zu oft verwendetem Fett. Mir wird übel davon.
Und ich muss das in meinem Job viel zu häufig riechen. Meist in Verbindung mit anderen Dingen, die ich genauso wenig ausstehen kann, nämlich mit kaltem Rauch, Schweiß, fauligem Hundeatem, Schimmel, Erbrochenem, dreckigen Toiletten und ungewaschener Wäsche. Das mag nach Klischee klingen, aber es ist die Realität. Damit will ich nicht sagen, dass alle Familien, die ich begutachtet habe oder aktuell begutachte, grundsätzlich diese Gerüche in ihrer Wohnung beherbergen. Ich muss aber zugeben, dass Obiges erschreckend oft in Kombinationen auftritt. Manchmal ohne fauligen Hundeatem, manchmal ohne Schimmel an den Wänden – aber selten ohne kalten Rauch und noch seltener ohne stinkende Fritteuse.

Wenn man ab und zu mal etwas frittiert, danach die Fritteuse reinigt und vielleicht sogar lüftet, dann ist da ja nun wirklich nichts dagegen einzuwenden. Aber in den Familien, die ich zu begutachten habe, wird die Fritteuse recht oft überbewertet – sprich, sie kommt bei so ziemlich jeder Mahlzeit zum Einsatz. Das geht dann in der Regel so: Man nehme alle vorhandenen Lebensmittel, schmeiße sie in die Fritteuse, und *schwupps* – ist das Essen fertig.
Und die Wohnung stinkt.

Davon abgesehen, dass das nicht gesund sein kann – vor allem nicht, wenn man immer wieder dasselbe Fett verwendet –, riecht es ekelhaft und macht ganz schön dick.
So auch bei Familie Fischer.

In der Fischer'schen Wohnung empfing mich der oben beschriebene Geruchscocktail. Allerdings roch nicht nur der Hundeatem, sondern gleich der gesamte Hund. Er lag dick und offenbar geplagt von heftigen Blähungen in einer Zimmerecke und stank träge vor sich hin.
Frau Fischer selbst trug durch permanentes Rauchen und Frittieren sowie durch die Weigerung, irgendetwas zu putzen oder wegzuräumen, ihren Teil zum Geruchscocktail der Wohnung bei. Herrn Fischers Spezialgebiet war ein durchdringender Schweißgeruch, den er mit Hilfe eines ihn großflächig umwabernden Rasierwasserdunstes würzte.
Die Kinder Schanin (jawohl, geschrieben wie gesprochen) und Robert (ich wundere mich eher über diesen seltsam normalen Namen) waren gerade nicht anwesend.

Als ich zum Erstgespräch die Wohnung der Fischers betrat, schlug mir neben all den Gerüchen eine Hitze entgegen, als wäre ich gerade in Südafrika aus dem Flugzeug gestiegen. Bloß, dass ich da dann eben im Freien gewesen wäre … an der frischen Luft … War ich aber nicht. Ganz im Gegenteil: Ich befand mich in einer kleinen, vollgestellten, überheizten Wohnung und konnte beziehungsweise wollte kaum atmen.
»Frau Fischer, könnten Sie vielleicht ein Fenster öffnen?«, stieß ich hervor und gab mir Mühe, meine Gesichtszüge dabei nicht entgleisen zu lassen.
Diese lief trotz ihrer immensen Körperfülle recht agil zum Fenster und öffnete es. Sie lächelte. »Wechseljahre, gell? Ich

kenn das noch von meiner Mama. Der war's auch immer und überall zu warm. Da ham wir auch mitten im Winter die Fenster aufgerissen. Is kein Problem. Ich zieh mir einfach was über.«

Ich war sprachlos. Wechseljahre? Also, das war ja wohl ... Ich war damals Mitte dreißig, also noch weit entfernt von den Wechseljahren, aber eben nicht weit genug, um Frau Fischers Vermutung einfach so wegzuwischen. Ein beleidigt dreinschauendes »Grmpf« setzte sich mit verschränkten Armen in eine Ecke meines Hirns und verkündete, dass an dieser Wechseljahr-Bemerkung bei Gelegenheit noch mal ordentlich herumgegrübelt werden müsse. ›Hmpf‹, dachte ich, und wandte mich wieder den Fischers zu.

Frau Fischer hatte sich über ihr pinkfarbenes Sommerkleidchen (es war Januar) eine Leopardenfellimitations-Jacke geworfen. Da sie auch eine Leopardenfellimitations-Leggings trug, verschmolz sie quasi mit dem Sofa, welches – Sie ahnen es sicher bereits – überzogen war mit einem Leopardenfellimitations-Stoff. Frau Fischers pinkfarbene Pumps passten super zu den pink- und lilafarbenen Kissen auf dem Sofa. Und zu ihren Fingernägeln, die sie wiederum in den Kissenfarben lackiert hatte.

Sie steckte sich eine Zigarette an und rief in einer ohrenbetäubenden Lautstärke: »SCHAAAAHAAAATZ, KOMMAHEEEEER! DIE FRAU IS DOCH DAAAAA!«

Na, immerhin war ich »die Frau« und nicht wie so oft »die Tante von Gericht«.

Schatz kam umgehend ins Wohnzimmer gewalzt und ließ sich in den Leopardenfellimitations-Sessel fallen. Er war unglaublich dick. So dick, dass die ebenfalls sehr dicke Frau Fischer neben ihm geradezu zierlich wirkte. Ich bezweifelte, dass Herr

Fischer jemals wieder von diesem Sessel würde aufstehen können und wenn, dann nicht, ohne den Sessel aus Versehen mitzunehmen. Ich konnte nur hoffen, dass die Fischers niemals aus dieser Wohnung ausziehen mussten, denn das war bei Schatz zweifelsfrei nur mittels eines Krans über das Doppelflügelfenster möglich. Nein, ich übertreibe nicht. Wirklich nicht.

Frau Fischer warf ihrem Mann eine Zigarette und kurz darauf ein Feuerzeug zu. Beides fing er geschickt auf und grinste mich an. »Jahrelanges Training. Nich schlecht, oder?«
»Nu, gib mal nicht so an!«, rügte ihn seine Frau. Dabei lächelte sie und entblößte ein paar gelbe Zähne, von denen zwei mit roten Glitzersteinen besetzt waren. Es sah aus, als hätte Frau Fischer glitzerndes Zahnfleischbluten.
»Kaffee?«, fragte Frau Fischer freundlich. Ich hätte gern einen Kaffee getrunken, aber die Kaffeekanne und die Tassen, die auf dem Tisch standen, waren mit einem Fettfilm überzogen, der eindeutig von der Fritteuse herrührte.
»Nein danke.«
»Was anderes? Cola? Fanta?«
Herr Fischer schaltete sich ein. »Oder nen Schnaps vielleicht?« Er lachte schallend, und Frau Fischer fiel mit ein. Dabei prustete sie völlig ungeniert einen Schluck Kaffee in den Raum.

Mag sein, dass die beiden vor meinem Besuch ein wenig von dem erwähnten Schnaps zu sich genommen hatten. Aber sie schienen generell über eine erstaunlich positive Grundstimmung zu verfügen. Das war auf jeden Fall besser als das Gegenteil. Ich wollte gar nicht wissen, was passierte, wenn Schatz wütend wurde …
Trotzdem: In Anbetracht der Tatsache, dass ich hier war, weil das Jugendamt bei Gericht einen Antrag auf Entzug der elter-

lichen Sorge samt Inobhutnahme der Kinder gestellt hatte, wirkte ihre fröhliche Verfassung allerdings irgendwie fehl am Platze.

Laut Bericht des Jugendamtes waren die Fischers »eine Gefahr für das Wohl ihrer beiden Kinder« und daneben »absolut beratungsresistent«.

Ich spule mal mehrere Wochen zurück …

Damals hatten sich mehrere Nachbarn der Fischers zusammengetan und waren geschlossen beim Jugendamt aufgelaufen. Sie hatten sich im Büro von Herrn Germer aufgestellt und gefordert, dass man etwas gegen den Gestank und den Lärm unternehmen solle, der aus der Fischer'schen Wohnung dringe. Als Herr Germer ihnen erklärt hatte, dass er aufgrund von angeblichem Lärm und Gestank keinen Handlungsbedarf sehe, zauberten die Nachbarn umgehend weitere Vorwürfe aus dem Ärmel. Jeder hatte eine weitere Ungeheuerlichkeit zu berichten: Die Kinder würden die ganze Nacht weinen, man habe Schreie gehört, Herr Fischer sei gewalttätig, außerdem stehle er älteren Damen die Handtaschen, Frau Fischer arbeite als Prostituierte und empfange Freier in der Wohnung – bestimmt auch, wenn die Kinder anwesend seien. Vielleicht müssten Schanin und Robert der Mutter sogar bei der Arbeit helfen …

Tatsächlich hatte Herr Germer dann eben in Gottes Namen einige Tage später einen Hausbesuch bei den Fischers gemacht. Die Wohnung und auch die Fischers selbst befanden sich in »keinem guten Zustand«, und er musste das Ehepaar Fischer »darauf hinweisen, dass sie dies ändern müssten«. So stand es in seinem sage und schreibe drei Zeilen langen Bericht.

Die Fischers hatten sich über den schmächtigen Herrn Germer ein wenig gewundert, sich aber nichts weiter dabei gedacht und schnell vergessen, dass der Mann vom Jugendamt überhaupt da gewesen war.
Und dann sorgten sie weiterhin für mannigfache Geruchs- und Lärmbelästigung der Nachbarn. Der Lärm bestand im lautstarken Abspielen und Mitsingen von Wolfgang-Petri-Liedern. Also standen die Fischer'schen Nachbarn einige Zeit später abermals bei Herrn Germer im Büro.
Nie zuvor oder danach hatten so viele Personen vor seinem Schreibtisch gestanden. Das war höchst unangenehm. Er musste diesen Fall dringend loswerden. Diesen Fall *und* vor allem diese unbequemen Nachbarn.
Herr Germer versicherte, dass sich nun aber wirklich etwas ändern werde, und marschierte tatsächlich am nächsten Tag abermals zur Wohnung der Familie Fischer.
Denn es durfte einfach nicht sein, dass diese Familie beziehungsweise deren Nachbarn zu einer Dauerstörung wurden! Also, nicht für die Nachbarn, sondern für ihn selbst! Herr Germer würde nicht zulassen, dass ständig Leute in seinem Amtszimmer herumlungerten und ihn erwartungsvoll anstarrten, weil die Familie Fischer darauf bestand, weiterhin Lärm und Gestank zu produzieren! (Ich weiß das alles, weil Herr Germer mir einen langen, erregten Vortrag darüber gehalten hatte, in dem er sich deutlich mehr über die Nachbarn beschwerte als über den Allgemeinzustand der Familie Fischer.) Mit einer hinreichenden Menge Wut im Bauch stand Herr Germer also vor der Wohnungstüre der Fischers, hielt Herrn und Frau Fischer einen Antrag auf Hilfe zur Erziehung unter die Nase und erklärte, dass er umgehend die Polizei informieren werde und die dann ... also, die werde nicht so geduldig sein wie er, da könnten sich die Fischers aber drauf verlassen!

Und dann ... dann würden sie schon sehen ... Dann wären aber ganz schnell die Kinder sonst wo ... und die Eltern wären im Gefängnis oder Schlimmeres ...
Herr Germer wusste selbst nicht, was »Schlimmeres« bedeutete. Und er war erleichtert, dass die Fischers nicht danach fragten, sondern tatsächlich ohne weiteres den Antrag unterschrieben.
Herr Germer ging ein wenig erstaunt ob der schnellen und unkomplizierten Lösung des Problems, aber hochzufrieden zurück in sein Büro, schrieb einige E-Mails und klickte dann glücklich seufzend auf russischefrauenkennenlernen.org. Das wiederum weiß ich, weil Herr Germer just diese Seite völlig ungeniert auf seinem Bürorechner offen gelassen hatte, als ich bei ihm zu Besuch war, um alles über Familie Fischer zu erfahren. Da sich hinter ihm ein Fenster mit halb heruntergelassenem Rollo befand, spiegelte sich die Page darin, und so durfte ich miterleben, dass er während des Gesprächs immer wieder auf der Seite herumklickte. Nein, dies ist kein Scherz.

Herr Germer hatte den unterschriebenen Antrag immerhin entsprechend angewendet, um den Fischers eine Familienhilfe zu besorgen. Sollte die sich jetzt mit dem Gestank, der dreckigen Wohnung und vor allem mit den nervigen Nachbarn herumärgern! Dafür waren diese Hilfen ja schließlich da! (Auch das formulierte Herr Germer nahezu wörtlich so.)
Er hatte Frau Decker mit dem Fall beauftragt. Sie war jung und hübsch und hatte noch nicht einmal bemerkt, dass Herr Germer versucht hatte, mit ihr zu flirten. (Das weiß ich aus den Erzählungen von Frau Decker. Von ihr weiß ich auch, dass Herr Germer sich nicht zu schade war, mit ihrem Namen ein Wortspiel über einen »Deckerhengst« zu machen, was er selbst unglaublich witzig fand. Frau Decker nicht.)

Frau Deckers Arbeit mit den Fischers begann holprig. Herr und Frau Fischer hatten keine Ahnung, was sie da eigentlich unterschrieben hatten, und waren erstaunt gewesen, als Frau Decker um einen Termin für einen Hausbesuch gebeten hatte. Als diese aber erklärt hatte, dass sie im Auftrag des Jugendamtes käme und nun ihre Familienhilfe sei, hatten die Fischers das erfreut zur Kenntnis genommen. Für sie klang das nach einer Putzhilfe oder Ähnlichem, und sie fanden das doch wirklich anständig von dem kleinen seltsamen Männlein vom Jugendamt.
Es dauerte eine geschlagene Stunde des Aneinandervorbeiredens, bis Frau Decker glaubte, die Fischers hätten endlich verstanden, was genau Herr Germer da angeleiert hatte.

Eine Familienhilfe ist tatsächlich etwas ganz anderes als eine Putzhilfe. Es handelt sich hierbei um eine geschulte Person, die die jeweiligen Familien im Großen und Ganzen dabei unterstützt, sich selbst zu helfen. Sie leitet an, motiviert und steht natürlich auch mal als gutes Vorbild und Modell zur Verfügung, weil es ja oft leichter ist, etwas zu lernen, wenn man es vorgelebt bekommt. Ziel ist es, die Familien dazu zu befähigen, all das, was die Familienhilfe ihnen zeigt und beibringt, irgendwann aus eigener Kraft und Motivation heraus weiterzuführen. Und zwar langfristig.
Tatsächlich funktionieren solche Maßnahmen meist sehr gut und sind oft ein wahrer Segen für die Familien. Manchmal klappt es aber nicht so recht beziehungsweise überhaupt gar nicht. So ein Fall war die Familie Fischer ...

Frau Decker war noch relativ neu in dem Beruf, und sie hatte mir ihr Herz ausgeschüttet, dass sie sich die Arbeit als Familienhilfe irgendwie anders vorgestellt hatte. Befriedigener und auch ansonsten ... irgendwie angenehmer.

Sie hatte erwartet, dass sie spätestens bei ihrem dritten Hausbesuch in eine halbwegs saubere und angenehm riechende Wohnung kommen würde. Schließlich hatte sie doch erklärt, dass der Zustand des Haushaltes das Erste sei, was sich ändern müsse. Die Fischers hatten die ganze Zeit genickt und gelächelt. Sie hatte sogar genau erklärt, was zu tun sei – also, wo was geputzt, weggeworfen oder umgeräumt werden müsse –, und auch dabei hatten die Fischers genickt und gelächelt. Und beim nächsten Termin hatten die Fischers abermals genickt und gelächelt und auch beim dritten und beim vierten ... Nur geändert hatten sie nichts. Auch nicht nach dem fünften Termin. Einfach gar nichts!
Es stank noch immer und war einfach ... ekelhaft! Frau Decker duschte nach jedem Besuch bei der Familie ausgiebig und stopfte ihre Kleidung sofort in die Waschmaschine, die dann mit 90 Grad hoffentlich alles herauswusch, was sich da innerhalb der letzten Stunden womöglich eingenistet hatte. Bei der Erzählung kratzte sich Frau Decker unbewusst am Kopf. Und berichtete beschämt, dass sie eine Zeitlang regelrecht besessen gewesen sei von dem Gedanken, dass sie Läuse oder Flöhe hatte.
Zu all diesem Übel kamen noch die Nachbarn der Fischers, die ihr neuerdings immer auflauerten und sich bei ihr beschwerten, dass sich überhaupt nichts besserte. Der dicke Herr Becker von Gegenüber hatte sie sogar mit seinem fleischigen Zeigefinger mehrfach zwischen die Rippen gepiekt und gedroht, er werde sich über sie beschweren. Dabei hatte er so sehr nach Alkohol gestunken, dass sie sich danach ganz benebelt gefühlt hatte.
Bei dem Gedanken daran schüttelte sie sich. Es war alles so widerlich! Und sie verstand einfach nicht, warum die Fischers zwar durchgehend freundlich, aber offenbar nicht bereit oder in der Lage waren, etwas zu ändern.

Schließlich hatte sie ihren erfahreneren Kolleginnen von ihrem Problem erzählt. Deren Ratschläge reichten von »Erklär es halt ordentlich!« über »Droh ihnen mit dem Gericht, dann klappt das!« bis hin zu »Ja, so ist das eben. Gewöhn dich dran!«. Nicht sonderlich hilfreich, wie Frau Decker fand. Den schmierigen Herrn Germer vom Jugendamt wollte sie nicht um Rat fragen. Zumal sie nicht davon ausging, dass er über Kompetenzen in diesem Bereich verfügte. Wenn sie es sich genau überlegte, glaubte sie nicht, dass er überhaupt in irgendeinem Bereich besonders kompetent war. Sie wollte am liebsten gar nichts mit ihm zu tun haben. Das konnte ich gut nachvollziehen.

Bei ihrem nächsten Termin bei den Fischers drohte sie sehr deutlich und wortreich mit dem Familiengericht – und stellte beim übernächsten Termin fest, dass sich trotzdem nichts geändert hatte.
Also schrieb sie einen Bericht, in dem sie erklärte, dass die Familie Fischer beratungsresistent sei und sie ihre Arbeit somit als beendet betrachte, schickte ihn an Herrn Germer und hoffte, dass ihr nächster Fall eine junge Mutter in einer sauberen Wohnung sein würde, der sie lediglich erklären musste, wie sie mit ihrem Baby umzugehen und wann sie es womit zu füttern habe. Und die sich dann einfach an ihre Ratschläge hielt!

Das aber bedeutete wieder Arbeit für Herrn Germer, der doch so froh gewesen war, dass er den Fall auf Frau Decker abgewälzt hatte.
Er schrieb sofort einen für seine Verhältnisse geradezu ausführlichen Bericht an das Familiengericht und erklärte, dass ein Entzug der elterlichen Sorge samt Inobhutnahme der Kinder umgehend notwendig sei. Er fügte den Beschwerden der Nachbarn und dem Bericht der Familienhilfe noch ein paar weitere

Missstände hinzu, die zwar niemand erwähnt hatte, die aber seiner Ansicht nach ganz sicher bestanden. Man kannte solche Familien ja. Da gab es ganz sicher Misshandlungen, Missbrauch und all diese Dinge. (Das weiß ich natürlich aus selbigem Bericht von Herrn Germer, der eindeutig Behauptungen enthielt, die weder durch Frau Decker noch die Nachbarn an ihn herangetragen worden waren und die Herr Germer auch nicht mit eigenen Augen gesehen haben konnte.)

Da die Familienrichterin Herrn Germers Bericht wenig fundiert fand, nahm sie die Kinder nicht sofort in Obhut, sondern gab ein Gutachten in Auftrag.
Somit war all das bei mir gelandet und ich in der Wohnung von Familie Fischer.

Als ich die Fischers nach Frau Decker fragte, lächelten beide.
»So eine nette junge Frau! Zu schad, dass sie nicht mehr herkommt. Ich versteh gar nich, wieso. War doch immer so gemütlich gewesen.« Herr Fischer schüttelte traurig den Kopf.
»Ja, nicht wahr?« Frau Fischer strahlte ihren Mann an.
Ich mag es, wenn sich Eheleute auch nach vielen gemeinsamen Jahren noch anstrahlen. So etwas sehe ich nicht oft.
Und ich finde es schön, wenn in einer Familie auch nach einem solchen Gutachtenauftrag so gar kein Groll gegen das Jugendamt oder die professionellen Hilfen gehegt wird. Aber in diesem Fall irritierte es mich auch.
»Frau Fischer, Herr Fischer, wissen Sie, warum Frau Decker regelmäßig zu Ihnen kam?«
»Ja, die sollte uns eigentlich im Haushalt helfen.« Frau Fischer zuckte die Achseln. »Aber irgendwie wollte sie dann doch nicht so recht. Ich glaube, die hat gerade erst angefangen mit ihrem Job. Und dann war ihr das wohl doch alles zu viel ...«

»... ach und so ein junges, hübsches Ding mit so schicken Klamotten«, fuhr Herr Fischer fort. »Das sieht man doch, dass so ein Job gar nicht das Richtige für sie ist. Hat sie ja auch gemerkt. Weil, sie hat zwar immer gesagt, was sie alles vorhat, aber nix davon gemacht. Ich glaube, die wollte lieber, dass wir das selber machen.« Er lachte. »Komische Putzfrau, gell?«
»Aber nett war sie. Wirklich nett.« Frau Fischer lächelte.
»Nur beim letzten Mal, da war sie ... Also, ich weiß nicht, was da los war mit ihr. Da war sie irgendwie sauer und hat gesagt, sie kommt nicht mehr. Schade.«
Herr Fischer schaute bekümmert drein. »Ja, schade.«

Ich hatte schon einige Male erlebt, dass die Kommunikation zwischen Familienhilfe und Familie nicht optimal verlief. Da half meist ein gemeinsames Gespräche beim Jugendamt, um Missverständnisse aus der Welt zu schaffen und vielleicht ein paar Regeln zu vereinbaren.
Ich bezweifelte allerdings, dass das in diesem Fall geholfen hätte. Mal ganz abgesehen von dem Umstand, dass ich mir nach wie vor nicht so richtig vorstellen konnte, wie Herr Fischer dazu in der Lage sein sollte, die Wohnung zu verlassen. Irgendwie musste er das schon mal geschafft haben, denn schließlich hatte es einen Gerichtstermin gegeben, bei dem er laut Akte zugegen gewesen war. Aber die Türe war definitiv zu schmal und Herr Fischer definitiv zu breit. In alle Himmelsrichtungen!
Er war der dickste Mensch, den ich bisher gesehen hatte, und seine Geschicklichkeit wollte so gar nicht dazu passen. Eben hatte er doch glatt seine Zigarette hochgeschnippt und spielerisch wieder aufgefangen. Seltsamerweise drängte sich mir sofort der Gedanke auf, dass Herr Fischer vermutlich ein sehr talentierter Tänzer war ... Schon lief in meinem Hirn ein Film ab, in dem ich Herrn Fischer zu »Saturday Night Fever« auf

bunt leuchtenden Bodenfliesen tanzen sah. Ich schüttelte die Vorstellung von mir, bevor Herr Fischer mitsamt Zuschauern und DJ-Pult durch den Discoboden brach, und konzentrierte mich auf meinen Job.

Die Berichte von Frau Decker und Herrn Germer waren leider an Oberflächlichkeit kaum zu überbieten und ließen nicht gerade auf kompetente Fachleute schließen. Zwar war mir Frau Decker im Grunde sympathisch, denn sie war motiviert und wollte ja wirklich helfen. Sie hatte nur vollkommen falsche Vorstellungen von dem, was eigentlich von ihr gefordert wurde. Anscheinend war ihr in der Berufsausbildung weder das Arbeitsprofil einer Familienhilfe noch das entsprechende Handwerkszeug vermittelt worden. Ich konnte ein Stück weit nachempfinden, wie sie sich fühlte, denn auch ich war am Anfang meiner Gutachtertätigkeiten ja völlig überfordert gewesen. Also nahm ich mir vor, mich bei nächster Gelegenheit mal mit ihr auf einen Kaffee zu treffen. Das würde aber nichts daran ändern, dass ihr Bericht über die Familie Fischer so gut wie unbrauchbar war.

Wie dem auch sei, die Fischers selbst waren ja nun auch nicht gerade das, was man als veränderungsmotiviert bezeichnen würde. Beide waren derart gefangen in ihrer eigenen Welt, dass man von außen kaum zu ihnen durchdringen konnte. Kurz verlor ich mich in dem Gedanken, dass das eventuell an dieser warmen Geruchsdunstglocke liegen mochte, die über ihnen schwebte, und alle Geräusche, Wünsche oder Anforderungen nur ganz entfernt und mit einem dicken Fettfilm überzogen an ihr Ohr drangen...
Möglicherweise war aber auch zuhören einfach nicht ihre Stärke. Deshalb stellte ich zunächst einmal Fragen.

»Wissen Sie, warum genau das Gericht mich mit der Begutachtung in Ihrer Familiensache beauftragt hat?«
»Na, weil die Frau Decker nicht mehr putzen kommen wollte.« Herr Fischer strahlte wie ein Kind, das gerade die Antwort auf die Frage der Lehrerin gewusst hatte.
Frau Fischer verbesserte ihn eifrig. »Das kannste so nicht sagen. Die hat ja überhaupt nie geputzt! Also, die hat ja immer nur darüber *geredet*. Also war das, weil die Frau Decker *überhaupt nicht* putzen *will*.« Sie nickte bestätigend.
Aha. Nun gut, ich musste es anders versuchen: »Bei dem Gerichtstermin hat die Richterin am Ende gesagt, dass sie nun eine Gutachterin – also mich – bestellen wird, die ihr ein paar Fragen beantworten soll. Wissen Sie noch, welche das waren?«
Herr und Frau Fischer runzelten synchron die Stirn und dachten angespannt nach. Während Frau Fischer noch grübelte und ich das Gefühl hatte, in ihrem Hirn rannten die Gedanken in alle Richtungen, um bei der Suche nach der Antwort planlos Schubladen auszuleeren und Schränke zu durchwühlen, schüttelte Herr Fischer den Kopf. »Nee. Das wissen wir nich. Das war ja auch ... Also, das versteht doch sowieso keiner, was die Richterin da in das Ding reinfaselt.« Herr Fischer sprach offensichtlich von dem Diktiergerät, das die Richterin verwendet hatte. »Da weiß man ja am Ende vom Satz gar nich mehr, wie der angefangen hat. Also, ich kann da nich zuhören bei so 'nem ewig langem Satz.« Er schielte zu seiner Frau. »Und sinn wa mal ehrlich: Du kannst das auch nich!« Frau Fischer sah ihren Mann verletzt an. »Ich bin aber nicht dumm!!«
Da lachte Herr Fischer gutmütig, und sein gewaltiger Bauch wabbelte dabei in alle Richtungen. »Neeee, dumm biste nicht! Denk doch nich so was!« Er sah seine Frau liebevoll an. »Die Richterin ist halt so 'ne ... Dings ... wie heißen die?«

»Intellektuelle!«, strahlte Frau Fischer. »Das ist 'ne Intellektuelle! Die machen halt so Sätze, die keiner versteht.«
Die beiden lächelten mich an.
Und ich hasste es, dass *ich* nun dafür sorgen musste, dass ihnen ihr Lächeln vergehen würde.
»Die Richterin fragt mich, ob Sie beide dazu in der Lage sind, Ihre Kinder zu erziehen, oder ob es Schanin und Robert bei Ihnen womöglich nicht gut geht.«
»Ah so, na, aber dann sehen Sie ja jetzt, dass alles prima ist.«
Die beiden sahen mich freundlich an.
Es war zum Verzweifeln.
Langsam und in kurzen Sätzen begann ich, den beiden alles noch einmal zu erklären. Von den diversen Vorwürfen der Nachbarn, von Herrn Germer und Frau Decker, die fanden, dass Schanin und Robert gar nicht mehr bei den Fischers leben sollten, davon, dass ich mir nun ein umfassendes Bild machen müsse und dass das beinhalte, dass ich die Eltern mit den Kindern zusammen sehen, mit den Kindern und am besten auch mit den Lehrern sprechen, eventuell psychologische Tests mit den Kindern machen und mit den Eltern auch deutlich mehr als ein Gespräch führen müsse.

Stille.

Die Fischers starrten sekundenlang erst mich und dann einander an.

Und brachen urplötzlich in haltloses Gelächter aus.
Frau Fischer sprang auf, deutete auf mich und rief: »Na Siiiiiie sind mir ja eine!« Sie sah sich um und lief zur Tür. »Wo sind sie denn?«
Herr Fischer rang nach Luft und konnte kaum sprechen vor Lachen. Frau Fischer schlug mir kräftig auf die Schulter. »Jetzt

ham Sie uns aber sauber drangekriegt!« Sie lachte, dass ihr die Tränen herunterliefen.
Herr Fischer sah sich suchend um. »Und?«, brachte er hervor.
»Wo sind se denn? Die sind ja heutzutage so klein. Die sieht man gar nicht.«
Und endlich begriff ich. Herr Fischer sprach von *Kameras*...

Dies war das erste und bislang einzige Mal in meiner beruflichen Laufbahn, dass nicht *ich* es war, die glaubte, bei einer Folge der »Versteckten Kamera« gelandet zu sein. Es war tatsächlich so, dass die Fischers für ein paar Minuten der festen Überzeugung waren, Opfer just dieser Fernsehsendung zu sein!
Herr Fischer amüsierte sich blendend und freute sich ganz offensichtlich schon richtig darauf, dass jeden Moment ein Fernsehmoderator zur Tür hereinspringen würde. Er blickte erwartungsvoll zwischen der Wohnungstür und dem Durchgang zum Schlafzimmer hin und her. Oder war nun doch ich diejenige, die veräppelt wurde? Also, quasi mit den Fischers, die so taten, als würden sie denken ... Ich verwarf diesen Gedanken so schnell, wie er gekommen war, das wäre nun wirklich zu grotesk.
Ich winkte den beiden stumm und mit ernstem Gesicht zu und bedeutete Frau Fischer, sich bitte wieder zu uns zu gesellen.
Zur Sicherheit erklärte ich noch einmal, dass es sich nicht um eine Fernsehshow handelte. Und dass das Ganze deutlich weniger lustig war, als die beiden anscheinend annahmen.
Das wirkte.
Herr und Frau Fischer sahen mich ernst an und runzelten konzentriert die Stirn.
In der folgenden halben Stunde versuchte ich den beiden so eindringlich wie möglich zu erklären, dass die Richterin *wirklich* und *ganz ernsthaft* von mir wissen wolle, ob das Wohl der

Kinder in Gefahr sei, und dass ich dies ebenso ernsthaft beantworten würde. Ich beschrieb, was mir Frau Decker erzählt hatte, erklärte ihre eigentliche Aufgabe und legte auch dar, welche Anschuldigungen gegen die Fischers im Raum standen.
Herr und Frau Fischer nickten langsam. Endlich schienen sie zu begreifen. Aus Herrn Fischers Gesicht war während meines Vortrags die rote Farbe verschwunden, und Frau Fischer hatte sich gleich zwei Zigaretten auf einmal angesteckt. Herr Fischer kratzte sich ausgiebig am Bauch, schaute ins Nichts und murmelte: »Ach so … Ja, und … und jetzt?«
Geduldig erklärte ich abermals den Ablauf und den Zweck der Begutachtung. Diesmal hörten mir die beiden zu.

Wir vereinbarten, dass ich am Wochenende zu einer Interaktionsbeobachtung zu ihnen kommen würde. Herr und Frau Fischer nickten. Sie hatten schon seit einigen Minuten nichts mehr gesagt. Nur noch genickt.
Also verabschiedete ich mich und fuhr mit einem schlechten Gefühl nach Hause. Trotz all des Drecks, des Gestanks, der Ignoranz und alledem taten mir die beiden leid. Sie waren geradezu erschreckend naiv, aber in dieser Naivität eben nicht böswillig oder egozentrisch, sondern … na ja, irgendwie rührend fröhlich. Die beiden mochten sich ganz offensichtlich, hatten Freude aneinander und waren nun fürchterlich geknickt und schockiert. Ich musste mir vor Augen halten, dass es letztlich um das Wohl zweier Kinder ging, die in einem Haushalt aufwuchsen, der nach dem momentanen Stand der Dinge wirklich völlig inakzeptabel war.
Ich seufzte. Warum konnte ich nicht diejenige sein, die zu den Leuten nach Hause kam, wenn sie im Lotto gewonnen hatten? *Das* musste ein schöner Beruf sein …
Als ich am nächsten Samstag zu Familie Fischer kam, hatten sie sich allerdings schon wieder von ihrem Schock erholt und wa-

ren bester Dinge. Herr Fischer winkte mir fröhlich von seinem Sessel aus zu. (Hatte ich's doch gewusst! Er kam da nicht mehr raus und saß seit meinem letzten Besuch dort.) Frau Fischer öffnete strahlend ein Fenster (»Ich hab mir das mit Ihren Wechseljahren gemerkt!« Vielen Dank.) und begrüßte mich herzlich. Ohne den Kopf in eine andere Richtung zu drehen, brüllte sie mir direkt ins Gesicht: »SCHANINROOOOBEE-EEERT, DIEFRAUISDAAAAAAAA!!« In einem Comic hätte ich nun eine Sturmfrisur mit nach hinten stehenden Haaren.

Schaninroooobeeert kamen gemeinsam zur Wohnungstüre gelaufen und gaben mir die Hand. Schanin machte sogar so etwas wie einen Knicks.

Auch sonst stach sie mir zuallererst ins Auge – und wie. Denn Schanin sah aus wie ein Bonbon: kugelrund und eingepackt in Pink, Lila und eine Menge Glitzer.

Aus der Akte wusste ich, dass Schanin sieben Jahre alt war. Für ihr Alter war sie recht klein, wog aber sicherlich deutlich mehr als ich. Und aß gerade eine Tafel Schokolade ... Sie biss davon ab wie andere Kinder von einem Käsebrot, und in kürzester Zeit zeugten nur noch Schanins verschmiertes Gesicht und ihre klebrigen Hände von der Existenz der Schokolade.

Robert, ihr vier Jahre älterer Bruder, war erstaunlicherweise recht schlank, sah aber mit seiner hellen Haut und den dunklen Ringen unter den Augen aus, als hätte man ihn gerade für das Casting zum nächsten Vampir-Film gestylt.

Er begrüßte mich höflich, lächelte aber nicht. Robert wirkte als Einziger in der Familie angespannt und ... irgendwie erwachsen. Dies ist ein Phänomen, das ich schon öfter beobachtet habe. Immer wieder gibt es in Familien, die ich zu begutachten habe, ein Familienmitglied, das im positiven Sinne »aus der Art schlägt«. Das kann ein kleines Mädchen sein oder auch mal ein

Elternteil, das zwar intelligent und willens ist, etwas zu ändern, aber gegen den Rest der Familie nicht ankommt. Eines haben alle diese Hoffnungsträger gemein: Man sieht es ihnen sofort an. Hier ist jemand, der versteht, um was es geht, und der bereit ist, seine Familie zu schützen.
Eben war Schanin zum Wohnzimmerschrank gehopst und hatte dort eine weitere Tafel Schokolade herausgefischt.
Robert sah Schanin mit zusammengezogenen Augenbrauen an und flüsterte ihr zu: »Du hattest doch gerade eine, das reicht jetzt!«
Schanin grinste ihn mit schokobraunen Zähnen an und öffnete die Verpackung geschickt mit einer einzigen Bewegung. Dann biss sie herzhaft hinein und kaute ihrem Bruder was vor. Robert seufzte genervt. »Irgendwann platzt du, wenn du so weitermachst«, sagte er und wandte sich ab.
Schanin riss die Augen auf. »Mamaaaaaaa …!«, plärrte sie. »Der Robert hat gesagt, dass ich bald platzeeeee!« Sie schien ehrlich erschrocken über diese Aussage.
Frau Fischer kam herbeigeeilt, nahm ihre Tochter in den Arm und sagte: »Schaninilinchen, du süßes Schnubbelchen, man platzt doch nicht! Niemand tut das! Das hat der Robert nur so gesagt. Iss ruhig weiter.«
Robert verdrehte genervt die Augen und sah mich an. Natürlich hatte Robert recht. Also, nicht damit, dass Schanin bald platzen würde – obwohl sie tatsächlich danach aussah –, aber mit seiner Bitte, sie möge doch aufhören, ständig Schokolade zu essen. Es wäre natürlich Sache der Eltern gewesen, ihrer Tochter dies zu vermitteln, aber von dieser Seite hatte Robert wohl keine Unterstützung zu erwarten. Im Gegenteil.
Inzwischen hatte ich die Wohnung betreten und mich in die Nähe des Fensters gestellt. Wechseljahresverdacht hin oder her, ich war einfach nur dankbar für die frische Luft.

Frau Fischer wandte sich gerade an ihren Sohn. »Robert, nun sei doch nicht so ungut ...« Der ungute Robert sah seine Mutter ausdruckslos an. »Mama. Die Schanin ist fett! Und von der Schokolade wird sie noch viel fetter.«
Frau Fischer seufzte theatralisch und erklärte überdeutlich: »Die Schanin is nicht dick! Wie oft denn noch? *Die hat nur schwere Knocheeeeen!*«
Sprach es, griff in den Schrank und rupfte eine Schachtel Schokoküsse aus dem Fach. Die hielt sie ihrem Sohn entgegen. »Da, nimm dir mal einen. Da kriegste gleich wieder bessere Laune, du kleiner Miesepeter, du.« Sie wuschelte ihm durchs Haar und küsste ihn auf die Stirn.
Robert drehte sich nur seufzend weg. Doch stattdessen wuselte Schanin vorbei, nahm sich zwei Schokoküsse und verschwand wieder in Richtung ihres Vaters. Sie kletterte auf das, was vermutlich sein Schoß war, und hielt ihm lächelnd einen Dickmann vor die Nase.
»Schau mal, Papili, für dich!«
Herr Fischer strich seiner Tochter über die Wange und sah sie zärtlich an. »Das ist aber lieb von dir. Dankesch...« Weiter kam er nicht, denn Schanin hatte ihm den Dickmann schon mitten ins Gesicht gedrückt und plumpste mit einem quietschenden Lachen von seinem Schoß. Anstatt sich zu beschweren, lachte Herr Fischer so laut und ausdauernd unter der klebrigen Masse hervor, dass ich nicht anders konnte, als zu grinsen.
Robert war mit einem etwas besorgten Seitenblick auf mich mit einem Küchentuch zur Stelle und half seinem Vater, sich von dem Zeug zu befreien. Ich lächelte Robert zu und registrierte zufrieden, dass er erleichtert zurücklächelte.
Die anderen drei kümmerten sich überhaupt nicht darum, dass ich hier war und bei allem zusah, was sie taten. Auch Robert entspannte sich zusehends.

Er ließ sich neben dem Sofa nieder. In der Ecke stand auf einem Beistelltisch eine gigantische Installation aus angemalten Küchenpapierrollen. Ich konnte nicht recht erkennen, was das Ganze darstellen sollte. Vielleicht handelte es sich um eine Bastelarbeit für die Schule. Da sind die Themen ja gerne mal so verquer gewählt, dass man ohne Vorkenntnis nicht dahinterkommt, warum alle Kinder einer Schulklasse beispielsweise massenweise leere Eierkartons gelb und rot anmalen und blaue Styroporkugeln in scheinbar sinnloser Reihung hineinstecken. Leider habe ich vergessen, was damals bei meiner Ältesten die Aufgabenstellung war. Falls Sie es wissen, bitte schreiben Sie mir.
Ich sah Robert fragend an und hoffte, er würde von sich aus erzählen, um was es sich handelte, denn die Frage »Was ist denn das?« klingt doch immer ein bisschen nach: »Was zur Hölle soll denn *das* sein?« Robert bemerkte meinen Blick und erklärte mit unüberhörbarem Stolz in der Stimme: »Das haben wir alle zusammen angemalt und gebaut. Ist ein Kunstwerk. Da ...« Er zeigte auf ein kompliziertes Gebilde in Grün und Braun, das sich auf der linken Seite befand. »Das hab ich gemacht. Ich wollte erst einen Wald bauen, aber das hat nicht so geklappt, und da hat der Papa gemeint: Das wird kein Wald, sondern ein Kunstwerk.« Er lächelte. »Und dann haben die anderen auch mitgemacht. Schanin hat natürlich was Rosanes machen wollen.« Er zeigte auf die rechte Ecke des Kunstwerks, die in dezentem Dunkellila gehalten war, und grinste mich verschwörerisch an. »Aber das hat zum Glück mit den grauen Rollen nicht geklappt. So in Lila mag ich das nämlich lieber. Aber dann hat sie noch ein bisschen Glitzer gefunden und draufgepappt. Na ja, ist ja nicht viel ...« Tatsächlich waren weiter hinten ein paar Rollen mit glänzendem Bonbon-Papier beklebt. Ich nahm an, dass Schanin sich geopfert und die Bonbons im Dienste der künstlerischen Gestaltung verputzt hatte ...

Robert stand auf. »Ich hol mal eben was.« Kurz darauf kam er mit einem Mensch-ärgere-dich-nicht-Spiel wieder zurück und fragte in die Runde, wer denn mitspielen wolle. Ein dreifachfröhliches »Iiiiiich!« war die Antwort.

Der Familie Fischer beim Spielen zuzuschauen war so amüsant, dass ich fast vergaß, weshalb ich hier war. Alle vier scherzten miteinander, waren einander zugetan und lachten viel und laut. Der jeweilige Sieger wurde von den anderen dreien – ebenfalls lautstark – gefeiert und bekam mehrere Schokoladentaler, die er dann großzügig mit den Verlierern teilte. Auch Robert hatte großen Spaß und lachte mehrmals so sehr, dass er vom Sofa rutschte. Und das, obwohl er auch hier oft die Rolle des Erwachsenen übernahm und eingriff, wenn es zu sehr aus dem Ruder zu laufen drohte.

Nach der dritten Runde quengelte Schanin, dass sie Hunger habe, und begab sich zum Wohnzimmerschrank, der einen gigantischen Vorrat an Süßigkeiten beherbergte, der ihr beim Öffnen des Schrankes zu gut einem Drittel entgegenkam. Bonbons kullerten über Keksrollen und diverse Schokoriegel. Die Schokoladentafeln und der Eimer voll mit diversem Gummikaukram blieben glücklicherweise im Schrank stehen. Es sah aus, als führe diese Schranktüre nicht nach Narnia, sondern ins Schlaraffenland. Oder in einen Kiosk, denn weiter oben entdeckte ich massenweise Zigarettenschachteln und diverse Flaschen mit Eierlikör und klaren Schnäpsen. Schanin streckte ihre Hand nach einer XXL-Tafel Nuss-Schokolade aus, aber Robert schritt ein. Sanft hielt er Schanins Arm fest und erklärte mit einem Blick zur Mutter, dass doch ohnehin schon lange Mittagessenszeit sei.

Frau Fischer nickte, hievte sich vom Sofa hoch und verkündete lautstark, sie werde nun kochen. Sprach es und ging in die Küche, um die Fritteuse einzuschalten. Unwillkürlich machte ich

wieder einen Schritt hin zum offenen Fenster. Schanin schnappte sich nun doch die Schokolade, packte sie in einer Wettendass-verdächtigen Geschwindigkeit aus, biss ein großes Stück ab und taperte dann hinter ihrer Mutter her. »Mama, iff komm mibb.«
Ich hörte, wie Frau Fischer Schanin dafür lobte, was sie für eine spitzenmäßige Küchenhilfe sei, und dass sie ganz toll finde, dass sie ... Leider wurde der Rest des Lobes von einem ohrenbetäubendem Lärm verschluckt.
Der CD-Player war angesprungen.
Unter lautestem Gedudel diverser Schlager wurden jetzt irgendwelche Fleischstücke und Tiefkühlpommes in das heiße Fett geworfen.
Nun wusste ich, was die Nachbarn mit dem Lärm gemeint hatten. Diese Lautstärke mitsamt dem leicht kratzig-verzerrten Flattern überforderter Lautsprecher kannte ich nur von der Kirmes – und zwar, wenn man *direkt* vor den Lautsprechern eines Fahrgeschäftes steht. Wie hielten die Fischers das aus? Warum merkten sie nicht, wie unfassbar laut das war?
Ich suchte Roberts Blick, aber er hatte seine Erwachsenenrolle abgelegt. Er stand gemeinsam mit einer schokoladenverschmierten Schanin auf dem Couchtisch und sang in ein Salami-Mikro, das seine kleine rosa Schwester ihm hinhielt: »So ist das Spiel, so ist das Leben! Mal geht es gut und mal daneben!«
Wie passend ...
Das fand wohl auch der fette Hund und trollte sich auf seine Decke in der Zimmerecke, um Schokokussreste aus seinem Fell zu lecken und vor sich hin zu stinken.
In diesem Moment fiel mir auf, dass ich gerade zum ersten Mal gesehen hatte, dass sich der Hund überhaupt bewegt hatte. Bislang hatte er sich darauf beschränkt, einfach nur herumzulie-

gen und ab und zu in den Raum zu pupsen. Irgendwie war ich beruhigt, dass er auch in der Lage war, sich auf den eigenen vier Beinen fortzubewegen.

Als Frau Fischer mit einigen Tellern voll frittiertem Bampf wieder ins Zimmer kam, lief gerade eine deutsche Version des schon im Original unerträglichen, damals weit verbreiteten *Dragostea Din Tei*. Offenbar handelte es sich hierbei um so etwas wie ein Familienlied, denn nun geschah etwas ebenso Bizarres wie Rührendes.

Vor meinen staunend aufgerissenen Augen wuchtete sich Herr Fischer auf, trat neben seine Frau und Schanin. Und dann begannen sie zu dritt *zu tanzen*.

Nicht etwa, um mir etwas vorzuführen. Nein, dies war ganz offensichtlich eine Art Ritual und fand anscheinend mehrmals in der Woche oder vielleicht auch mehrmals täglich statt. Immer dann, wenn dieser Song auf der Schlager-CD an der Reihe war. So standen sie mitten im Wohnzimmer und vollführten so etwas wie einen Wackelpuddingtanz, der größtenteils aus Freestyle-Elementen bestand, im Refrain aber ein paar synchrone Bewegungen beinhaltete. Sowohl Schanin als auch ihr Vater waren tatsächlich erstaunlich talentierte Tänzer.

Zur Tanzperformance sangen sie übrigens alle drei aus voller Kehle, man solle »Siesta machen, wenn der Hafer sticht«. So hatte irgendwer nämlich den Refrain von *Dragostea Din Tei* verdeutscht, und kaum hatte ich es gehört, wurmte es mich auch schon, dass das inhaltlich nun wirklich überhaupt keinen Sinn machte!

Warum sollte sich jemand zur »Siesta«, also zum Mittagsschlaf hinlegen, wenn ihn »der Hafer sticht«, er also gerade nicht weiß, wohin mit all seiner Energie? Mir ist klar, dass es bei Schlagern nicht so wirklich unbedingt um einen klugen Text geht, aber man hätte doch auch irgendetwas anderes reimen können. Irgendwas ... Ich nahm mir vor, später zu googeln, wer diesen Text geschrieben hatte, und demjenigen eine launige Mail zu schreiben. Etwas Sinnentleerteres hatte ich selten gehört.

Ich verscheuchte die Gedanken an dämliche Schlagertexte und deren Verursacher. Stattdessen lenkte ich meine Aufmerksamkeit wieder voll und ganz den Fischers zu.

Ich war geradezu überwältigt von den visuellen und akustischen Reizen, die auf mein Hirn einprasselten (die olfaktorischen jetzt mal außer Acht gelassen, die bemerkte ich schon fast gar nicht mehr). Nicht nur mein Hirn war tendenziell überfordert, auch meine Gefühlswelt war durcheinander.

Um wieder alles zu ordnen, versuchte ich mich an einer Bestandaufnahme, wenngleich das durch die ohrenbetäubende Beschallung und den Linedance direkt vor meinen Augen gar nicht so einfach zu bewerkstelligen war. Zweimal versuchte Robert, den CD-Player etwas leiser zu machen, wurde aber von seiner Mutter jedes Mal dafür gemaßregelt. Also ließ er es mit einem Schulterzucken bleiben. Ihm war anzusehen, dass er es als zu laut empfand, aber ich bemerkte daneben auch, dass er seiner Familie gern dabei zusah, wie sie sich amüsierten. Auch wenn er selbst nicht mittanzen wollte.

Trotz des mich umgebenden Gestanks und der Unordnung war es augenfällig, dass Familie Fischer im Grunde von einem ganz und gar positiven und rührenden Gefühl füreinander zusammengehalten wurde. Selten hatte ich eine so liebevolle, unbefangene und fröhliche Familie bei der Interaktionsbegutachtung vor mir gehabt. Ob das jedoch half, das Ruder irgendwie herumzureißen und die wirklich unannehmbar dramatischen hygienischen Umstände in den Griff zu bekommen, vermochte ich nicht zu beantworten.

Wie dem auch sei:
1. Ich war hier, um eine Begutachtung durchzuführen.
2. Das Ehepaar Fischer erkannte nach wie vor den Ernst der Lage nicht.
3. Sowohl Wohnung als auch Bewohner rochen so unangenehm, dass es nur am geöffneten Fenster zu ertragen war.
4. Frau Fischer war der Überzeugung, die kugelrunde Schokoladenvernichtungsmaschine Schanin habe »nur schwere Knochen«.
5. Die aktuelle Lautstärke des CD-Players übertraf locker die eines Presslufthammers (zumindest meldete das mein überfordertes Hörzentrum).
6. Herr Fischer war gerade bei einer Drehung – ja, einer Drehung – gegen die Wand geprallt, und nun lachte die Familie Tränen darüber, dass er beim Versuch, sich zu stabilisieren, zwei Stühle und seinen Sohn Robert umgerissen hatte. Das Ganze ging natürlich nicht ohne noch mehr Lärm vonstatten, und wenn ein Koloss wie Herr Fischer im dritten Stock eines Mietshauses zusammen mit der Einrichtung zu Boden geht, ist das auch für die restlichen Bewohner hör- und spürbar.

Die Nachbarn hatten durchaus Grund, sich zu beschweren, und irgendwie hatte auch der unangenehme Herr Germer zum Teil recht: Hier musste sich natürlich etwas ändern.
Aber ich sah nicht nur das.
Hier war auch eine Familie, die miteinander Spaß hatte. Das waren Eltern, die einen missglückten Wald in ein Kunstwerk verwandelten und ihren Kindern in puncto Lebensfreude ein wunderbares Vorbild waren. Selten hatte ich so viele positive Emotionen innerhalb einer Interaktionsbeobachtung notiert. Auch Robert, der auf den ersten Blick ein wenig wie der »schlaue Außenseiter« gewirkt hatte, war vollkommen in die

Familie integriert, und es war offensichtlich, dass er seine Mutter, seinen Vater und auch seine kleine Schwester genauso liebte wie sie ihn.
Die Fischers waren viel mehr als übergewichtig, dreckig und laut. Sie waren fröhliche Herzensmenschen mit einem vorbildlichen Gemeinschaftssinn und einer solchen Liebe zueinander, dass man ein Weihnachtsmärchen über sie schreiben müsste. Ein lautes, dickes, mit viel Schokolade zwar, aber trotz allem ein sehr herzliches.
Und so sollten die Fischers ja auch bleiben.
Nur, wie konnte ich das erhalten, die Missstände aber ausmerzen? Wenn die Fischers tatsächlich so beratungsresistent waren, wie sie sich bislang präsentiert hatten, dann würde das sehr schwierig werden. Was, wenn sie tatsächlich absolut gar nichts ändern wollten oder konnten? Mussten Schanin und Robert dann zu Pflegeeltern?

Die Aufgabe einer Sachverständigen ist es ja in erster Linie, zu beobachten und anschließend ebenjenes Gutachten zu schreiben, aufgrund dessen das Gericht seine Entscheidung treffen kann. Es geht also darum, sich ein Bild der Lage zu machen, dieses sachlich wiederzugeben, psychologisch zu interpretieren und dem Ganzen eine logische und vor allem sinnvolle Empfehlung für das Gericht folgen zu lassen.
Genau das fand ich hier sehr schwierig. So wie sich die Gesamtsituation aktuell darstellte, hatten die Fischers ganz schlechte Karten. Denn selbstverständlich sollten die Kinder auf keinen Fall weiterhin in diesem Dreck leben. Und wenn Schanin nicht bald ein paar Kilo abnahm, würde sie gesundheitliche Probleme bekommen.
Außerdem waren die Eltern mitsamt der Fritteuse ja im Hinblick auf Ernährung alles andere als ein Vorbild …

Ich musste einen Weg finden, die Fischers davon zu überzeugen, dass sie im Sinne ihrer Kinder einiges in ihrem Leben ändern mussten – und zwar, indem sie deutlich mehr taten, als zu nicken und zu lächeln.

Ich ging sehr grüblerisch nach Hause. In Gedanken wälzte ich die Frage nach Werten und Normen und wann sie für wen wie zu bewerten sein sollten oder aber auch nicht – und kam mit Kopfschmerzen daheim an.

Schon am darauffolgenden Tag hatte ich einen Termin mit Schanins und Roberts Lehrerinnen. Die Geschwister gingen auf die gleiche Schule, weshalb ich beschlossen hatte, das Gespräch gemeinsam zu führen. Die Sekretärin bat mich, kurz zu warten. Sie würde Frau Hesse (Schanins Lehrerin) und Frau Kirchoff (Roberts Lehrerin) Bescheid sagen, dass ich da sei.
Als die beiden über den Flur auf mich zugelaufen kamen, erinnerten sie mich auf eine so absurde Art und Weise an Stan Laurel und Oliver Hardy, dass ich mich nicht gewundert hätte, wenn die eine der anderen in die Augen gepiekt und danach an einer imaginären Krawatte gefummelt hätte.
Selbstverständlich geschah nichts dergleichen. Wir nahmen an dem typischen Schulbesprechungsraumtisch Platz, tranken ebenso typischen Kaffee mit Kaffeeweißer und sprachen über die Fischers beziehungsweise Schanin und Robert.
Frau Kirchoff erklärte, der Robert sei ein lieber, aufgeweckter Junge mit einer für sein Alter ungewöhnlich fürsorglichen und sozialen Ader. »Ein wahrer Goldschatz, wenn er nur nicht so ungesund aussähe, dass man fürchtet, er kippt jeden Moment aus den Latschen. Und … na ja …« Sie fummelte an ihrem bunten Fransenponcho herum, der sie aufgrund ihres massigen Körpers ein wenig wie ein puertorikanisches Zelt aussehen

ließ. »Na ja, er stinkt halt ... also, wirklich schlimm. Ich kann manchmal gar nicht längere Zeit neben ihm stehen ...« Frau Hesse nickte energisch. »Ja, das ist wirklich ein großes Problem! Die Schanin ist ein nettes Mädchen. Ein bisschen verträumt, aber auch wissbegierig und vor allem emotional kompetent.« Sie sah zu ihrer Kollegin. »Wir haben uns ja im Vorfeld schon ein bisschen ausgetauscht und sind uns da auch einig. Schanin und Robert sind ganz tolle Kinder. Gut, die Schanin, die ist wirklich eindeutig zu dick. Die muss ganz dringend eine Diät machen!«
Frau Kirchoff verdrehte die Augen. »Also, das ist ja wohl das geringste ...«
»Nein!«, wurde sie von Schanins Lehrerin scharf unterbrochen. »Das ist eins ihrer Probleme«, fuhr sie fort. »Schanin ist viel zu dick. Das ist ungesund und trägt auch nicht gerade dazu bei, dass sie bei ihren Klassenkameraden gut ankommt. Noch ist das kein Riesenthema, aber je älter die Kinder werden, desto wichtiger wird das Aussehen. Das ist eben leider so. Und ihr Geruch ...« Frau Hesse verzog angeekelt das Gesicht. »Der ist wirklich unerträglich. Das sagen auch die anderen Kinder. Im Pausenhof spielen sie mit Schanin, aber in der Klasse will keiner neben ihr sitzen. Einfach, weil sie so stinkt. Irgendwann wird dieses nette Mädchen zum Außenseiter. Das geht einfach nicht!«
Sowohl Frau Kirchoff als auch Frau Hesse hatten schon längst mit dem Ehepaar Fischer Kontakt aufgenommen. Es hatte auch Elterngespräche gegeben, die aber zu keiner Veränderung geführt hatten.
»Machen wir uns nichts vor«, sagte Frau Hesse mit entmutigter Miene. »Die Eltern haben nichts von dem verstanden, was wir gesagt haben. Die haben uns für ... na, für Pädagogen gehalten. Für welche, die aus einem Nichts ein Riesenproblem machen.«
»Und aus ihrer Sicht verständlich«, fügte Frau Kirchoff hinzu.

»Die riechen ja genauso streng wie ihre Kinder. Denen fällt doch gar nicht mehr auf, dass sie stinken. Also denken sie, wir haben nicht mehr alle Tassen im Schrank. Wir sind wirklich froh, dass Sie sich da jetzt darum kümmern.«
Ja, da wäre ich an der Stelle der Lehrerinnen auch froh gewesen ...

Mir war klar, was das Ehepaar Fischer ändern musste, und im Grunde war das ja auch gar nicht so viel, wie es in anderen Familien häufig der Fall war, aber diese spezielle Art der Fischers, Dinge einfach zu ignorieren, machte mir große Sorgen. Sie waren für mich wie ein nasses Stück Seife, das ich einfach nicht zu fassen bekam.
Wie sollte ich diese Familie motivieren, bei aller Herzenswärme und Fröhlichkeit doch bitte viel mehr auf Hygiene, Gesundheit und Sauberkeit zu achten? Und die Musik ein wenig leiser zu stellen ...
Wenn ich hier versagen würde, musste ich in mein Gutachten schreiben, dass Schanin und Robert in einer Pflegefamilie untergebracht werden müssten. Mein Bauchgefühl brüllte mich an, dass eine solche Empfehlung schlicht und ergreifend falsch wäre, und taumelte dann ängstlich vor sich hin murmelnd von dannen. Mein Verstand sagte gar nichts mehr. Er hatte sich nägelkauend in eine Ecke verzogen und starrte mit aufgerissenen Augen vor sich hin.
Ich befahl meinem Verstand, umgehend aus seiner Ecke rauszukommen, beruhigte das Bauchgefühl und erklärte beiden, sie sollten sich jetzt verdammtnochmal zusammenreißen, denn ich würde das schließlich auch tun. Die beiden sahen mich an, als sei ich verrückt geworden.
Dann öffneten wir zu dritt eine Flasche Rotwein und hofften bei einem maßvollen Glas auf eine Erleuchtung.

Mein Gespräch mit Herrn und Frau Fischer verlief nicht gut. Es war, wie ich befürchtet hatte. Ich drang einfach nicht zu ihnen durch, und zwar egal, welche Form der Argumentation oder des Satzbaus ich anwandte. Die Fischers taten Beanstandungen mit einer Lässigkeit ab, die ihresgleichen suchte. Die Nachbarn, aaaach, die sollten sich mal nicht so haben, die wären ja selbst manchmal laut. Und gesunde Mahlzeiten ... Na, was wäre denn heutzutage noch gesund? Da wäre doch ohnehin überall Gift und all so was drin im Gemüse ... So ein bisschen Winterspeck habe noch niemandem geschadet, und die Schanin, die sei ja, wie gesagt, gar nicht dick, die habe nur schwere Knochen.
Nach einer geschlagenen Stunde war es dann so weit. Mir ging die Fröhlichkeit der Fischers zunehmend auf die Nerven, und ich wurde gleichermaßen wütend und verzweifelt.
»Jetzt hören Sie mir mal zu ...«, sagte ich etwas schärfer, bemerkte aber, dass die beiden mir eben genau gar nicht zuhörten. Gerade flüsterte Frau Fischer ihrem Mann irgendetwas zu, der kicherte, und angelte wieder nach irgendwelchen Schokodingen.
»HEY!«
Ich hatte gar nicht *so* laut werden wollen. Aber nun war es passiert. Herr Fischer hörte auf, Schokopralinen in sich hineinzustopfen, und seine Hand samt Praline blieb zwischen Schachtel und Mund in der Luft hängen. Frau Fischer drückte erschrocken ihre halb gerauchte Zigarette aus, um sich sofort eine neue anzuzünden. Beide sahen mich an wie Goldfische in einem Aquarium.
»Ich WEISS, dass Sie Ihre Kinder lieben. Oder zumindest dachte ich das. Aber wenn ich mir das hier so ansehe, dann habe ich nun doch so meine Zweifel! Und das ist NICHT gut!«
Was tat ich denn da? Das war nun wirklich mehr als unsachlich. Und noch immer *viel* zu laut.

Hilflos sah ich mir von außen dabei zu, wie ich mit den Fischers schimpfte, als wären sie zwei Schulkinder. Entsprechend verängstigt und ungläubig starrten sie mich an.

JA, die ganze Zeit über hatte ich mich zusammengerissen und professionell am Fenster gestanden, den Gestank ertragen und sogar vermieden, in die schleimige Pfütze zu treten, die der Hund zu Beginn meines Besuches neben das Fenster erbrochen hatte. Aber jetzt war meine Geduld am Ende.

»Es ist JETZT nötig, dass Sie verdammtnochmal anfangen, etwas für Ihre Kinder zu tun. JETZT! Sonst sind die nämlich WEG! Verstehen Sie das doch, bitte!«

Dabei deutete ich in Richtung des Fensters, als wäre »weg« wirklich verdammt weit, weit weg.

»Die beiden sind ganz wunderbar und haben es verdamm... Die haben es nun wirklich nicht verdient, Außenseiter zu werden oder ganz fürchterlich krank, nur weil SIE es nicht schaffen, dafür zu sorgen, dass die beiden sich halbwegs gut ernähren und nicht stinken wie eine tote Kuh!«

Herr Fischer wirkte fast so, als ob er kurz kichern wollte, aber ich ließ es nicht dazu kommen.

»In dieser Wohnung stinkt es so fürchterlich, dass ich bei meinen Besuchen nur am Fenster existieren kann und will! Ihr Sohn sieht aus wie ein Zombie, und ihre Tochter hat keine schweren Knochen, sondern sie ist VIEL ZU DICK!«

Frau Fischer hob die Hand, um etwas zu erwidern, aber auch das wollte ich in dem Moment nicht zulassen. Ich redete einfach weiter, beschrieb in eindringlichen und drastischen Worten die Situation, und wenn ich das Gefühl hatte, die Aufmerksamkeit der beiden auch nur für eine Millisekunde zu verlieren, wurde ich noch lauter, noch direkter und formulierte noch kürzere Sätze mit noch mehr Großbuchstaben.

Irgendwann war ich fertig, und mir fiel einfach nichts mehr ein, wie ich den Ernst der Lage anders paraphrasieren konnte. Also verstummte ich einfach und atmete ein paar Mal tief ein – natürlich durch den Mund.

Frau Fischer hatte die ganze Zeit über keine einzige Zigarette geraucht und griff nun zitternd nach dem Tabakbeutel. Dann sah sie hilfesuchend ihren Mann an, und ich konnte deutlich sehen, wie ihre Unterlippe zitterte. »W... was machen wir denn jetzt?«, flüsterte sie, und ich biss mir auf die Lippe.
Da wuchtete sich Herr Fischer aus seinem Sessel und ließ sich mit einem Seufzer neben seiner Frau auf dem ächzenden Sofa nieder. Er legte seinen gigantischen Arm um sie und drückte sie fest an sich. »Na, was machen wir wohl. Wir *schaffen* das, Mausi. Wir schaffen das. Wirste sehen.«

Dann sah er mich an, und aus seinen Augen sprach die Hilflosigkeit eines kleinen Jungen, der gerade seinen Ball auf ein Hausdach geschossen hat. »Bitte ... wir ... ich bin ganz ...« Dieser Berg von einem Mann sah auf mich herunter, und seine Augen füllten sich mit Tränen. »Können Sie uns ... helfen? Irgendwie ...?«

Ich war so erleichtert, dass nun auch *mir* die Tränen kamen. Glücklicherweise habe ich lange Haare und immer eine Tasche neben mir stehen, in der ich nun so umständlich einen Stift suchte, dass mir die Haare wie ein Vorhang vors Gesicht fielen. Ich kramte eine Weile, bis ich mich wieder gefangen und die Tränen unauffällig weggewischt hatte.
Und dann konnte ich endlich ein *wirkliches* Gespräch mit den Fischers führen.

Die beiden hatten es als Kinder nicht leicht gehabt. Frau Fischer war sexuell missbraucht worden und hatte dem Alptraum erst mit sechzehn Jahren durch ihren Auszug von zu Hause ein Ende setzen können. »Ich denk mal, deshalb hab ich mir so 'nen Panzer angefressen.« Sie fasste sich ein wenig unglücklich an ihre ausladenden Hüften. Herr Fischer nahm ihr Gesicht in seine Hände und sagte ernst: »Ich liebe dich aber genau *so*! Hörst du?« Da strahlte Frau Fischer und atmete durch. Sie sah ihren Mann liebevoll an und erklärte wieder zu mir gewandt: »Der war mein Glück, der Mann hier. Mit ihm hab ich wieder lachen gelernt. Und angefangen, das Leben zu genießen.«
»Und ich mit ihr.« Herr Fischer deutete mit einem seligen Lächeln auf seine Frau.
Er war in verschiedenen Heimen aufgewachsen und hatte sich sein Leben lang nach einer Familie gesehnt.
Als Herr und Frau Fischer sich gefunden hatten, waren sie so glücklich miteinander, dass sie ein »Wir gegen den Rest der Welt«-Gefühl entwickelt hatten, das im Laufe der Zeit ein wenig aus den Fugen geraten war. Sie hatten unter einer Art Glasglocke gelebt und den Blick für »die Welt da draußen«, wie Herr Fischer es nannte, ein wenig verloren.
»Wir wollten doch nur, dass unsere Kinder es besser haben. Und jetzt ... Jetzt können sie vielleicht nicht bei uns bleiben??« Frau Fischer liefen ganze Sturzbäche an Tränen über die Wangen, und auch ihr Mann hatte rote Augen.
Selten war ich so erleichtert gewesen, jemanden weinen zu sehen. Endlich hatten sie begriffen.

Ich erklärte den beiden, dass sie ja gar nicht so viel tun müssten, um Schanin und Robert bei sich behalten zu können. Allerdings ging ich nicht davon aus, dass sie das ohne Hilfe schaffen konnten.

Frau Fischer schniefte: »Ich will aber nicht, dass dieser kleine Mann wieder kommt! Der ist gruselig, und sein eines Auge zuckt immer so!«
»Den wollen wir hier nicht«, bekräftigte Herr Fischer.
Ich verkniff mir ein Grinsen. Sie hatten Herrn Germer wirklich treffend beschrieben. Und ich konnte gut verstehen, dass sie nicht wollten, dass er wiederkam.
Wir überlegten gemeinsam und fanden schließlich eine Lösung. Herrn Fischers Schwägerin kannte eine nette Frau, die für die Gemeinde arbeitete. »Vielleicht macht die so was? Also, uns helfen?«
Ich war mir nicht sicher, was »für die Gemeinde arbeiten« genau bedeutete, aber einen Versuch war es wert.

Pures Gold war er wert! Frau Weber war perfekt für die Familie Fischer. Denn da sie nicht von irgendwelchen Ämtern oder Gerichten oder sonst woher offiziell bestellt war und somit keine Auflagen oder Objektivitätsprobleme hatte, konnte sie einfach loslegen, wie ihr der Schnabel gewachsen war. Sie traf von Anfang an den richtigen Ton und ließ keinen Widerspruch gelten. Und es war ihr ganz egal, ob sie ehrenamtlich für die Gemeinde Frauengesprächskreise leitete und Bazare organisierte oder in der Familie Fischer für Ordnung sorgte.
Nach einem gemeinsamen Gespräch, in dem ich noch einmal erläutert hatte, was sich ändern musste, nahm mich Frau Weber beiseite und fragte augenzwinkernd: »Jetz ma im Ernst: Dafür braucht man das Jugendamt und irgendwelche pädagogischen Fachkräfte? Die müssen nur lernen, wie man putzt, gesund kocht und auf die Nachbarn Rücksicht nimmt, und gut is. Das ist doch Killefitz! Da braucht's doch nur 'ne ordentliche Hausfrau, die denen mal gehörig den Marsch bläst!«

Ich erklärte, dass sie das ganz richtig sehe und ich das genauso in mein Gutachten schreiben würde – falls denn überhaupt eins nötig sein würde.
Ich hatte zunächst mit Frau Weber und den Fischers vereinbart, dass ich in ein paar Wochen vorbeikommen und mir die hoffentlich vorhandenen Fortschritte anschauen würde. Zudem würde Frau Weber mir sofort berichten, falls Herr und Frau Fischer wieder in ihre altbekannte Beratungsresistenz verfallen würden. »Machen wir nich!«, versprach Herr Fischer. Und Frau Fischer nickte.

Die beiden hielten ihr Versprechen.
Frau Weber berichtete mir nur drei Wochen später ganz begeistert von wohlriechenden Kindern und einer Gemüsepfanne, die Frau Fischer tatsächlich selbständig und ganz ohne Fritteuse hergestellt hatte. Einmal hatte Herr Fischer es sogar geschafft, sich irgendwie hinunterzubeugen, um etwas, das der Hund hervorgewürgt hatte, vom Boden zu entfernen, kurz bevor Frau Weber die Tür öffnete. »Das könnense aber glauben, dass ich da erstaunt war, wie der Fischer da auf dem Boden liegt und irgendwas hektisch rumschrubbt!«, lachte sie.
Man merkte, dass sie die Familie ins Herz geschlossen hatte – und umgekehrt.
Ich war erleichtert, als ich bei meinen Hausbesuchen feststellte, dass sich zwar in puncto Sauberkeit und Ernährung einiges geändert hatte, die Fischers aber genauso fröhlich und lebenslustig waren wie bei meinem ersten Besuch.
Natürlich gingen die Veränderungen nicht von heute auf morgen, und es gab auch hin und wieder Rückschläge und somit Tage, an denen Frau Weber mit erhobenem Zeigefinger vor Herrn und Frau Fischer stand und ihnen eine Standpauke hielt, aber im Großen und Ganzen machte ich mir keine Sorgen.

Ich hatte nur noch ein großes Problem: Ich wollte den Fall nicht wieder an das Jugendamt, sprich an Herrn Germer, abgeben. Das würde geschehen, sobald der abschließende Gerichtstermin stattgefunden hätte. Unter anderen Umständen beziehungsweise mit einem anderen Mitarbeiter wäre das kein Problem gewesen. Da hätte ich gerne eine Übergabe gemacht und mich von der Familie verabschiedet. Aber nicht in diesem Fall. Herr Germer hatte sich mit seinem »Bericht« so weit aus dem Fenster gelehnt und solche Ungeheuerlichkeiten ausgesprochen, dass er gar nicht anders können würde, als darauf zu pochen, dass die Fischers keinesfalls erziehungsfähig und nachweislich beratungsresistent seien.

Ich rief die Richterin an und bat sie um eine etwas ungewöhnliche Vorgehensweise: Ich war ja offiziell noch mit der Begutachtung beauftragt, und solange ich begutachtete, war der Fall nicht abgeschlossen und Herr Germer würde sich nicht einmischen ... »Also, wissen Sie, die Sache mit der Frau Weber, die ist eine Intervention, die ich alle paar Monate überprüfen muss. Ich stecke also sozusagen noch mitten in der Datenerhebungsphase. Und ich kann das Gutachten erst schreiben, wenn ich damit fertig bin ...«
Die Richterin war eine kluge Frau und verstand. »Tja, dann muss ich mit einer Terminierung eben warten, bis Sie mit Ihrem Gutachten fertig sind. Da kann man nix machen. Sie können ja alle sechs bis acht Monate telefonisch berichten, ja?«

Es wurde die längste Begutachtung meiner bisherigen Laufbahn. Von der Beauftragung bis zum abschließenden Gerichtstermin vergingen zweieinhalb Jahre.
Zu diesem Termin erschien die gesamte Familie Fischer samt Frau Weber, die stolz eine dicke Mappe voller Papiere unter dem

Arm trug. Darin fanden sich unter anderem positive Berichte der Lehrer und eines Kinderarztes, bei dem Schanin erfolgreich eine Diät absolviert hatte. Frau Weber hatte es sogar geschafft, dass die Nachbarn der Fischers ein gemeinsames Schreiben verfasst hatten, in dem bestätigt wurde, dass nunmehr weder Lärm noch Gestank aus der Fischer'schen Wohnung drangen und man sich über die positive Entwicklung und die höflichen, netten Fischer-Kinder freue – unterschrieben von all den Personen, die sich damals bei Herrn Germer beschwert und die Familie Fischer mit allen möglichen wahren, halbwahren und erfundenen Geschichten beschuldigt hatten. Herr Germer ließ sich beim Gerichtstermin von einem freundlichen Kollegen vertreten, der Frau Weber im Anschluss an den Termin fragte, ob sie schon einmal daran gedacht hätte, als Familienhilfe zu arbeiten. »Nee, ich mach das mal lieber weiter ehrenamtlich, so wie ich das will und ohne Papierkram und Jugendamtgedöns. Hab ja von der Frau Seeberg schon mitbekommen, dass man da nicht mal anständig schimpfen darf. Und dann wird das nix.«
Der Mann vom Jugendamt schaute etwas konsterniert erst Frau Weber und dann mich an. Ich zuckte nur mit den Achseln, als wüsste ich nun wirklich gar nicht, wovon die Frau redete, und drehte mich weg, um meine Unterlagen auf dem Tisch in Reih und Glied zu klopfen.
Die Richterin beglückwünschte mich zu einer Begutachtungslänge, die auch sie noch nie erlebt hatte, aber für eine wahrhaft gute Idee hielt. »Das ist ein Konzept, das durchaus nachahmungswürdig erscheint, finde ich.« Sie lächelte Frau Weber an und bedankte sich. »Ich wünsche mir mehr Menschen von Ihrem Schlag.«
»Aber die kann auch ganz schön schimpfen, die Frau Weber!« Herr Fischer nickte bestätigend zu den Worten seiner Frau. »Aber wirklich. Wenn die einen Besen in der Hand hat, dann

kann man schon mal Angst haben.« Dabei grinste er breit, und seine Frau begann zu kichern.
Die Richterin grinste. »Ja, vielleicht ist das manchmal besser als das ganze pädagogische Geschwafel.« Sie sah mich entschuldigend an. »Also damit meinte ich nicht ...«, fing sie an, doch Frau Fischer unterbrach die Richterin lachend: »Was, die Frau Seeberg? Die sollten Sie mal schimpfen hören! Dagegen ist die Frau Weber ein Engelchen.«
»Ja, Mausi!«, rief Herr Fischer so fröhlich überdreht wie eh und je: »Wenn die Frau Seeberg 'nen Besen hat, dann gehen wir alle in Deckung!«
Amüsiert musterte mich die Richterin, und ich konnte nichts anderes tun, als schief zu grinsen. Wie durch einen Schleier vernahm ich die Stimme von Frau Fischer: »Ja genau, drum stand die auch immer am Fenster! Nich wegen ihrer Wechseljahre, sondern weil sie dann immer auf unserem Besen davonfliegt!«
Und schon lachten die Fischers wieder Tränen. Noch im Hinausgehen prustete Frau Fischer, und Herr Fischer schnappte nach Luft, während sein Kopf hummerrot anlief.

Ich rang nach Worten, fand aber keine. Dafür umarmte mich Frau Weber wortlos, und die Richterin schüttelte meine Hand. Dann grinste sie und sagte nur: »Guten Heimflug.«

Ich lächelte, stieg auf meinen Besen und flog nach Hause.

Ja, wo sind wir denn?

Zu meiner Studentenzeit wohnte ich im selben Haus wie eine elegante, ältere Dame mit blaustichigem Haar. Eines Tages hörte ich sie im Treppenhaus ganz außer sich und für ihre Verhältnisse sehr laut mit einer Nachbarin reden, so dass ich schon meine Hilfe anbieten wollte – bis ich hörte, was der Grund für ihre Erregung war.
»Es ist aus und vorbei! Für immer! So eine Katastrophe! Das war die beste Änderungsschneiderei der Stadt! Ach, was rede ich, die *einzige*, die wirklich etwas konnte! Und jetzt? Wo soll ich jetzt meine Kleider ändern lassen? Ich kann doch da nicht mehr hingehen! Zu einem *Schwuuuulen*!!« Sie stieß das so verächtlich zwischen ihren makellosen dritten Zähnen hervor, dass sie urplötzlich ihre damenhafte Eleganz verlor.
Etwas leiser, als würde sie ihrer sprachlosen Nachbarin ein Staatsgeheimnis anvertrauen, erklärte sie: »Wissen Sie, bei diesen Schwulen, da weiß man ja nie, was die so machen! Ich betrete diese Schneiderei ganz sicher nie wieder! Niemals! Und wissen Sie, die haben ja auch alle dieses Aids, das so ansteckend ist! Also, un-mög-lich, diese Leute!«
Ich überlegte, wie sie sich wohl bei ihrem Schneider mit Aids anstecken wollte. So dornröschenmäßig mit einer Aids-vergifteten Nadel, die der Schneider in einer Gewitternacht mit hämischem Grinsen absichtlich irgendwo am Kragen »vergessen« hatte? Oder durch versehentlichen Austausch von Körperflüssigkeiten beim Abholen der geänderten Kleidungsstücke?
Und was bedeutete wohl, dass man nie wisse, was »diese Schwulen so machen«? Ja, was denn? Grausame Rituale mit

den zur Änderung gebrachten Kleidern, an deren Höhepunkt rosa Stofffetzen in den Saum eingenäht werden? Heimlich nachts in die Wohnungen ihrer Kunden einbrechen, um die Kleider doch noch einmal selbst anzuziehen? Was, um Himmels willen?
Erstaunlicherweise hatte diese Dame überhaupt keine Hemmungen, auch noch hinzuzufügen, dass »diese Schwulen« doch besser Berufe ergreifen sollten, in deren Ausübung sie »unter sich« bleiben konnten.
Wie konnte man in derart geballter Form Vorurteile und schlicht und ergreifend dummes Zeug von sich geben – und sich nicht im gleichen Moment in Grund und Boden schämen? Ich war fassungslos, und heute noch ärgere ich mich, dass ich mich nicht in das Gespräch eingemischt habe …
Damals war ich der festen Überzeugung, dass diese Dame eine traurige Ausnahmeerscheinung war und in ein paar Jahrzehnten niemand mehr einen Unterschied zwischen homo- und heterosexuellen Menschen machen würde.
Da hatte ich mich geirrt.

Selbstverständlich hat sich in den letzten zwanzig Jahren in Bezug auf die Sichtweise von Homosexualität eine Menge zum Positiven verändert. Aber es gibt sie eben leider nach wie vor: Menschen, die glauben, dass Homosexualität eine unheimliche Störung ist, die ganz sicher noch weitere gemeingefährliche oder perverse Störungen um sich schart und am Ende von Gott oder sonstwem gestraft wird, indem eine »Aids-Plage« gen Erden geschickt wird, »auf dass die homosexuelle Brut sich gegenseitig auslösche«. Nein, das ist leider keine sarkastische Fabulierkunst, sondern ebenfalls ein Zitat. Und es stammt aus dem Mund von Herrn Schäfer, den ich viele Jahre später kennenlernen durfte. Nein, musste.

Herr Schäfer war Mitarbeiter des Jugendamtes und in einem Gutachten um einen Sorgerechtsfall mein Ansprechpartner. Leider gehört Herr Schäfer zu den Jugendamtsmitarbeitern, die sich besser einen Beruf gesucht hätten, in dem sie mit Menschen nur im allergrößten Notfall in Berührung kommen.
Wie so oft muss ich an solchen Stellen reflexhaft darauf hinweisen, dass nur ein geringer Teil von Mitarbeitern der Jugendämter, mit denen ich zu tun hatte, inkompetent oder sonstwie ungeeignet war für diesen Job. Die meisten Jugendamtsmitarbeiter sind fähig, interessiert, wollen wirklich helfen und tun das auch. Herr Schäfer gehörte nicht zu jenen …
Er konnte sich nämlich gar nicht beruhigen darüber, dass der Sorgerechtsantrag eines homosexuellen Vaters nicht sofort abgelehnt worden war. Seit einer Viertelstunde lief er nun aufgeregt in seinem kleinen Amtszimmer hin und her und lieferte dabei ein schreckliches Vorurteil nach dem anderen ab. Dabei hatte er seine 60er-Jahre-Kassengestell-Brille abgesetzt, um sie als Verlängerung seiner Hand zu benutzen. Gerade reckte er sie lamentierend Richtung Decke und richtete ein Stoßgebet an Gott, den Herrn in der Höh: »Was ist nur los mit unserer Welt«, fragte er dramatisch gen Himmel, »… dass wir da überhaupt ein Wort drüber verlieren, ob ein solcher Mensch ein Kind bei sich aufnehmen darf!«
Ich stand mit einem einigermaßen dämlichen Gesichtsausdruck im Zimmer und wollte einfach nicht glauben, was ich da hörte. Durfte der denn als Jugendamtsmitarbeiter überhaupt solche unqualifizierten Äußerungen von sich geben? Gab es da kein Gesetz dagegen? Oder jemanden, der den Herrn Schäfer mal ordentlich schütteln konnte, damit sein Hirn wieder begann zu funktionieren, oder von mir aus erstmalig funktionierte?
Herr Birkmann, der in diesem Fall als Verfahrensbeistand, also als Anwalt des Kindes, bestellt worden war, unterbrach Herrn

Schäfer für seine Verhältnisse recht unwirsch. »Wir haben Sie und Ihren Standpunkt nun zur Genüge zur Kenntnis genommen, Herr Schäfer. Die Frau Seeberg begutachtet jetzt, und bis zum Gerichtstermin haben Sie gar nichts mehr mit dem Fall zu tun. Wir müssen dann jetzt auch los.«
Mit diesen Worten drehte er sich um und zog mich sanft Richtung Ausgang.

Herr Birkmann war ein erfahrener und mir sehr sympathischer Verfahrensbeistand, der neben dieser Tätigkeit seit vielen Jahren Vätergruppen leitete und Familienberatungen durchführte. Ich schätzte ihn sehr für seine unerschütterlich besonnene Art und seinen Sinn für pragmatische Lösungen. Dabei störte ich mich überhaupt nicht daran, dass diese nicht immer dem Standard entsprachen, denn sie waren stets sinnvoll und sehr effektiv. Ich erinnere mich noch gut an den Fall eines Vaters, der im Grunde nur deshalb vor Gericht darum kämpfte, dass seine Kinder bei ihm statt bei seiner Ex-Frau leben sollten, weil er ihr das Leben schwer machen und seine »Macht« demonstrieren wollte. Das tatsächliche Interesse an seinen Kindern war, vorsichtig gesagt, stark unterdurchschnittlich. Ihm ging es einzig und allein darum, seine Ex-Frau bis ins Mark zu erschrecken und ihr das Leben zur Hölle zu machen.
Nun war aber eben ausgerechnet Herr Brinkmann als Verfahrensbeistand bestellt worden und hatte dem Vater erklärt, dass er an das Gericht schreiben werde, damit die Kinder umgehend und langfristig in seinen Haushalt wechseln sollten. Er sei ganz seiner Ansicht, und es sei ja aufgrund seiner Schilderungen wohl mehr als offensichtlich, dass die Mutter völlig überfordert sei. Am besten wäre es daher, die Kontakte der Kinder mit ihrer Mutter auf ein paar Stunden im Monat zu beschränken.

Der Vater bekam nach dieser Ankündigung einen gehörigen Schrecken (*das* hatte er ja nun so gar nicht gewollt) und zog noch am selben Tag seinen Antrag zurück. Herr Birkmann hatte mit seiner doch sehr unkonventionellen Methode den beiden Kindern ein langes, unerfreuliches – und noch dazu sinnloses – Gerichtsverfahren erspart.

Als wir nun auf der Straße standen, hatte ich plötzlich das Gefühl, Herrn Schäfer samt seiner verqueren Ansichten geträumt zu haben. »Herr Birkmann, hat der Herr Schäfer gerade wirklich …?« Herr Birkmann nickte seufzend: »Ich kann das auch nicht fassen. Ich meine, er ist ein fauler Sack und nicht der Schlauste, das wissen wir ja nun seit längerem, aber so einen Müll hätte ich ihm tatsächlich nicht zugetraut. Ich weiß gar nicht … Also, ich denke, da muss man schon mal mit dem Amtsleiter drüber sprechen. Allerdings machen wir das erst, wenn wir fertig sind mit diesem Fall. Wer weiß, was der Herr Schäfer sonst veranstaltet. Nicht, dass wir den Beteiligten damit schaden.«

»Dieser Fall« bestand aus Herrn und Frau Herold sowie dem fünfjährigen Jakob. Die Eltern hatten sich vor einem Jahr getrennt und stritten seitdem wegen des Sorgerechts beziehungsweise um die Frage, wo Jakob wohnen solle.
Frau Herold hatte nach der Trennung sofort die Schlösser an der gemeinsamen Wohnung ausgetauscht und Herrn Herolds Sachen vor die Türe ins Treppenhaus gestellt. Sie verweigerte jeglichen Kontakt mit ihm und ließ auch nicht zu, dass Herr Herold seinen Sohn sah.
Herr Herold wandte sich recht verzweifelt an das Jugendamt und erzählte dort seine Geschichte. Er hatte vor Frau Herold einen männlichen Partner gehabt und sich nun auch wieder in

einen Mann verliebt. Allerdings war dies nicht der Grund für die Trennung gewesen, sondern Frau Herolds aufbrausende und lieblose Art, die nicht nur ihm gegenüber, sondern vor allem auch gegenüber ihrem gemeinsamen Sohn Jakob zutage trat. Seit der Geburt des inzwischen Fünfjährigen hatte sich Herr Herold deutlich mehr um seinen Sohn gekümmert als die Mutter. Mehr als einmal hatte diese sehr deutlich gemacht, dass die Existenz ihres Sohnes sie sowohl persönlich als auch beruflich stark einschränken würde. Herrn Herold belastete insbesondere die Tatsache, dass die Mutter dergleichen im Beisein des Kindes mehrfach erwähnt hatte.
Er wollte am liebsten das alleinige Sorgerecht für seinen Sohn, in erster Linie aber möglichst schnell wieder Kontakt zu ihm. Natürlich wollte der Vater wissen, wie es Jakob ging, und er hatte große Sorge, dass Frau Herold den Kleinen womöglich unangemessen über die Trennung und auch seine neuen Lebensumstände informierte.
All das hatte er Herrn Schäfer vom Jugendamt dargelegt. Allerdings hatte sich dieser schon ab dem Moment, wo Herr Herold von seiner vorherigen Beziehung zu einem Mann erzählt hatte, seine Meinung gebildet und dann nur noch abgewartet, bis Herr Herold fertig gesprochen hatte. Kaum hatte der Vater sein Anliegen halbwegs vorgetragen, war Herr Schäfer aufgesprungen, hatte die Tür geöffnet und Herrn Herold mit den Worten »Tja da kann man nix machen, Kinder gehören nun mal zur Mutter, guten Tag« aus seinem Büro komplimentiert.

Herr Herold hatte sich an einen Anwalt gewandt und diesen um Hilfe gebeten.
So war es zu einem Gerichtstermin gekommen, bei dem Frau Herold sehr eindringlich erklärt wurde, dass sie den Kontakt zwischen Jakob und seinem Vater nicht einfach so unterbinden

dürfe. Diese rechtfertigte sich, indem sie ausführte, sie wisse aufgrund der aktuellen sexuellen Orientierung ihres Mannes nicht mehr, ob er ein »sicherer Umgang für ihren Sohn sei«. Und so wurde Herr Birkmann als Verfahrensbeistand für Jakob und gleichzeitig als Umgangspfleger bestellt.
Wie schon erwähnt, ist der Verfahrensbeistand so etwas wie der Anwalt des Kindes. Ein Umgangspfleger kümmert sich darum, dass der Umgang zwischen dem Kind und dem getrennt lebenden Elternteil bestmöglich funktioniert. Er begleitet wenn nötig die Übergaben des Kindes, führt je nach Familienkonstellation Gespräche mit den Eltern und vermittelt zwischen ihnen – kurz: Er tut alles, um den Umgang so unkompliziert wie möglich zu gestalten beziehungsweise um dafür zu sorgen, dass der Umgang überhaupt stattfindet und es dem Kind so gut wie möglich geht.

Das Gericht verfügte in der Familiensache Herold zusätzlich noch, dass geprüft werden solle, wo zukünftig Jakobs Lebensmittelpunkt sein solle, ob beim Vater oder bei der Mutter. Dafür wurde ich als Sachverständige bestellt.

Durch drei Einigungen in anderen Fällen hatte ich glücklicherweise die Kapazitäten, um sofort nach dem Auftrag mit der Begutachtung zu beginnen.
Jakobs aktuelle Situation war nämlich nicht gerade einfach. Er durfte seinen Vater zwar inzwischen dank Herrn Birkmanns Vermittlung alle 14 Tage am Wochenende besuchen, aber das Konfliktpotenzial der Eltern war immens. Dies zeigte sich zwar nicht in lauten Streitereien wie häufig bei anderen Eltern, aber dafür in einer unheimlichen, eisigen Stille zwischen den Eltern, sobald sie aufeinandertrafen. Jakob war durch diese Situation sehr belastet. Ich hoffte, in diesem Fall so schnell wie möglich für Jakobs Entlastung sorgen zu können.

Mein erster Termin sollte bei Frau Herold und Jakob zu Hause stattfinden. Ich traf pünktlich ein, obwohl ich nicht mehrere Stunden zuvor losgefahren war, denn ich war seit kurzem stolze Besitzerin eines Navigationsgerätes. Diese Erfindung war für mich der reinste Segen. Ich hatte der mechanischen Frauenstimme den Namen »Frau Ilse« gegeben und hätte mich am liebsten nach jeder Richtungsangabe bei ihr für die Hilfe bedankt.

Frau Herold war eine schlanke, überdurchschnittlich gutaussehende Frau Anfang dreißig.
Ich bin immer wieder von Neuem fasziniert, wenn ich Frauen begegne, die aussehen wie einer Modezeitschrift entsprungen, denn ich tendiere dazu, mir einzureden, dass es diese perfekten Frauen in Wirklichkeit gar nicht gibt. Aber sie sind mitten unter uns, tragen makelloses Make-up auf ebensolcher Haut, haben Idealmaße und dazu passende Kleidung (die selbstverständlich immer sauber und gebügelt ist), kennen das Problem abgebrochener Fingernägel oder Laufmaschen nicht und schaffen es eigenständig, sich eine Frisur zu zaubern, die mit meinen Haaren noch nicht einmal ein Starfriseur hinbekommen würde.
Ja, ich bin nicht nur fasziniert, sondern auch ein bisschen neidisch. Ich würde auch gern so perfekt aussehen können. Auch wenn es die inneren Werte sind, die zählen. Die können ja trotzdem vorhanden sein.
Können sie. Müssen sie aber nicht ...

Frau Herold trug ein graues Kostüm und entsprach auch sonst dem Klischee einer Businessfrau. Sie begrüßte mich unterkühlt und betonte, dass sie eigentlich gar keine Zeit für diesen Termin habe.

Ich fasste meine Erklärung zum Ablauf der Begutachtung so kurz wie möglich und bat Frau Herold, mir zu sagen, wie sie die familiäre Gesamtsituation einschätze.
»Wie ich das einschätze? Na ja, was würden *Sie* denn sagen, wenn Ihr Mann schwul wäre? Ich meine … Hallo??«
Ja, ich kann mir vorstellen, dass das im ersten Moment vielleicht irgendwie etwas … überraschend sein kann – wobei soooo überraschend ja nun auch nicht, denn Frau Herold wusste vom Vorleben ihres Mannes. Zumindest warf es aber auch für Frau Herold sicherlich die eine oder andere Frage auf. Ich legte Frau Herold meinen Standpunkt dar und schloss mit der Frage, welche Rolle es ihrer Meinung nach für das gemeinsame Kind spiele, dass der Vater nun mit einem Mann liiert war.
»Welche Rolle das spielt? Na, Sie sind ja lustig! Ich meine, der Typ, also der … der Herr Herold, der kommt plötzlich daher und sagt, er trennt sich jetzt von mir, weil er schwul ist. Dem ist doch alles zuzutrauen! Einfach alles! Und ich will gar nicht wissen, was der dem Jakob vielleicht alles antut! Oder schon angetan hat und wir ahnen nichts davon! Und da fragen Sie, was das für eine Rolle spielt! Da muss ich doch mal die Frage stellen, ob Sie überhaupt qualifiziert sind für die Arbeit als Gutachterin, wenn ich Ihnen das nun extra erklären muss, also wirklich!«
Ich fühlte mich auf unangenehme Art an meine frühere Nachbarin erinnert – nur dass sie nicht so gut ausgesehen hatte, während sie ihre schwulenfeindlichen Ansichten in die Welt trompetet hatte.
Auf jeden Fall konnte ich so kein sinnvolles Gespräch mit Frau Herold führen. Sie war zu aufgebracht und zu sehr darauf fokussiert, dass Herr Herold ein ganz schlimmer Mensch war. Das ist nach einer Trennung nichts Ungewöhnliches, und manche von Ihnen werden das von sich oder Menschen in Ihrem Umfeld kennen. In solchen Situationen steigern sich man-

che Menschen sehr in eine negative Bewertung des jeweils anderen hinein und nützen jede Gelegenheit, um diesen in ein denkbar schlechtes Licht zu rücken. Oftmals gibt sich das Ganze nach ein paar Monaten, und die Situation normalisiert sich. Dieselbe Person würde Jahre später nie wieder derartige Beschimpfungen und Verleumdungen aussprechen und sich nur sehr ungern an die Anfangszeit der Trennung zurückerinnern, als der Schmerz groß und die Vorwürfe noch größer waren. Also, möglicherweise war Frau Herold ja schlicht und ergreifend sehr verletzt und schlug deswegen nun verbal mit allen möglichen »Argumenten« um sich. Das machte sie nicht gerade sympathischer, aber sie wäre nicht der erste Mensch, bei dem ich Ähnliches beobachten musste.
Ich änderte also die Richtung der Gesprächsführung und bat Frau Herold, mir alles von Anfang an zu erzählen, damit ich mir ein Bild machen konnte. »Wie haben Sie Ihren Mann denn kennengelernt?«
Diese Frage ist so simpel und der Grund der Frage ja auch leicht zu durchschauen, aber sie bewirkt regelmäßig wahre Wunder. Das Gegenüber erinnert sich an etwas Positives im Zusammenhang mit dem Ex-Partner, und in den allermeisten Fällen kühlt das die aufgeheizte Stimmung schnell ab.
Auch Frau Herold entspannte sich etwas, wurde ruhiger und dachte nach. Dann begann sie zu erzählen.
Sie hatte Herrn Herold vor acht Jahren auf der Geburtstagsfeier einer gemeinsamen Freundin kennengelernt. Als sie davon erzählte, huschte doch tatsächlich so was wie ein Lächeln über ihr perfekt geschminktes Gesicht. Es stand ihr gut, war aber leider viel zu schnell wieder vorbei.
Damals hatte sie sich gerade von ihrem Freund getrennt. Und Herr Herold ebenso. »Ja, ich weiß, was Sie jetzt denken … Ich hab ja gewusst, dass er vorher mit einem Mann zusammen war.

Aber er hat gesagt, er wäre bi. Und als wir dann zusammengekommen sind, hat er immer und immer wieder gesagt, dass ich *die* Frau für ihn bin, die Einzige. Dass er sich überhaupt nicht mehr vorstellen kann, mit einem Mann zusammen zu sein und lauter solche Sachen.« Sie schnaubte wieder verärgert und legte die Stirn in Falten.
Der beruhigende Effekt meiner Kennenlern-Frage verabschiedete sich mit einem Schulterzucken auf Nimmerwiedersehen, und ein verbitterter Zug legte sich um Frau Herolds Mund.
»Mich hat noch nie ein Mann verlassen. Noch nie! Warum auch!« So langsam fielen mir da ein paar Gründe ein, die ich aber für mich behielt. »Und er kommt aus heiterem Himmel daher und steht plötzlich wieder auf Männer!? Der ist doch nicht zurechnungsfähig! Und so was will jetzt meinen Sohn haben! Kommt überhaupt nicht in Frage!«
Ich seufzte innerlich.
»Frau Herold, vielleicht können Sie mir ein wenig über die Beziehung zwischen Jakob und seinem Vater erzählen. Was machen die beiden gern miteinander? Inwieweit hat Herr Herold die Versorgung von Jakob übernommen? Solche Dinge ...«
»Na ja, die Versorgung hat er natürlich übernommen, weil ich kurz nach der Geburt wieder gearbeitet habe. Irgendwo muss das Geld ja herkommen! Von dem, was der verdient, kann man ja keine großen Sprünge machen. Ich hab wieder voll gearbeitet, als Jakob zehn Wochen alt war. Und er war dann eben zu Hause, hat gesagt, er kann ja auch von zu Hause aus arbeiten. Na ja, was er so arbeiten nennt. In erster Linie hat er sich mit Jakob eine nette Zeit gemacht. Manchmal war noch nicht mal eingekauft, wenn ich nach Hause gekommen bin. Der hat sich auf meine Kosten ein nettes Leben gemacht. Gearbeitet hat er kaum. Immer war irgendwas, weshalb er angeblich nicht arbeiten konnte. Mal musste er mit Jakob zum Arzt, dann war irgendeine Veran-

staltung im Kindergarten – es musste ja auch unbedingt eine Elterninitiative sein! Dafür hatte der feine Herr dann Zeit, doch mal ans Geldverdienen denken? Fehlanzeige! Aber von *meinem* Geld sich dann schicke Klamotten kaufen und so. Für seinen neuen Stecher hat er sich schick gemacht! Von meinem Geld! Das ist doch ekelhaft, so was! Das tut man nicht! Der soll sich hier einfach nie wieder blicken lassen! Nie wieder!«
Frau Herold war kaum zu bremsen. Ihre Gedanken kreisten ausschließlich um Herrn Herold und was er für ein unmöglicher Mensch war. Über Jakob hatte ich noch so gut wie nichts erfahren.
»Ich werde Jakob ja noch kennenlernen. Aber könnten Sie ihn einmal beschreiben, damit ich schon ein Bild von ihm habe?«
»Jakob ist klein, blond, hat Sommersprossen und blaue Augen.« Kurze Stille trat ein. Offensichtlich hatte Frau Herold ihren Sohn ihrer Ansicht nach hiermit genug beschrieben. Ich ließ die Pause noch ein bisschen wirken, auch weil ich für die Mutter hoffte, dass da noch was kam. Es kam aber nichts. Also sagte ich in die Stille hinein: »Ah. Und wie ist er so? Was macht er gerne? Wofür interessiert er sich?«
»Na ja, wofür Jungs sich halt so interessieren: Autos, Fußball, so was eben.«
»Und was macht er gerne? Hat er ein Lieblingsspiel?«
Frau Herold seufzte und verdrehte die Augen. So gerne und ausschweifend sie sich über Herrn Herold aufgeregt hatte, so wenig Lust hatte sie nun offenbar, über Jakob zu sprechen.
»Er spielt halt so in seinem Zimmer. Mit Autos. Oder er geht zu einem Freund und spielt mit dem.«
»Was spielt er denn am liebsten mit Ihnen?«
Frau Herold riss die schwarz umrandeten Augen auf.
»Mir mir? Ich hab keine Zeit, mich stundenlang zu ihm ins Kinderzimmer zu hocken. Das will er auch gar nicht. Er ist ja

jetzt auch alt genug. Der spielt alleine oder mit seinen Freunden. Ich bin nicht eine von diesen Helikoptermüttern oder wie die heißen. Ich kann meinem Sohn seinen Freiraum lassen und muss nicht ständig was mit ihm *spielen*!«
Sie sprach das Wort »spielen« aus, als wäre es eine verabscheuungswürdige Methode der Züchtigung. Also für sie, nicht für das Kind.
Ich gab auf und beschloss, dass ich mir ein weitaus besseres Bild machen könnte, wenn ich das Gespräch mit Frau Herold verkürzte und dafür mehr Zeit für die Interaktionsbeobachtung einplante. Danach konnte ich möglicherweise besser mit ihr über Jakob und die familiäre Situation sprechen.
Frau Herold fand die Idee toll, denn sie hatte ja ohnehin keine Zeit und musste schnell zu einem wichtigen Termin.

Die Interaktionsbeobachtung zwischen Frau Herold und Jakob fand am darauffolgenden Samstag statt.
Die Mutter öffnete mir die Tür, nickte kurz und ging dann in die Küche, wo sie für Jakob einen Apfel in Stücke schnitt. Sie erkundigte sich, ob er die »Maus-Schale« oder die »Schwammkopf-Schale« haben wollte. Jakob entschied sich für die Maus samt blauem Elefanten, und Frau Herold befüllte die Schale mit den Apfelstücken. Dann ging sie mit Jakob in sein Kinderzimmer, das hell und geschmackvoll eingerichtet war und genau das richtige Maß an Ordnung hatte, um nicht steril zu wirken. Frau Herold stellte die Apfelschale auf Jakobs Basteltisch, wuschelte ihm durch die blonden Haare und erklärte fröhlich: »So, dann spiel mal schön mit der Tante!«
Sprach es – und verließ den Raum!
Ich ging zunächst davon aus, dass es sich um ein Missverständnis handelte. Obwohl ... ich hatte ihr doch alles Wissenswerte zur Interaktionsbeobachtung erklärt. Ihr musste klar

sein, dass es darum ging, sie und Jakob *zusammen* zu erleben. Das konnte sie nicht vergessen oder falsch verstanden haben. Seltsam ...
Kaum hatte ich zu Ende gedacht, kam sie wieder ins Kinderzimmer geschwebt.
Ah ...Offenbar hatte *ich* etwas missverstanden. Gut. Dann konnte die Interaktionsbeobachtung ja nun beginnen.
Doch was dann folgte, machte mich kurz sprachlos: »Jakob-Schatz, die Mami ist mal kurz weg.« Sagte Frau Herold, drückte ihrem Sohn einen Kuss auf die Wange und verabschiedete sich von mir mit den Worten: »In einer Stunde bin ich zurück.«
Ich schluckte schnell meine Empörung herunter und erklärte geistesgegenwärtig, dass wir dann ja in einer Stunde mit der Interaktionsbeobachtung »zwischen *Ihnen und Jakob*« beginnen würden. Ihr »Jaja« wurde vom Geräusch der zuschlagenden Wohnungstüre verschluckt.
Was war nur mit dieser Frau los? Normalerweise zeigen Eltern im Rahmen der Interaktionsbeobachtungen mit ihren Kindern ein »best of« ihres Erziehungs- und Beziehungsverhaltens. Und das ist auch völlig legitim. Ich sehe dann das, was Eltern leisten können, wenn sie sich bemühen – ob sie es auch tagtäglich tun, ist noch einmal eine andere Sache, um die ich mich dann kümmern muss. Aber dass sich jemand so wenig bemühte und sich der Situation entzog, in dem er einfach »mal kurz weg« war, hatte ich noch nie erlebt.
Davon abgesehen, dass ich es nicht in Ordnung fand, dass sie mich ganz offensichtlich als Babysitter benutzte, hatte mich Jakob noch nie zuvor gesehen. Seine Mutter ließ ihn also mit einer für ihn wildfremden Frau alleine. Das zeugte nicht von besonders viel Feingefühl, auch wenn Jakob in dieser Tatsache kein Problem zu sehen schien.

Als ich ihn anlächelte und mich noch einmal vorstellte, sagte er: »Ich weiß, wer du bist. Du bist eine Freundin vom Richter und sagst dem Papa mal Bescheid.«
Ich fragte noch ein bisschen nach, und so stellte sich heraus, dass Frau Herold ihrem Sohn erklärt hatte, dass da jetzt »die Tante« käme, die eine Freundin vom Richter sei, der wiederum bestimmen werde, dass Jakob bei der Mama wohnen bleiben werde. Und diese Tante werde dem Papa dann mal »ordentlich Bescheid geben« und ihm sagen, dass es »voll blöd« sei, dass er einen Freund habe, und dass er machen müsse, »was die Mama sagt«.
Frau Herold sank in meiner Achtung noch um einige Stockwerke und befand sich nun unter Kellerniveau.

Ihr Sohn Jakob aber war ein erstaunlich offenes und freundliches Kind. Er aß seinen Apfel, während er auf dem Basteltisch saß, mit den Beinen baumelte und fragte: »Stimmt das?«
Selten, wirklich sehr, sehr selten stellen Kinder in diesem Alter in Frage, was ihre Eltern ihnen erzählt haben.
»Was genau meinst du mit ›Stimmt das?‹, Jakob?«
»Na, was die Mama mir gesagt hat. Dass das blöd ist, was der Papa macht, und du ihm ordentlich Bescheid gibst. Und dass ich hier wohnen bleibe und so. Stimmt das?«
Nun wirkte Jakob doch belastet. Er baumelte nicht mehr mit den Beinen und zerdrückte gerade ein Apfelstück, ohne es zu bemerken. Armer Kerl.
Ohne weiter darauf einzugehen, erklärte ich ihm, wer ich war und dass der Richter noch nicht so genau wisse, was das Beste für Jakob sei, und deshalb mich um Rat gefragt habe. Da ich seinen Vater und ja auch ihn, Jakob, noch gar nicht kennen würde, müsste ich das erst herausfinden.
Jakob nickte verständnisvoll. »Ja, du musst mich und den Papa

ja erst mal kennenlernen. Ist ja klar. Und den Jan auch. Der ist Papas Freund, und der wohnt auch oft beim Papa.«
Jakob erzählte, der Papa und der Jan seien ein Paar, und das fänden viele Menschen seltsam, obwohl es das gar nicht sei. »Weil, man kann ja jemanden lieben, egal ob das ein Mann oder eine Frau ist. Der Papa liebt den Jan und der Jan den Papa. Ich find das schön, weil die immer so nett zueinander sind und sich gar nicht streiten. Die lachen auch oft miteinander, und der Jan kann toll mit mir Fußball spielen. Das kann der Papa nämlich jetzt nicht soooo gut.« Jakob lachte. »Der ist sogar letztes Mal über den Ball gefallen. Hat sich nicht weh getan, aber das sah ganz schön lustig aus. Und der Papa hat dann auch selber gelacht.«
Es war wunderschön, diesem kleinen Jungen dabei zuzusehen, wie sein ganzes Gesicht ein einziges Strahlen wurde, wenn er von seinem Vater und den Wochenenden bei ihm sprach. Ebenso entspannt, wie er beim Erzählen wirkte, verlief wohl auch die Zeit beim Vater. Jakob berichtete von langen »Kuschelvorlesestunden« und vom gemeinsamen Besuch im Supermarkt, bei dem er schon »ordentlich mitgeholfen« habe. Er erzählte von gemeinsamem Obstsalatschnibbeln und dass er »schon ganz toll mitgekocht« habe. Der Jan sei auch da gewesen. Das sei »immer schön«. Der habe auch gesagt, er sei schon ein richtiger kleiner Koch. Jakob grinste. »Und dann hat er mir so 'ne Kochmütze gebastelt. Und dem Papa auch.«
Offensichtlicher konnte nicht sein, dass Jakob überhaupt kein Problem mit dem neuen Freund des Vaters hatte.
Ich schlug vor, zusammen ein wenig zu malen, bis seine Mutter wieder da wäre. Dabei könnten wir uns ja weiter unterhalten.
Das war für Jakob in Ordnung.
Er malte ein Haus und erklärte, da würde er dann mit seinem Papa und Jan wohnen. Seine Mutter dürfe auch mit einziehen, aber nur »wenn sie nicht mehr so viel meckert über den Papa«.

Und mehr lachen sollte die Mama und vielleicht auch mal mit ihm spielen. Auf meine Frage, was er denn gerne mit der Mama spielen wolle, antwortete Jakob: »Egal. Irgendwas, das schnell geht. Die Mama hat ja nicht so viel Zeit.«
Dann bat mich Jakob, für ihn ein Haus mit Zimmern zu zeichnen. »So mit hinten offen. Also, so wie ... also, dass man da reingucken kann. Wie ein Puppenhaus so.« Er strahlte, weil ihm dieser gute Vergleich eingefallen war und die Frau Sachverständige verstand, was er wollte.
Ich zeichnete also ein Haus nach Jakobs Anweisungen. Er wollte ein Wohnzimmer, eine Küche, ein Badezimmer, ein Schlafzimmer und ein Kinderzimmer. Dort ließ er dann seinen Vater mit Jan sowie sich selbst einziehen. Er erzählte, dass der Papa ihn morgens »wie früher« wecken und ihm Frühstück machen würde. Dann würden sie zusammen am Tisch in der Küche sitzen und essen. Und am Abend würde der Papa ihm sagen, dass er die Zähne putzen solle, und ihm danach noch was vorlesen oder eine Geschichte erzählen. »Am liebsten mag ich die Geschichte vom kleinen Ritter Jakobius. Der macht immer lustige Sachen oder erlebt Abenteuer, die dann immer gut ausgehen. Den mag ich. Und die Sachen, die denkt sich der Papa immer selber aus. Der Jan hat gesagt, der Papa soll die aufschreiben, weil er die Geschichten auch so schön findet.«
Jakob erzählte weiter von seinem Alltag mit seinem Vater und Jan in dem gezeichneten Haus. Kein einziges Mal erwähnte er seine Mutter.
Als ich nach ihr fragte, stockte er kurz und sagte dann, die Mama könne ja zu Besuch kommen oder er besuche sie ab und zu. »So wie ich jetzt Papa besuche.« Das fände er »irgendwie besser, weil das wär dann so wie früher. Mit dem Papa eben ...«

Als Frau Herold nach anderthalb Stunden wiederkam, begrüßte Jakob sie freundlich und fragte, ob sie jetzt was mit ihm spiele. Frau Herold sah auf die Uhr. »Hm, ja, kurz geht das. Aber dann muss ich noch ein Telefonat führen und Mittagessen machen.«
Jakob strahlte: »Ich kann dir helfen!«
Seine Mutter verzog den Mund zu einem überheblichen Grinsen. »Ja, is klar. Du kannst helfen ... Nee, lass mal.« Dabei sah sie zu mir hinüber, als würde sie annehmen, dass ich das ebenso abwegig fand wie sie.
Herrje, wie konnte sie den kleinen Kerl nur so abblitzen lassen? Immerhin begab sie sich dann tatsächlich mit Jakob ins Kinderzimmer, wo sie auf ihren Pumps leicht verloren herumstand und nicht wusste, was sie tun sollte. War sie überhaupt schon einmal in diesem Zimmer gewesen? Ich hoffte es sehr, aber es wirkte irgendwie nicht so.
Jakob wuselte eifrig zu seiner Kommode und kramte das Obstgarten-Spiel heraus. »Spielen wir das, Mama? Da spielen wir zusammen gegen den Raben.« Frau Herold gab sich so gar keine Mühe, ihre Unlust und ihr Desinteresse zu verbergen. Auf Jakobs, nebenbei bemerkt wirklich hervorragend vorgetragene, Spielerklärung reagierte sie nur mit einem ironischen: »Na, das ist ja spannend.« Danach würfelte sie mit einer Teilnahmslosigkeit, die ihresgleichen suchte.
Jakob tat mir leid. Er bemerkte natürlich, dass seine Mutter keinen Spaß am gemeinsamen Spiel hatte und es ihr vollkommen egal war, ob sie nun gegen den Raben gewinnen würden oder nicht. Trotzdem wollte er diesen seltenen Moment auskosten, und es war dem Kleinen anzusehen, wie er sich bemühte, seine Mutter zu integrieren, sie irgendwie für das Spiel zu begeistern und sie zu animieren, sich zu freuen, wenn sie wieder ein Feld gegen den Raben gutgemacht hatten. Als Jakob seiner Mutter zum wiederholten Mal ganz lieb erklärte, dass

sie jetzt glücklicherweise die Kirschen vom Baum in das Körbchen legen dürfe, musste ich schlucken. Er wollte ihr zeigen, dass sie etwas gut gemacht hatte, dass sie beide am Gewinnen waren, und er wollte sich mit seiner Mutter darüber freuen. Doch das bemerkte Frau Herold nicht einmal. Sie wollte nur, dass diese Zeitverschwendung endlich zu Ende ging.
Nach etwa zwanzig Minuten war das Spiel dann auch tatsächlich beendet. Jakob und seine Mutter hatten gegen den Raben gewonnen, aber das freute nun auch Jakob nicht mehr. Er war immer stiller geworden und hatte am Schluss nur noch sehr leise gesagt: »Wir haben gewonnen, Mama.« Dann räumte er wortlos alles in den dafür vorgesehenen Karton, während seine Mutter mit den Worten »mal eben telefonieren« aus dem Zimmer ging.
Ich spielte mit Jakob ein paar Runden UNO. Als Frau Herold mit ihrem Telefonat fertig war, hörte ich, wie sie in die Küche ging. Ich bat Jakob, schon einmal für die nächste Runde zu mischen, und begab mich zu Frau Herold.
Sie saß am Küchentisch, trank Kaffee und blätterte in einer Zeitschrift. »Ähm, Frau Herold, ich würde Sie gern noch ein wenig in Interaktion mit Ihrem Sohn sehen. Wenn Sie vielleicht noch eine halbe Stunde hätten, um etwas mit Jakob gemeinsam zu machen?« Ich ärgerte mich über meine vorsichtige Ausdrucksweise, aber ich hatte bemerkt, wie wütend ich auf Frau Herold geworden war – und hatte als Sachverständige nun mal neutral zu sein. Und da war es auf jeden Fall besser, etwas zu freundlich zu sein als das Gegenteil.
Frau Herold sah seufzend von ihrer Zeitschrift auf und fragte gereizt, was sie denn meiner Meinung nach mit Jakob machen sollte. »Soll ich jetzt vielleicht noch mal dieses stumpfsinnige Obstdings spielen?«
Das Kinderzimmer war nicht weit von der Küche entfernt, und ich hatte die Türe offen gelassen. Deshalb bat ich Frau

Herold, doch bitte Rücksicht auf Jakob zu nehmen und zumindest leise zu sprechen. Doch das hatte leider einen ganz und gar gegenteiligen Effekt: »Ja, ICH muss jetzt mal wieder Rücksicht nehmen! NA KLAR! ICH mal wieder, wie IMMER!« Frau Herold wurde immer lauter, war von ihrem Stuhl aufgesprungen. »Wissen Sie eigentlich, wie viel ich arbeite? Wissen Sie das? Nein, offensichtlich nicht! Ich werde mich dann ja wohl mal AN EINEM SAMSTAG in Ruhe in die Küche setzen können, ohne dass ich mit diesem kleinen ...« Es ist nicht meine Art, Menschen zu unterbrechen, aber hier erschien es mir dringend notwendig. Ich wollte auf keinen Fall, dass sie ihren Sohn mit irgendwelchen unbedachten Äußerungen verletzte.

»Frau Herold, wissen Sie, ich würde Sie gerne noch länger mit Jakob zusammen sehen. Aber wenn das heute für Sie nicht passt, dann beenden wir den Termin jetzt und vereinbaren einfach in den nächsten Wochen einen Zusatztermin. Sollen wir das so machen?« Das mit dem Zusatztermin fand Frau Herold zwar nicht gut, aber sie war so froh, dass ich jetzt endlich gehen würde und nicht auf weiteren »stumpfsinnigen« Spielen mit Jakob bestand, dass sie zustimmte.

Ich spielte mit Jakob noch eine letzte Partie UNO und verabschiedete mich dann, so höflich mir das möglich war, von Frau Herold. Innerlich bebte ich und brauchte die ganze Rückfahrt, um mich wieder zu beruhigen. Blieb nur zu hoffen, dass Herr Herold tatsächlich so war, wie Jakob ihn beschrieben hatte.

Oberflächlich betrachtet, ging es Jakob gut. Er bekam genug zu essen, trug immer wettergerechte, saubere Kleidung, war gesund und hatte ein schönes, aufgeräumtes Kinderzimmer. Nachdem, was er mir heute erzählt hatte, war erst einmal davon auszugehen, dass er zu seinem Vater ein gutes Verhältnis hatte. Seine Mutter aber war gegenüber ihrem Sohn so gefühlsarm, dass es kaum zu ertragen gewesen war. Ich verstand nicht recht, warum sie ihn überhaupt bei sich haben wollte. Offenbar war ihr das Zusammensein mit ihm lästig, wenn nicht sogar unangenehm. Und sie hatte sich mir gegenüber auch nicht wirklich bemüht, einen guten Eindruck zu machen. Meine Theorie war, dass sie Jakob nicht *wirklich* bei sich haben wollte. Aber ich wollte keine voreiligen Schlüsse ziehen.

Zunächst stand der Termin bei Herrn Herold an.
Er war groß, breitschultrig und sah mit seinem Ernie-und-Bert-Shirt, dem breiten Lächeln und den verwuschelten blonden Haaren aus wie ein zu groß geratener Bruder von Jakob.
Er begrüßte mich, bot mir einen Platz in der Wohnküche an und legte einen dicken Ordner auf den Tisch. Dann sprudelte es nur so aus ihm heraus: »Also, ich habe alles ausgedruckt, was ich zu homosexuellen Eltern gefunden habe. Es gibt nirgendwo Hinweise darauf, dass die schlechter sind als Hetero-Eltern. Keinen einzigen. Egal, ob die Kinder Jungs oder Mädchen sind oder so. Das muss man doch auch sehen. Dass es keinen Beweis gibt, dass Homosexualität einen Einfluss auf die Erziehungsfähigkeit hat.« Herr Herold sah mich ernst an. »Ich möchte die gleichen Chancen haben wie andere Väter auch, und wenn Sie das einmal querlesen, dann werden Sie feststellen, dass das Vorurteile sind, die nicht den Tatsachen entsprechen, also bitte ich Sie, das so professionell und so unvoreingenommen wie möglich ...«
Ich lächelte und hob die Hand. Der Mann verstummte und sah mich an. »Herr Herold, die sexuelle Ausrichtung von Eltern ist mir wirklich vollkommen egal. Es geht mir einzig und allein um Ihre Qualitäten als Eltern.«
Er sah mich zweifelnd an. »Und es ist Ihnen auch egal, dass Jakob ein Junge ist?« Ich nickte. »Ja, das ist es. Ich sehe wirk-

lich keinerlei Veranlassung, Ihre Homosexualität als Defizit Ihrer Erziehungseignung anzusehen. Wirklich nicht.« – »Nein?« Herr Herold konnte es wohl nicht so recht glauben. – »Nein, wirklich nicht. Für mich sind Sie erst einmal ein Vater wie jeder andere auch. Ob Sie davon abgesehen erziehungsfähig sind oder nicht, gilt es herauszufinden.«
Herr Herold sah zu Boden und schien sich unwohl zu fühlen.
»Dann kommen Ihnen der Ordner und meine Nachfragen wahrscheinlich ziemlich blöd vor, oder? Ich wollte Sie auch nicht ... Also, ich wollte Sie nicht vorverurteilen, aber ... nun ja, Ihre Kollegen vom Jugendamt ...« Ich konnte ein Seufzen nicht verbergen. »Sie meinen wohl eher ›Kollege‹? Ich kann Ihnen versichern, Herr Herold, dass der Herr Schäfer und ich in dieser Sache geteilter Meinung sind. Letztlich gilt vor Gericht mein Gutachten und nicht die private und nebenbei bemerkt zweifelhafte Meinung von Herrn Schäfer.«

Herr Herold erwies sich als strukturierter und angenehmer Gesprächspartner. Er beantwortete alle Fragen ausführlich, verlor nie den roten Faden und war trotz der schwierigen Situation frei von Groll gegen seine Ex-Frau. Im Gegenteil, er machte sich Vorwürfe und gab sich die Schuld für ihr Verhalten. »Ach, das ist alles gar nicht gut gelaufen. Also, unsere Ehe und die Trennung ... Ich hab mich da sicher auch nicht immer richtig verhalten. Ich hätte an ihr Ego denken sollen und irgendwie vorsichtiger sein bei der Trennung. Ich hätte das mit Jan nicht gleich erzählen sollen. Aber ich wollte auch nicht ... ich kann nicht lügen. Und ich mag das auch nicht. Und da hab ich ihr gesagt, wie es ist ...«
Herr Herold war tatsächlich zu Anfang sehr verliebt in Frau Herold gewesen. Sie war tatkräftig, sie wusste, was sie wollte, und es hatte ihm imponiert, dass sie so zielstrebig und erfolgreich war.

Er hatte um ihre Hand angehalten und sich gefreut, als sie bald nach der Hochzeit schwanger geworden war. Als freischaffender Autor war es für ihn keine Frage gewesen, dass er in den ersten Jahren zu Hause bei Jakob bleiben würde, während seine Frau so schnell wie möglich wieder in ihren Job in der Unternehmensberatung zurückkehren wollte. Er habe die Zeit mit Jakob sehr genossen und sich darüber gefreut, ihm so nah sein zu können und so viel von seiner Entwicklung mitzuerleben. Seine Frau habe ihm irgendwie leidgetan, weil sie unter der Woche oft überhaupt nichts von Jakob gehabt habe. »Der hat oft schon geschlafen, wenn sie von der Arbeit gekommen ist und ist dann gerade erst aufgewacht, wenn sie gedanklich schon beim ersten Termin war. Und das hat ihr und Jakob irgendwie nicht gut getan.«

Herr Herold sah zu Boden, als er sich erinnerte: »Wissen Sie, im ersten Jahr habe ich gedacht, vielleicht ist sie eben eine von diesen Frauen, die mit Babys nichts anzufangen wissen. Das gibt es bei Männern ja auch manchmal. Also, dass sie sich erst so richtig als Vater fühlen, wenn die Kinder sprechen können und man auch mit ihnen spielen kann. Also, so richtig spielen. Ich weiß auch nicht genau. Ich kann das ja nicht so nachvollziehen, weil ich finde, dass man sich genauso wundervoll mit einem Baby beschäftigen kann wie mit einem Kleinkind oder einem Schulkind, aber ich hab das auch von Bekannten öfter mal gehört, dass es dieses Phänomen gibt.«

Er sah mich fragend an und ich nickte. Selbstverständlich gibt es das. Und es ist gar nicht mal so selten. Viele Mütter stürzen sich in heftigste Selbstzweifel, weil sie in sich nach diesem Gefühl suchen, von dem ihnen jedes Buch, jeder Film und jede Elternzeitschrift erzählt. Und manchmal ist da eben weniger, als man hofft, oder eben auch erschreckend wenig. Nur selten bleibt dieses Desinteresse auch bestehen – und falls das geschieht, ist der Weg zu einem Therapeuten sicherlich eine gute

Maßnahme. In den meisten Fällen handelt es sich aber um Phasen, die vorübergehen, und genau das hatte auch Herr Herold gehofft:
»Und da hab ich mich dann damit getröstet, dass sie sicher nach einiger Zeit so richtiges Interesse an ihm haben würde. Als Jakob größer wurde, ging es auch erst einmal besser. Sie hat dann schon auch mal was mit ihm gemacht und so. Aber das war immer alles schwankend bei ihr. Wie ihre Laune … Wenn sie gute Tage hatte, dann hat sie mit Jakob gelacht und ihn stundenlang durch die Wohnung getragen, wenn er geweint hat und nicht schlafen konnte. Aber dann gab es wieder Tage, an denen war sie richtig ekelhaft. Zu mir und zu ihm auch. Zu allen. Sie hat ihre Mutter angefaucht, wenn die angerufen hat. Sie hat mir wegen allem Möglichen Vorwürfe gemacht und sogar plötzlich geschaut, ob auf dem Kleiderschrank Staub liegt, und mich dann vor dem Kleinen zusammengestaucht, wenn das so war. Als wäre ich ein Dienstbote. Und auch die sollte man so nicht behandeln. Es war furchtbar! Sie war dann oft ungeduldig mit Jakob. Und lieblos. Und dann plötzlich wieder ganz anders. Dieses Hin und Her hat mich zermürbt. Man wusste nie, wie sie reagieren würde. Wir haben vor der Trennung schon bestimmt zwei Jahre nur noch nebeneinander her gelebt. Ich hab oft im Kinderzimmer auf dem Sofa geschlafen, damit sie gar nicht erst wach wird, wenn Jakob nachts mal weint, und ich ihn gleich beruhigen kann. Denn dazu war sie nicht in der Lage. Sie war immer viel zu genervt von der Tatsache, dass Jakob sie mal wieder geweckt hatte. Ehrlich gesagt, wollte ich auch nicht mehr neben ihr liegen. Sie war mir so fremd geworden. Und ich war oft genervt von ihr.«
Herr Herold sah mich beschämt an. »Ich habe mich am Ende sogar dabei ertappt, dass mich ihr Atmen genervt hat. Dieses scharfe Einatmen, wenn sie so … hffhffhfff …« Und als er vor-

machte, wie seine Ex-Frau in mehreren Stufen die Luft durch die Nase einzog und diese dabei hoch in die Luft reckte, um sich direkt danach abzuwenden, musste ich gegen meinen Willen lachen. Es war mir zwar bei der Interaktionsbeobachtung nicht bewusst aufgefallen, aber jetzt, wo Herr Herold es vorgemacht hatte, war mir urplötzlich klar, wie perfekt er seine Ex-Frau damit imitierte. Wir murmelten beide etwas von »Entschuldigung« – er wegen der Parodie und ich, weil ich darüber auch noch gelacht hatte. Dann verdrehte Herr Herold die Augen und seufzte. »Ich war einfach total genervt von ihr, egal was sie gemacht hat. Und sie war ständig gereizt und gestresst. Jakob wurde immer quengeliger und hatte richtige Wutanfälle. Wir wurden zu einer absoluten Horrorfamilie.«

Nun hatte Herr Herold im Gegensatz zu mir noch keine »richtige Horrorfamilie« kennengelernt, aber ich verstand natürlich sehr gut, was er damit meinte.

In dieser Zeit hatte Herr Herold dann seinen jetzigen Lebensgefährten Jan kennengelernt. »Natürlich war es leicht, sich in jemand anderen zu verlieben. Es war ja alles besser als das, was meine Frau und ich hatten. Aber die Verliebtheit blieb beziehungsweise es wurde mehr daraus. Und da musste ich dann etwas tun.«

Herr Herold erzählte, dass er seiner Frau eines Abends alles erzählt hatte. Wie er sich von ihr entfernt hatte, wie unglücklich und genervt er gewesen war und dass er sich neu verliebt hatte. »Sie war ja auch nicht mehr glücklich mit mir. Das weiß ich. Aber trotzdem war ich derjenige, der es ausgesprochen und der dann auch noch jemand anderen gefunden hat. Das hat sie mir bis heute nicht verziehen.« Er schüttelte traurig den Kopf. »Ich hätte irgendwie ahnen müssen, dass sie überreagiert – oder eben so reagiert, wie sie es getan hat. Das ist ja Ansichtssache, ob man das nun als Überreaktion bezeichnen

will oder nicht. Ach, aber ... ich hätte ... vorher mehr nachdenken sollen. Und das wiederum verzeihe ich mir nicht.« Herr Herold stützte den Kopf in die Hände. »Es ist meine Schuld, dass sie jetzt so zu Jakob ist. Wenn sie gestresst ist, dann wird sie einfach nur furchtbar. Wenn alles läuft, wie sie will, dann kann sie auch richtig nett sein oder sich zumindest zusammenreißen und so tun, als würde es ihr Spaß machen, mit Jakob zu spielen. Aber jetzt ist sie wohl ständig nur genervt von ihm. Ich versteh das gar nicht. Er ist so ein liebes, freundliches und aufgewecktes Kind.«
Das konnte ich bestätigen. Jakob war alles das und noch dazu sehr tapfer.
Er stockte. »Ich vermisse ihn so furchtbar«, sagte er schließlich mehr zu sich als zu mir. »Und wenn es Jakob nur ansatzweise so geht wie mir, ist das die Hölle für ihn.«

Es war tatsächlich davon auszugehen, dass es Jakob nicht besonders gut ging. Nachdem ich gesehen hatte, wie sich Frau Herold ihm gegenüber in meiner Gegenwart verhielt, konnte ich mir vorstellen, wie es wohl war, wenn sie mit Jakob alleine war. Beide Elternteile beschrieben übereinstimmend, dass es Herr Herold gewesen war, der sich von Anfang an hauptsächlich um Jakob gekümmert hatte. Es war also davon auszugehen, dass der Vater auch die Hauptbezugsperson für Jakob war – und Jakob ihn entsprechend vermisste.
Die Interaktionsbeobachtung zwischen Jakob und Herrn Herold bestätigte dies. Oft sind diese Termine für mich schwierig, weil ich ja, wie der Name schon sagt, beobachten muss und deshalb in der Regel, solange keine Gefahr in Verzug ist, nicht eingreifen darf. Das ist manchmal nervenzerfetzend bis traurig, häufig schlichtweg unerfreulich und selten auch mal einfach langweilig. Es gibt aber auch die Interaktionen zwischen El-

tern und Kindern, die ich jetzt mal ganz unprofessionell als wunderbar bezeichnen möchte. Natürlich muss ich dennoch begutachten und mir Notizen machen, aber daneben gestatte ich mir, es zu genießen und mich daran zu erfreuen, wenn Eltern und Kinder gut harmonieren, die Eltern erziehungskompetent und fürsorglich sind und die Kinder entspannt und zufrieden. Mein Job ist häufig anstrengend und unerfreulich. Umso mehr freue ich mich darüber, wenn ich Zeuge einer innigen Verbindung zwischen Eltern und Kind werden darf, wenn man diese unerschütterliche Liebe spürt. Das entschädigt mich für vieles.

So war es dann auch, als ich Jakob mit seinem Vater zusammen sah. Es war eine Interaktion wie aus dem Lehrbuch. Nein, besser noch. Denn kein Lehrbuch der Welt könnte diese Fürsorge, Harmonie und Liebe beschreiben.
Einfach wundervoll.

Als Nächstes hatte ich einen Termin mit Jakob. Und damit der Junge nicht zu häufig zu Terminen irgendwo hinkommen musste, hatte ich mich mit dem Verfahrensbeistand Herrn Birkmann abgesprochen. Er würde gegen Ende zu meinem Gespräch mit Jakob dazukommen und dann selbst noch kurz mit ihm sprechen.
Jakob wurde von einer Freundin seiner Mutter zur Praxis gebracht. Er verabschiedete sich fröhlich von ihr und fragte mich, ob der Papa oder der Jan denn bei mir wären. Als ich verneinte, zeigte er sich zwar kurz enttäuscht, fing sich aber schnell wieder und erzählte, dass es »nur noch drei Mal schlafen« dauern würde, bis er wieder ein Papa-Wochenende habe.
»Der Papa« war für Jakob stets präsent, und nach diesem Termin mit ihm hatte ich keinen Zweifel mehr, dass Herr Herold

auch weiterhin die Hauptbezugsperson für Jakob bleiben sollte.
Als ich Jakob gefragt hatte, was er sich denn von einer Fee wünschen würde, wenn er drei Wünsche frei hätte, antwortete Jakob »den Papa!« und präzisierte: »Beim Papa sein. Immer. Also mit dem Papa wohnen. Und bei ihm sein.« Als ich ihn nach den verbleibenden zwei Wünschen fragte, runzelte Jakob die Stirn und dachte angestrengt nach. »Nix«, sagte er schließlich – und schien darüber selbst erstaunt.
»Jakob, die Fee würde dir aber doch gerne drei Wünsche erfüllen. Überleg noch mal. Fallen dir vielleicht doch noch zwei ein?« Jakob sah angestrengt vor sich hin und hielt die Luft an. Dann atmete er laut aus und sah mich triumphierend an. »Ich wünsch mir noch, dass die Mama ganz viel lacht. Und ein Eis.« Na, wenn das mal nicht drei tolle Wünsche waren!

Nachdem die Freundin der Mutter Jakob wieder abgeholt hatte, winkte mich Herr Birkmann in sein Büro und hielt mir verschiedene Teesorten vor die Nase. »Was hätten Sie gern? Was zur Entspannung? Oder etwas Belebendes? Dann hätte ich noch Erkältungstee, Herzkreislauftee, Abnehmtee … Also, nicht, dass Sie den … äh …« Herr Birkmann sah mich in so komischer Verzweiflung an, dass ich lachen musste. »Ich nehm was zur Entspannung, bitte.«
Und während Herr Birkmann den Tee zubereitete, erzählte ich von Jakob, seinem Vater und den merkwürdigen Terminen bei der Mutter. Herr Birkmann zündete ein Stövchen sowie zwei Teelichte an und stellte den Tee auf den Tisch.
»Wenn wir ehrlich sind, dann ist das hier ein total eindeutiger Fall. Der Junge gehört zum Vater. Was denn sonst? Und wir überlegen jetzt nur noch, was wir tun können, um etwaige Homo-Bedenken schon im Vorfeld aus dem Weg zu räumen.«

Verdammt, er hatte recht. »Das heißt, noch nicht mal *wir* können ihn wie einen ›normalen‹ Vater behandeln. Das ist echt traurig …«
»Ja, das ist es«, bestätigte Herr Birkmann. »Aber nicht, weil wir uns Gedanken machen, sondern weil wir sie uns wahrscheinlich zu recht machen. Den Schneider vom Jugendamt können wir jetzt mal außer Acht lassen. Den nimmt keiner mehr ernst. Aber was ist, wenn der Fall ans Oberlandesgericht geht und da irgendwelche schwulenfeindlichen Richter rumsitzen? Es ist schon richtig, wenn wir uns gleich darauf einstellen und die Bedenken dieser Menschen nicht ignorieren. Auch, wenn die antiquiert und dämlich sind. Oder gerade deswegen.«
Auch hier musste ich Herrn Birkmann zustimmen. Wenn ich in meinem Gutachten ignorieren würde, dass Herr Herold homosexuell war, weil ich der Ansicht war, dass es nichts mit seinen Qualitäten als Vater zu tun hatte, dann könnte das in dem von Herrn Birkmann beschriebenen Szenario tatsächlich problematisch werden.
Ich seufzte und rührte so missmutig in meinem Entspannungstee, dass er über den Tassenrand schwappte. Herr Birkmann schmunzelte: »Lassen Sie noch was drin, sonst wirkt der Tee nicht.«
Ich lächelte. Es tat gut, mit ihm hier zu sitzen.
Und ich muss zugeben, als Sachverständige fühlt man sich doch gelegentlich etwas einsam. Es gibt ja nicht immer Verfahrensbeistände – und es sind auch nicht alle dazu bereit, eng mit den Sachverständigen zusammenzuarbeiten. Manchmal ist sogar das Gegenteil der Fall. Auch die Zusammenarbeit mit den Jugendamtsmitarbeitern oder – falls vorhanden – Familienhilfen ist nicht immer möglich oder gewünscht. Das ist vom Fall beziehungsweise den entsprechenden Mitarbeitern abhängig.

Auch das Gegenteil ist möglich: Manchmal geraten die anderen Fachleute an Sachverständige, die eher nicht mit ihnen zusammenarbeiten wollen.

Mir persönlich liegt Einzelkämpfertum ganz und gar nicht, und auch die Kollegen in meinem Umfeld sind da ähnlich gepolt. Ich bin ein Teamplayer – und fühle mich deutlich wohler, wenn ich mit anderen zusammenarbeite. Ich mag Menschen. Und ich lasse mir gerne andere Blickwinkel erklären. Ich sehe anderen gern bei der Arbeit zu, weil ich immer noch etwas lernen kann. Mit anderen Fachleuten gemeinsam einen Fall zu bearbeiten hat für mich immer etwas für sich. Ich kann die eigene Sichtweise korrigieren, oder aber – und das ist mir am liebsten – ich kann mich bestätigt und unterstützt fühlen, weil andere Fachleute meine Sicht der Dinge und meine Empfehlungen teilen.

Mit Herrn Birkmann konnte ich darüber hinaus wunderbar Tee trinken, mal ganz unprofessionell darüber schwärmen, wie schön die Vater-Sohn-Interaktion war, nebenbei noch über Literatur diskutieren und, wie jedes Mal, wenn wir uns trafen, die neuesten Geschichten über unsere Hunde austauschen.

Am nächsten Tag rief ich Frau Herold an und teilte ihr mit, dass ich keine weitere Interaktionsbeobachtung, sondern nur noch ein Gespräch mit ihr benötigen würde. Darüber war sie hocherfreut. Hatte dann doch endlich »dieser Zeitfresser Begutachtung« (O-Ton Frau Herold) ein Ende.

Auch wenn ich einen Gutachtenauftrag nicht mit einer Einigung abschließen kann, führe ich in der Regel ein Abschlussgespräch mit den Eltern. Zum einen kann dies dazu führen, dass ein Elternteil meine Empfehlung nachvollziehen kann, auch wenn es nicht das ist, was sich derjenige gewünscht hätte, und

dann doch noch dieser Empfehlung zustimmt – und das ist immer die angenehmere Lösung als ein Gerichtsbeschluss. Zum anderen finde ich es einfach nur fair den Menschen gegenüber, die meiner Ansicht nach ein Recht darauf haben, dass ich ihnen persönlich erkläre, was ich dem Gericht empfehlen werde und warum.
Als ich tags darauf zum dritten Mal bei Frau Herold in der Küche stand, hatte ich vorab eine Frage. »Warum wollen Sie unbedingt, dass Jakob bei Ihnen lebt?«
Sie reagierte, wie ich es erwartet hatte. Nämlich mit einer Begründung, in der es wieder einmal nur um Ihren Ex-Mann, nicht aber um Jakob ging. »Er soll ihn nicht bekommen! Er hat mich einfach ausgetauscht gegen einen *Mann!* Wie steh ich denn jetzt da? Können Sie sich eigentlich vorstellen, was die Leute sagen? Haben Sie eine Ahnung, wie sich das anfühlt? *Ich* bin diejenige, die Männern den Laufpass gibt, und sicher nicht umgekehrt! Aber er soll jetzt auch leiden! Seinen ›ach so geliebten Sohn‹ bekommt er nicht! Das kann er so was von vergessen, dieser Homo mit seinem …«
Nun musste ich sie unterbrechen. Ich wollte das einfach nicht mehr hören, und es führte auch zu nichts.
»Frau Herold! Das habe ich nicht gefragt! Ich habe Sie gefragt, warum Sie wollen, dass Jakob bei Ihnen lebt. Nicht, wie Sie Herrn Herold bestrafen wollen und warum.«
Frau Herold schwieg, und ihr Gesicht war undurchdringlich.
Also sprach ich weiter: »Und was ist mit Ihnen? Ich sehe, dass es Ihnen nicht gut geht. Und natürlich ist das alles sehr stressig. Sie wollen Ihren Job ja wahrscheinlich nicht aufgeben …«
Frau Herold unterbrach mich schnaubend: »So weit kommt's noch! Dass er mir auch noch das Letzte nimmt, was ich liebe! Meinen Job werde ich niemals aufgeben. Auf gar keinen Fall!«
»Frau Herold, Sie sollen doch Ihren Job gar nicht aufgeben. Es

geht darum, was das Beste für *Jakob* ist. Und damit auch für Sie. Denn wenn es Ihnen nicht gut geht und Sie vor lauter Stress gar keine rechte Freude mehr im Zusammensein mit Ihrem Sohn empfinden können und kurz davor sind zusammenzuklappen, dann ist das auch nicht gut für Ihren Sohn.«
Ich wartete einen Moment, um Frau Herold Gelegenheit zu einer Reaktion zu geben. Diese kam nicht, also sprach ich weiter. »Wie könnten wir es denn schaffen, dass es Jakob *und* Ihnen gut geht? Wenn Sie sich ganz auf Ihre Arbeit konzentrieren könnten und am Abend auch mal Zeit für sich hätten und sich richtig erholen könnten ... Das wäre doch sicher hilfreich. Und wenn Jakob dann am Wochenende bei Ihnen wäre, könnten Sie ...«
Frau Herold sprang auf, so dass ihr Stuhl polternd umfiel. Sie schlug mit beiden Händen auf die Tischplatte und sah mich so hasserfüllt an, dass ich Mühe hatte, nicht unwillkürlich zurückzuweichen. »Sie ... Sie haben sich doch nur von seinem Charme einwickeln lassen! Haha, das hat er mit mir am Anfang auch gemacht, aber glauben Sie mir, der hat nur Männer im Kopf! Schon immer gehabt! Der ist echt das Allerletzte, der Typ! Das Allerletzte, das sag ich Ihnen! Fallen Sie nicht rein auf den!« Was nun folgte, lässt sich am besten beschreiben als eine Art »Cartoon-Wutanfall«. Ich war unendlich froh, dass Jakob im Kindergarten war, denn wenn er seine Mutter so gesehen hätte, wäre er vermutlich einfach davongerannt. Es blieb nur zu hoffen, dass sie in seinem Beisein noch nie so durchgedreht war, denn ihre Reaktion war sogar für mich etwas verstörend. Frau Herold kreischte, schlug dabei immer und immer wieder mit den Fäusten auf die Tischplatte, schimpfte lautstark, und dabei überschlug sich ihre Stimme so sehr, dass ich kaum etwas verstand bis auf die Worte »Scheißkerl«, »Scheißsachverständige mit ihrem scheiß...« und irgendwer oder -was,

der oder das »beschissenste Scheißallerletzte« war. Ich hatte so eine Ahnung, dass damit wohl entweder ihr Ex oder ich oder die Gesamtsituation gemeint war.

Beim Schreiben des Buches fiel mir auf, wie häufig Menschen in meiner Gegenwart mit Ihren Händen auf den Tisch hauen und vom Stuhl aufspringen. Vielleicht sollte ich mehr Begutachtungstermine auf Parkbänken oder Waldspaziergängen stattfinden lassen. Obwohl man natürlich auch dort auf irgendwas draufhauen oder gegen etwas treten kann. Schlimmstenfalls gegen mich. Ich werde dieses Konzept einmal überdenken. Viele meiner Kollegen kennen ebenfalls das Phänomen des Auf-den-Tisch-Hauens. Aber davon abgesehen, dass man sich bei den ersten Malen doch ein wenig erschreckt, ist die dahinterstehende Wut dieser Menschen tatsächlich meist ein gutes Zeichen. Nämlich dafür, dass sich etwas bewegt und ändert. Eben wie das sprichwörtliche Gewitter, nach dem die Luft wieder »sauber« ist.

So ein Herumgekreische raubt Energie, und es war zu erwarten, dass auch Frau Herold bald eine Pause brauchen würde. Ich wartete geduldig, bis sie schließlich verstummte, schnaufend ihren Stuhl wieder aufstellte und sich auf ihn fallen ließ. Ich hoffte, dass sie genug Dampf abgelassen hatte, um mir zuzuhören.
»Ich verstehe, dass Sie verletzt sind«, sagte ich, wohl wissend, dass das aus dem Mund einer Psychologin ziemlich klischeehaft klang, aber das war mir in dem Moment egal. Ich verstand nämlich tatsächlich, dass sie verletzt und wütend war. Und ich hatte die Hoffnung, dass es auch so bei ihr ankommen würde. Ich fuhr fort: »Es ist Ihr gutes Recht, verletzt zu sein. Sie befinden sich in der Tat in einer Ausnahmesituation durch diese Trennung und dadurch, dass Sie sich durch den neuen Partner

ersetzt fühlen. Als wäre es nichts wert gewesen, was Ihr Mann mit Ihnen gehabt hat, was er Ihnen gesagt oder versprochen hat. Das alles verunsichert und tut weh. Und diese Gefühle zu haben ist schon anstrengend genug. Aber Sie haben ja auch noch Ihren Job und müssen sich zu alldem um Jakob kümmern. Das ist schon sehr viel, was Sie gerade leisten müssen.«

Sosehr ich mich über Frau Herold geärgert hatte und so furchtbar ich es fand, wie sie sich Jakob gegenüber verhalten hatte – ich empfand eben doch auch Mitgefühl für sie. Wenn man den Tunnelblick auf sie lenkte, dann konnte sie einem einfach nur leidtun. Sie war verletzt, durcheinander und überfordert. Ihr Verhalten war natürlich nicht in Ordnung. Aber ihre Gefühle waren echt – und deshalb tat sie mir leid.
Und als hätte die Welle an Mitgefühl und Empathie Frau Herolds Schutzwall eingerissen, traten ihr plötzlich Tränen in die Augen, und sie sank in sich zusammen. Sie versuchte noch eine Weile, sich zu beherrschen, und hielt ihre Augen weit geöffnet, als könnte sie damit verhindern, dass womöglich eine Träne rollte. Doch wer schon einmal weinen musste und dachte, er könne die Tränen aufhalten, indem er einfach nicht blinzelt, der weiß, dass das nur eine kleine Weile funktioniert. Irgendwann laufen die Augen quasi über.
Jakobs Mutter schlug die Hände vors Gesicht, und ich verstand wieder kaum ein Wort.
»Mir ist das alles zu viel. Und das tut alles so weh. Und ich will ihn einfach gar nicht mehr sehen, und ich hab das Gefühl ... Ich fühl mich so mies behandelt, und das nur weil der ... weil der ... dieser ... ach, ich weiß auch nicht.«
Sie wischte sich mit dem Ärmel ihrer Bluse übers Gesicht.
»Was soll ich denn jetzt machen?« Frau Herold schluchzte laut auf und vergrub ihr Gesicht abermals in ihren Händen. Wenige

Sekunden später blickte sie auf, schnaufte ihr dreifaches Schnaufen, das Herr Herold so perfekt nachgemacht hatte, und stand dann überraschend ruckartig auf. »Ich hasse es, vor anderen Menschen zu weinen. Bin gleich wieder da.«
Wenig später kam sie zurück und war wieder wie aus dem Ei gepellt. Zu gerne hätte ich sie gefragt, wie zur Hölle sie das in der kurzen Zeit bitte angestellt hatte. Wenn ich geweint habe, blinzle ich noch eine Stunde später durch verquollene Augen über eine rote Nase auf mein Gegenüber. Egal, was ich tue. Aber das war nun wirklich nicht der Moment für den Austausch von Schminktipps.
Frau Herold hatte sich wieder gesetzt und blickte mich durchdringend an. Ich hielt dem Blick stand. Was sonst hätte ich tun sollen? Anscheinend wollte sie irgendetwas loswerden, also wartete ich darauf.

Frau Herold atmete noch einmal einen Dreifachen durch die Nase, danach sagte sie: »Sie wollen mir sagen, dass Jakob zu ihm ziehen soll, richtig?«
Ich nickte. »Ja, Frau Herold, ich werde dem Gericht empfehlen, dass Jakob langfristig bei seinem Vater leben soll. Ich bin überzeugt, dass das für alle die beste Lösung ist.«
Frau Herold atmete tief durch. Dann nickte sie, klatschte beide Hände auf die Tischplatte und stand wieder auf. »Wenn Sie das so sagen, dann ist das eben so. Sparen wir uns Zeit, Geld und Nerven und Sie sich dieses Gutachten, oder? Wann können wir den Umzug durchziehen? Ich würde das gern so schnell wie möglich regeln.«

Auf eine seltsame Art war sie wirklich eine erstaunliche Frau. Und ihr Vorschlag war auch ganz in meinem Sinne. Selbstverständlich ist es immer und für alle Beteiligten das Beste, wenn

ein Gutachtenauftrag mit einer gemeinsam gefundenen Lösung statt mit einem Gutachten samt Gerichtsbeschluss endet.
Nur zwei Wochen später zog Jakob bei seinem Vater ein.

Das letzte Mal habe ich über Herrn Birkmann von der Familie gehört. Er versicherte mir freudig, dass alles in bester Ordnung sei. Die Situation zwischen Herrn und Frau Herold hatte sich ein wenig entspannt, und er habe die berechtigte Hoffnung, dass es irgendwann in nicht allzu ferner Zukunft gar kein Problem mehr zwischen den beiden geben werde. Die Umgangskontakte zwischen Jakob und seiner Mutter liefen gut, wenn Frau Herold auch hin und wieder einen Termin aus »beruflichen Gründen« absagte. Die Zeit mit Jakob nutzte sie aber mittlerweile tatsächlich, um sich mit ihrem Sohn zu beschäftigen. Gemeinsame Spiele fand sie wohl noch immer eher langweilig, aber sie hatte mit Herrn Birkmanns Unterstützung herausgefunden, dass Jakob und sie ganz wunderbar gemeinsam basteln und malen konnten.
Herr Herold und sein Partner waren nach wie vor ein glückliches Paar, und Jakob hatte auch in der Schule keine Probleme mit seinen »zwei Vätern«. Das erleichterte mich sehr, denn es hätte ja auch sein können, dass Lehrer oder Mitschüler mit dieser Konstellation nicht gut umgingen und Jakob benachteiligt, gehänselt oder ausgegrenzt würde. Nichts dergleichen war eingetreten. Wie schön!

Homosexualität ist ebenso wenig wie Heterosexualität ein Grund für oder gegen Erziehungsfähigkeit. Das Einzige, was zählt, ist der Mensch. Und dieser Mensch namens Stefan Herold ist für seinen Sohn Jakob ein ganz und gar fantastischer Vater.

Sandro ist weg

Kinder sind in Verfahren des Familiengerichts immer die Hauptpersonen – oder sollten es zumindest sein. In Anbetracht des oft massiven Streitpotenzials der Erwachsenen wird das aber leider manchmal in den Hintergrund gedrängt oder gar vergessen. Dann besteht die wichtigste Aufgabe der Sachverständigen zunächst einmal darin, den Blick der Erwachsenen dafür zu schärfen.
Manchmal übernehmen Kinder das aber auch selbst.
So wie beispielsweise der elfjährige Sandro. Seine Eltern stritten um das Sorgerecht, den Umgang und zusätzlich auch um Geld, Möbel, Geschirr sowie darum, wer wann zu wem was warum gesagt hatte oder auch nicht.
Kurzum, es tobte ein sehr unangenehmer Scheidungskrieg, bei dem weder Vater noch Mutter ausreichend auf die Bedürfnisse ihres Sohnes achteten. Sandro hatte das alles satt und fragte mich gleich bei unserem ersten Termin, was er denn machen könne, damit seine Eltern »mit dem ganzen Scheiß« aufhören.
Mir war wichtig, dass er neben der emotionalen Belastung durch die Konflikte der Eltern nicht auch noch gestresst wurde durch das Gefühl, etwas tun zu müssen, damit die Eltern ihren Rosenkrieg beendeten. Also erklärte ich ihm, dass die Erwachsenen ihre Probleme alleine lösen müssten und sicher auch könnten. »Das ist nicht deine Aufgabe, sondern die der Erwachsenen.«
Sandro sah mich mit gerunzelter Stirn an. »Ja, schon. Aber wenn die das eben nicht alleine hinkriegen? Das sieht nämlich echt ganz so aus ...«

Da hatte er leider recht. Seine Eltern hatten sich dermaßen in gegenseitige Anschuldigungen verrannt, dass sie keinen Weg mehr herausfanden.

»Weißt du, wenn deine Eltern das nicht hinkriegen, dann sind genug andere Erwachsene da, die sich darum kümmern, dass alles bald besser wird. Das Jugendamt ist da, die Anwälte, dein Verfahrensbeistand, die Richterin, ich ... Da sind viele Fachleute, die deinen Eltern helfen werden.«

Ihm war anzusehen, dass er sich nicht vorstellen konnte, wie diese Fachleute seine Eltern zur Vernunft bringen sollten.

Also nahm er die Sache tatsächlich selbst in die Hand!

Ich schildere nun die Geschehnisse so, wie sie sich laut Sandro und allen Beteiligten in den folgenden Tagen zugetragen hatten.

Sandro erzählte seinen Eltern, er wolle bei einem Freund schlafen, hinterließ aber eine Nachricht, in der stand: »Liebe Mama, lieber Papa, ich bin weggelaufen, weil ich euren Streit nicht mehr ertrage. Ich sag euch nicht, wo ich bin, und ich komme erst zurück, wenn ihr euch wieder eingekriegt habt und normal miteinander redet. Wenn ihr wieder vernünftig seid, werft bei Schmidt nebenan einen Brief an mich ein. Der Sebi weiß, wo er mir den hinbringen soll. Aber er wird nix verraten, weil er mir das geschworen hat. Und weil er euch durch die Wand immer rumbrüllen hört und auch will, dass das endlich aufhört. Ihr müsst ja gar nicht wieder zusammen sein. Ihr sollt nur aufhören, so schlimm zu streiten. Dann komme ich wieder heim. Vorher nicht. Ich hab euch trotzdem lieb. Euer Sandro«

Natürlich warfen sich seine Eltern erst einmal gegenseitig vor, für sein Weglaufen verantwortlich zu sein. Aber als Sandro weder in dieser noch in der nächsten Nacht auffindbar war und auch sein Freund Sebi von nebenan absolut dichthielt, setzte bei beiden allmählich wieder das Hirn und vor allem das elterliche Gefühl für ihr Kind ein.

In der dritten Nacht schrieben die Eltern Sandro gemeinsam einen langen Brief, in dem sie versprachen, sich zu bessern, wenn er doch nur bitte wieder nach Hause käme.
Das tat Sandro dann auch.
Und seine Eltern hielten Wort. Es dauerte zwar etwas, aber letztendlich konnte ich mit ihnen eine einvernehmliche Lösung für alle Streitpunkte in Bezug auf Sandro erarbeiten. Der war sichtlich zufrieden und auch zurecht stolz auf sich.
Am Ende der Begutachtung bedankte ich mich noch einmal ausdrücklich bei ihm für seine unbezahlbare Hilfe. Ohne ihn hätte ich es womöglich nicht geschafft, die beiden Streithähne zu einer Einigung zu bewegen.
Leider wollte mir Sandro nicht verraten, wo er sich die drei Tage versteckt gehalten hatte. In allerbester Krimi-Manier erklärte er: »Besser, wenn Sie es nicht wissen. Vielleicht muss ich ja noch mal untertauchen. Wer weiß.« Er machte ein übertrieben cooles Gesicht, musste dann aber doch kichern und verabschiedete sich ganz altersgemäß herumalbernd von mir.
Soweit ich weiß, musste Sandro nicht mehr weglaufen. Seine Eltern hatten ihre Lektion gelernt.

Ich habe im Rahmen meiner Tätigkeit als Sachverständige so viele lustige, starke, coole und kluge Kinder kennengelernt, dass ich ihnen im Grunde ein eigenes Buch widmen müsste.
Ich war oft beeindruckt von der kindlichen Fähigkeit, auch unter schlimmsten Umständen Gründe zum Lachen zu finden. Und war erleichtert, wenn Kinder wieder Vertrauen fassen konnten, sogar wenn sie von ihren eigenen Eltern misshandelt und missbraucht worden waren.
Es gab natürlich auch Kinder, die ich in der Interaktion mit ihren Eltern nervig, frech und schlichtweg unangenehm fand. Aber jedes Mal zeigte sich im Gespräch unter vier Augen, dass

diese Kinder genauso liebenswert waren wie alle anderen auch. Und schützenswert.
Alle Kinder, die ich bisher begutachtet habe, haben mich auf ihre Art berührt. Und das werden sicher auch all diejenigen tun, die ich noch begutachten werde. Und zwar aus dem einfachen Grund, weil jedes Kind etwas Besonderes und es wert ist, ihm die Hand zu reichen, es zu schützen und sein Leben so weit wie möglich zu verbessern. Und weil in jedem Kind ein wunderbares Wesen versteckt ist, das gesehen werden sollte.
Davon abgesehen sind selbstverständlich meine eigenen Kinder die wundervollsten auf der Welt – und ich schätze auch im Universum.

Es gibt aber auch für mich Situationen, in denen die Wunderbarkeit und der Liebreiz von Kindern zeitweise kaum noch erkennbar sind. Das ist oft dann der Fall, wenn sie in Gruppen auftreten, wie zum Beispiel in der U-Bahn oder in Schulklassen.
Massen von Kindern können eine ganz eigene, potenziell enervierende Qualität entwickeln, die vor allem in puncto Lautstärke und Elan vieles übertrifft, was man sich während des Studiums so vorstellen konnte. Oder wollte.
So erlebte ich immer wieder Kinder und Jugendliche, die im Einzelkontakt mit mir gerade noch wahre Engel oder zumindest nette Kerle gewesen waren, sich dann aber in der Klassengemeinschaft mit den anderen in einen Haufen Hooligans verwandeln konnten.
Als ich während meines Studiums ein Praktikum in einem Berufsbildungswerk für Behinderte absolvierte, wurde ich Zeugin einer sehr lauten und extrem unaufmerksamen Unterrichtsstunde.

Als einer der Lehrer schließlich sehr genervt und offensichtlich auch verzweifelt ausrief: »Sagt mal, seid ihr denn alle bescheuert?«, da fragte ihn eines der Mädchen ohne jede Ironie, sondern mit ehrlichem Interesse: »Ja, Herr Ritter, hat man Ihnen das denn nicht gesagt?«
Ich prustete los und durfte danach zur Strafe nicht mehr im Unterricht hospitieren, sondern nur noch Kaffee für Herrn Ritter holen. Aber das war es wert.

Begutachtungstermine mit Kindern finden natürlich nicht in Klassen oder anderen Gruppen statt. Es kann zwar wichtig oder interessant sein, sich das einmal anzusehen, zum Beispiel wenn es dezidierte Beschwerden der Schule oder der Mitschüler gibt – aber die Regel ist neben der Interaktionsbeobachtung mit den Eltern der Einzeltermin. Es gibt Kinder, die sofort Kontakt zu mir aufnehmen und recht offen von sich und ihrer familiären Situation erzählen. Die meisten Kinder benötigen aber eine gewisse Aufwärmphase, in der ich mit ihnen spiele, male oder etwas tue, das den Vorlieben des Kindes entspricht. Mehrere Kinder haben in der Phase, in der Yu-Gi-Oh angesagt war, versucht mir zu erklären, wie man mit diesen Sammelkarten spielt. Ich habe es nie verstanden. Nie. Und ich habe bis heute den Verdacht, dass es überhaupt keine Regeln zu diesen Karten gibt. Zumindest keine verständlichen ...
Als Aufwärmphase taugte es dennoch sehr gut, denn für die Kinder war es wahnsinnig lustig, dass die olle Gutachterin einfach nicht verstand, wann und warum man Zauber- und Fallenkarten einsetzt und was noch mal Spezialbeschwörungen sind.
Bei jüngeren Kindern habe ich meist Handpuppen dabei, weil es ihnen häufig leichter fällt, die Puppe sprechen zu lassen, als

selbst etwas zu erzählen. Oft sind die Puppen auch deshalb hilfreich, weil sich die Kinder nach der Aufwärmphase gern mit der Frau unterhalten wollen, die vorher so viel Blödsinn mit den Puppen gemacht hat.
Manchmal dauert es ein wenig, aber mir ist noch kein Kind begegnet, das nicht mit mir sprechen wollte. Bis zur Begutachtung von Timo.
Seine Eltern hatten sich getrennt, als er fünf Jahre alt gewesen war. Er war zunächst bei seinem Vater, Herrn Schreiber, geblieben, mit neun Jahren dann aber zu seiner Mutter gewechselt. Er hatte sich ständig mit den Kindern der neuen Lebensgefährtin seines Vaters gestritten und seiner Mutter gegenüber schon längere Zeit immer lieber gesagt, dass er beim Vater nicht glücklich sei und wieder bei ihr wohnen wolle. Nach und nach hatte sich herausgestellt, dass Herr Schreiber sich im Grunde gar nicht um Timo gekümmert, sondern das vollkommen seiner Lebensgefährtin überlassen hatte. Diese mochte Timo nicht – und das beruhte auf Gegenseitigkeit. Timo wurde immer aufmüpfiger und bekam immer härtere Strafen, bis er sein Zimmer fast gar nicht mehr verlassen durfte und Frau Schreiber bei einem Besuchskontakt an Timos Rücken Striemen entdeckte, die eindeutig von Schlägen mit einem Gürtel herrührten. Sie schickte Timo nicht mehr zurück zu seinem Vater, sondern informierte Polizei und Jugendamt.
Seit diesem Zeitpunkt hatte Timo keinerlei Kontakt mehr zu seinem Vater gehabt.
Herr Schreiber hatte einige Monate später einen Antrag beim Familiengericht gestellt und erklärt, Timo solle wieder bei ihm leben. Er habe sich von seiner Lebensgefährtin getrennt, nachdem er von den Misshandlungen erfahren habe. Selbstverständlich habe nicht er Timo geschlagen, sondern seine Ex-Freundin, »diese blöde Schlampe«.

Timo selbst hatte zu den Striemen am Rücken zunächst erklärt, er wisse nicht, woher diese stammten, und dann behauptet, er sei die Treppe hintergefallen. (Ich kann gar nicht mehr zählen, wie viele angebliche Treppenstürze mir schon in meinen Gutachten untergekommen sind – keiner davon war echt.)
Da es keine klaren Aussagen von Timo gab und der Vater immer wieder versicherte, er würde doch seinen Sohn nicht schlagen, war der Richter nicht sicher, ob nicht zumindest wieder Kontakte zwischen Vater und Sohn stattfinden sollten. Frau Schreiber war strikt dagegen. Auch Kontakten für einige wenige Stunden mit einer Begleitperson wollte sie auf keinen Fall zustimmen.
Ich wusste auch nach zwei Terminen mit Timo nicht, was ich von der ganzen Sache halten sollte. Er sprach zwar mit mir über seine Schule und sein Hobby Gitarrespielen, aber er blieb höflich-distanziert. Sobald ich auch nur in die Nähe des Themas Familie kam, blockte er ab und verstummte oder antwortete monoton mit »weiß nich«.
Ich hatte alle möglichen Tricks versucht, um etwas von ihm zu erfahren. Nichts hatte funktioniert. Aber ich konnte und wollte nicht aufgeben.

In Timos Regal saß eine »Bernd das Brot«-Stoffpuppe. Einer Eingebung folgend, erzählte ich Timo, dass ich ebenfalls Bernd-Fan sei. »Manchmal fühle ich mich nämlich wie Bernd«, sagte ich. »Da will ich dann einfach nur die Rauhfasertapete anstarren und meine Ruhe haben.«
Ein Lächeln huschte über Timos Gesicht. Ich schwieg einen Moment und schaute gemeinsam mit Timo zu dem Bernd im Regal.
»Manchmal wüsste ich einfach zu gerne, warum der Bernd eigentlich immer so schlecht gelaunt ist. Hast du eine Idee dazu, Timo?«

Er nickte. »Ja, hab ich.«
Stille.
Ich wartete. Und hoffte.
Bitte sprich weiter, dachte ich. Bitte.
»Ich versteh den Bernd echt gut. Der will einfach nur seine Ruhe haben und alleine sein. Einfach nix müssen und alleine sein.« Timo machte eine Pause. »Der ist so schlecht gelaunt, weil einfach alle gemein zu dem sind. Egal, wo der hinkommt. Immer sind alle gemein. Auch die, von denen er gedacht hat, sie sind nett.«
Timo kam richtig in Fahrt, und mit Blick auf Bernd redete er fast ohne Punkt und Komma. »Erst wird er ständig geschimpft und geschlagen und darf nix und alles. Der Vater haut ihn, und die Freundin vom Vater sagt dem Bernd dauernd, was er für ein Idiot ist und dass er in seinem Zimmer bleiben muss. Und dann heißt es immer: ›Wehe, wenn du was sagst, dann wird es noch schlimmer. Dann hau ich noch fester, und du darfst gar nicht mehr aus deinem Zimmer raus. Und wir nehmen dir alle Sachen weg und machen das Zimmer dunkel.‹ Und dann geht er da weg und zu seiner Mutter. Da wird er aber auch beschimpft und eingesperrt und all so was. Und die Mutter haut noch fester als der Vater, und der Freund von der Mutter sagt, dass er den kaltmacht, wenn er was sagt. Kaltmachen heißt umbringen. Also kann er nichts machen und muss sich immer denken, dass er besser bei dem Vater geblieben wäre, weil das nicht so schlimm war wie jetzt. Und da auch keiner was von umbringen gesagt hat. Da muss der ja schlecht gelaunt sein!«
Timo starrte weiterhin Bernd an. Seine Hand zitterte. Ich musste dem Impuls widerstehen, ihn in den Arm zu nehmen und einfach so lange zu halten, bis es ihm wieder gut ging. Aber das war nicht das, was er jetzt von mir brauchte. Ich

musste langfristig denken und sehen, wie ich Timo am besten helfen konnte. Und zwar schnell.
Dieser arme Kerl! Erst der Vater, der ihn schlägt, die Lebensgefährtin, die ihn im wahrsten Sinne des Wortes stiefmütterlich behandelt, und endlich ist er bei seiner Mutter in der Hoffnung, dass nun alles gut wird. Aber es wird noch schlimmer. Beide Elternteile samt Lebensgefährten sind Meister der Einschüchterung und der Drohungen. Was für ein Horror!
»Weißt du, Timo, ich habe in meinem Job oft mit Kindern zu tun, die nicht mehr bei ihren Eltern leben können. Das kann verschiedene Gründe haben. Manche Eltern sind zu krank, um sich um ihre Kinder kümmern zu können. Manche sind im Gefängnis, und bei anderen Eltern geht es den Kindern so schlecht, dass sie da eben einfach nicht bleiben können. Also, wenn die Kinder geschlagen oder beschimpft werden oder so. Und wenn es keine Verwandten gibt, die die Kinder aufnehmen können, dann kommen die Kinder zu Pflegeeltern oder in ein Kinderheim.«
Bei dem Wort »Kinderheim« wurden Timos Augen groß.
»Aber da ist es ganz furchtbar, in so einem Heim! Das hab ich mal im Fernsehen gesehen.«
Ich weiß nicht, wie lange sich dieses Schreckensbild von Kinderheimen noch halten wird. Nach wie vor stellen sich die meisten Menschen unter einem Kinderheim riesige düstere Schlafsäle mit alten Eisenbetten und Erzieherinnen mit verkniffenem Mund und bösen Absichten vor, die die Kinder ständig ohne Essen – wenn man Brei in Blechschüsseln so nennen darf – ins Bett schicken oder sie den Boden schrubben lassen. Und das Ganze dann noch in Schwarzweiß ...
Hiermit sage ich Ihnen: Heime dieser Art gibt es in Deutschland schon lange nicht mehr. Kinderheime sind oft von außen gar nicht als solche zu erkennen, weil sie in sogenannte Wohngrup-

pen aufgeteilt sind, die in einem ganz normalen Wohnhaus leben. Zwar wohnen die Kinder nach wie vor in Gruppen beisammen, aber es sind kleine Gruppen, und die Kinder haben Einzel- oder Doppelzimmer, die sich nicht von Kinderzimmern anderer Kinder unterscheiden. Die Erzieherinnen haben ihren Beruf meist aus Überzeugung gewählt und daher alles andere als böse Absichten. Selbst Kinderheime, die nicht in Wohnhäuser aufgeteilt sind, sondern aus einem großen Komplex bestehen, sind in sich so gestaltet, dass es wohnlich ist und nichts, aber auch gar nichts, an die Heime erinnert, die man aus alten Filmen oder Gruselgeschichten kennt. Glauben Sie mir: Ich habe im Laufe der Jahre viele Heime gesehen. Und es war kein einziges dabei, in dem ich mich nicht wohl gefühlt hätte.
Wenn ich Kinder begutachtet habe, die unzufrieden mit dem Heim waren, in dem sie lebten, handelte es sich in der Regel um Teenager, die sich an diversen Regeln und Pflichten störten. Wie das Teenager eben so tun.
Oft sind Pflegefamilien die bessere Alternative für Kinder. Aber es gibt Konstellationen, bei denen der Aufenthalt in einem Heim vorzuziehen ist. Beispielsweise bei Timo, der von Familie genug hatte und Zeit brauchte, um sich zu sortieren. Für ihn würde es erst einmal einfacher sein, sich auf einige wenige Erzieher und einen Bezugsbetreuer einzulassen, als auf eine Pflegefamilie.
Nachdem ich ihm das erklärt hatte, nickte er. »Also, wenn das so ist, dann ... Dann würde ich da, glaub ich, schon gerne hin, in so ein Heim. Also ... Wenn das geht.«
Es ging.
Und zwar am selben Tag. Sowohl das Jugendamt als auch Gericht und Heimleitung waren sehr kooperativ und taten ihr Bestes, um Timo jede weitere Minute mit seinen Eltern und deren fiesen Lebensgefährten zu ersparen.

Timo kam in eine Wohngruppe in der Nähe seiner Schule, so dass immerhin sein soziales Umfeld erhalten blieb. Kontakte zu seinen Eltern lehnte er strikt ab, ließ sich aber auf eine Therapie ein und blühte im Heim förmlich auf. Viele Monate später erhielt ich eine Weihnachtskarte von ihm, in die er ein Foto gelegt hatte. Es zeigte ihn lachend mit einer E-Gitarre. Auf die Rückseite hatte er geschrieben: »Liebe Frau Seeberg, ich spiele jetzt in der Kinderheim-Band. Wir haben als Erstes ›Tanz das Brot‹ geübt.«

Frau Gruber und das Killer-Gen

Stefan Sondermann war dreißig Jahre alt, als ich ihn kennenlernte. Er war groß und mit seinen dunklen Locken und den hellen graublauen Augen richtig gutaussehend.
Und so saß er nun vor mir. Er sprach nicht, lächelte oder weinte nicht, sondern saß einfach nur da.
Ich glaube, er war der traurigste Mensch, den ich je gesehen habe. Ich konnte seine Trauer und Hoffnungslosigkeit fast körperlich spüren. Sie schien den gesamten Raum auszufüllen, und ich musste dagegen ankämpfen, ihn nicht zu umarmen oder ihm zumindest die Hand auf den Arm zu legen. So was tut man als Sachverständige nämlich in der Regel nicht. Leider.

Neben Herrn Sondermann saß Volker Bendis. Er war sein Arbeitgeber, aber vor allem auch sehr gut mit ihm befreundet. Herr Bendis erklärte, er würde bei dem Gespräch mit mir gern dabei sein, falls Herr Sondermann Unterstützung brauche. Ob das für mich in Ordnung sei?
Normalerweise spreche ich mit den Menschen, die ich begutachten soll, am liebsten alleine, aber in diesem Fall schien es mir auch besser, wenn Herr Sondermann jemanden bei sich hatte, den er kannte und dem er vertraute.
Ich kannte seine Geschichte schon grob aus der Akte, aber als ich ihn fragte, wie es ihm zurzeit gehe, erklärte er, er müsse von vorne anfangen, damit ich verstehen würde. Und was er zu erzählen hatte, war eines der dramatischsten und ergreifendsten Schicksale, die ich im Laufe meines Berufes bis dahin zu hören bekommen hatte.

Stefan Sondermann wuchs als einziges Kind in einer spießigen Vorstadtsiedlung auf. Seine Mutter war Hausfrau und kümmerte sich um ihn. Sein Vater arbeitete bei einer Versicherung und machte viele Überstunden. Er war gestresst von der Arbeit und der Verantwortung, die er für die Familie hatte. Ständig drohte er seinen Job zu verlieren, weil er wenig erfolgreich war. Er fühlte sich dem Druck ausgesetzt, mit den anderen Kollegen mithalten zu müssen, was ihm leider nicht gelang. Stefans Vater war oft gereizt und stritt sich am Abend aus nichtigen Gründen mit seiner Frau.

Er begann zu trinken und wahllos Psychopharmaka zu nehmen, die er von einem Freund bekam, der als Pfleger im Krankenhaus arbeitete.

Als Stefan sechs Jahre alt war, hielt es seine Mutter nicht mehr aus. Während sie die Koffer packte, erklärte sie Stefan, dass der Papa »erst einmal gesund werden« müsse, damit sie wieder zusammenleben könnten. Sie werde so lange mit ihm in einer anderen Stadt wohnen, und er werde sehen, dass dort alles gut werden würde. Ganz sicher.

Doch dazu kam es nicht mehr. Herr Sondermann kam betrunken und unter dem Einfluss eines Tranquilizers früher nach Hause als erwartet. Als er die Koffer entdeckte, entwickelte sich ein heftiger Streit zwischen ihm und seiner Frau. Der kleine Stefan versteckte sich zunächst unter seinem Bett wie jedes Mal, wenn die Eltern zu laut miteinander stritten.

Aber als er seine Mutter ungewöhnlich laut und ängstlich schreien hörte, krabbelte er unter dem Bett hervor und rannte in die Küche, aus der die Schreie gekommen waren.

Seine Mutter lag am Boden, während sein Vater mit einem langen Küchenmesser wie von Sinnen auf sie einstach. Wahrscheinlich war Frau Sondermann schon tot, als Stefan in die Küche kam. Er hätte ohnehin nichts tun können, um sie zu retten. Er war erst sechs Jahre alt, und sein Vater hatte ein langes, scharfes Messer, das er unaufhörlich wie unter Zwang in Bauch und Oberkörper seiner Mutter rammte.

Es ist nicht mehr nachzuvollziehen, wie lange Stefan dort in der Küchentür stand und zu verstehen versuchte, was hier gerade geschah. Herr Sondermann bemerkte ihn glücklicherweise gar nicht. Es ist nicht auszuschließen, dass er sonst einfach dazu übergegangen wäre, auf seinen Sohn einzustechen.

Irgendwann riss sich der kleine Junge von der ungeheuerlichen Szene los und rannte aus dem Haus, auf die Straße und dann einfach immer weiter und weiter. Es war Herbst und so fiel der kleine Junge, der auf Socken durch den Vorort rannte, schnell auf.

Die Polizei kam, fand Stefans tote Mutter und einen geistig abwesenden, blutverschmierten Herrn Sondermann im Haus. Eine Beamtin brachte Stefan schließlich in ein Kinderheim, wo man sich um den Jungen kümmerte.

Stefan selbst hat keine Erinnerung mehr ab dem Zeitpunkt, an dem die Polizeibeamtin mit ihm in ein Auto stieg und wegfuhr.

»Die Erinnerung kam nie zurück. Die ersten Wochen danach, sie sind einfach weg. Aber das Bild von meinem Vater, wie er auf meine Mutter einsticht, immer und immer wieder, das ist da. Und es wird mich immer begleiten.«

Stefan Sondermann sagte das ohne Verbitterung. Es klang, als würde er darüber sprechen, wie das Wetter gestern gewesen sei. Aber ich hatte das Gefühl, als würde mir jemand die Luft abdrücken, wenn ich an den kleinen Jungen dachte, der da wie angewurzelt in der Küchentüre stand. Und der seine Kindheit, seine Jugend und sein gesamtes weiteres Leben mit diesen Bildern im Kopf verbringen musste. Wie grausam, dass sein

Gedächtnis nur die Wochen danach, nicht aber diese Bilder für immer weggeschlossen hatte.

»Ich weiß, es wirkt merkwürdig, dass ich jetzt nicht weine oder zusammenbreche«, fuhr Herr Sondermann im gleichen Tonfall fort. »Aber es ist so viele Jahre her. Ich habe so oft darüber gesprochen. Das Darübersprechen, das geht leicht. Es ist das Auftauchen dieser Bilder, wenn ich nicht damit rechne oder wenn es mir ohnehin nicht gut geht, das mich fertigmacht. Dann reagiere ich so, wie es alle erwarten, wenn ich darüber spreche. Ich weine. Ich bin verzweifelt. Und ich kann das alles kaum aushalten.«

Herr Sondermann holte tief Luft und berichtete, wie er zunächst in dem Kinderheim blieb, während man klärte, wo er in Zukunft würde leben können.

Es gab nur zwei Verwandte. Die Schwester seiner Mutter wollte sich nicht um Stefan kümmern. Sie ertrug es nicht, das Kind des Mannes, der ihre kleine Schwester getötet hatte, auch nur anzusehen. Stefan Sondermann hatte als Erwachsener einige Male versucht, Kontakt zu ihr aufzunehmen, aber für sie war er immer der Sohn des Mörders geblieben. Sie wollte keinerlei Kontakt und hatte ihn sogar einmal angezeigt, nachdem er persönlich bei ihr vorbeigeschaut hatte. Danach hatte er es aufgegeben.

Nachdem Stefan acht Wochen im Kinderheim verbracht und sich dort langsam eingewöhnt hatte, war die Mutter seines Vaters, seine Oma, gekommen und hatte ihn mitgenommen.
Er hatte sie bis zu diesem Zeitpunkt nur ein paar Mal gesehen und sie nicht besonders gemocht. Sie war eine gefühlsarme Frau, die ebenfalls einen unangenehmen Hang zum Alkohol hatte.

Herr Bendis seufzte vernehmlich und unterbrach Herrn Sondermanns Erzählung. »Bitte entschuldige, Stefan. Ich muss hier einfach ... Also, ich kann das noch immer nicht fassen! Der Junge musste den Mord an seiner Mutter mit ansehen. Seine Tante will ihn nicht, und als er endlich in dem Heim so einigermaßen Fuß fasst und sich stabilisiert, kommt diese ... diese Oma daher und darf ihn einfach mitnehmen? Wie kann das sein? Warum hat man sie denn nicht erst einmal überprüft und vielleicht auch mal dafür gesorgt, dass Stefan eine Therapie bekam oder ... irgendwas? Nichts ist passiert! Gar nichts!« Bevor ich etwas antworten konnte, sprach Herr Bendis weiter und winkte ab. »Schon gut, wir wissen doch alle, wieso: weil das ja Geld gekostet hätte!«
Herr Bendis schnaubte verbittert aus, so dass Herr Sondermann seinem Freund beschwichtigend die Hand auf den Arm legte. »Ist gut. Ich hab meinen Frieden gemacht damit.« Er lächelte Herrn Bendis kurz an. »Aber ich finde es nett, dass du dich jedes Mal so sehr darüber aufregst.«
Das Lächeln veränderte Herrn Sondermanns Gesicht vollkommen. Er sah auf einmal jünger aus und so ... lebendig. Leider war es so schnell wieder verschwunden, wie es gekommen war.

»Die Mutter meines Vaters war ... na ja, sie war ...«
»Ein Monster!«, vervollständigte Herr Bendis den Satz.
Und damit hatte er leider recht: Stefans Großmutter hatte keine Lust, sich um den kleinen Jungen zu kümmern, bekam aber das Kindergeld und konnte dies wunderbar brauchen, da ihr Alkoholkonsum in den letzten Jahren so sehr gestiegen war, dass sie Mühe hatte, ihn zu finanzieren.
Sie lag meist betrunken auf dem Sofa herum und überließ den Jungen sich selbst. Dass Stefan in der Schule gemobbt wurde,

weil bekannt geworden war, dass er der Sohn eines Mörders war, bekam sie nicht mit. Kein Kind wollte – oder durfte – mit ihm spielen. Und so verbrachte er die Nachmittage alleine auf der Straße oder im nahe gelegenen Wald.

Diese Isolation war für den Jungen deutlich schlimmer als die offenen Anfeindungen oder Prügel, die er regelmäßig von einer Gruppe älterer Jungen bezog.

Wenn die Großmutter nicht betrunken war, schlug sie Stefan ebenfalls. Wegen Nichtigkeiten oder einfach so, weil er gerade da war. Dazu benützte sie einen extra dafür hinter der Badezimmertür lehnenden Stock.

Stefan machte das laut eigener Beschreibung »nichts aus«. Immerhin spürte er dann etwas. Und sie beachtete ihn endlich. Das war ihm lieber, als zu leben wie ein unsichtbarer Geist.

Während sie ihn schlug, beschimpfte seine Großmutter ihn immer wieder als Nichtsnutz, Schmarotzer und Missgeburt. Hin und wieder schleppte sie ihn sogar zu Besuchskontakten zu seinem Vater ins Gefängnis und nötigte ihn dazu, diesen zur Begrüßung zu küssen und zu umarmen. Diesen Mann berühren und ihm gegenübersitzen zu müssen war für Stefan schier unerträglich.

»Er sah aus wie mein Vater. Aber das war er nicht. Mein Vater ist gestorben an dem Abend, an dem meine Mutter starb. Jedenfalls für mich. Ich habe mir so oft gewünscht, dass meine Eltern bei einem Autounfall ums Leben gekommen wären. Und ich am besten gleich mit ihnen. Alles wäre besser gewesen als das!« Nun schimmerten doch ein paar Tränen in Herrn Sondermanns Augen.

»Dieser Mann hat mir alles genommen. Meine Mutter und meine Kindheit, aber auch mein Vertrauen in Menschen, die Fähigkeit zu lieben ... all das, was das Leben lebenswert macht.

Ihm gegenübersitzen zu müssen war einfach die Hölle. Ich wollte nur weg. Aber meine Großmutter ließ das nicht zu. Einmal bin ich aufgesprungen und weggelaufen. Sie hat mich eingeholt und mir noch in dem Besuchszimmer die Hose runtergezogen und mich mit ihrem Gürtel verhauen. Sie können sich vorstellen, was das in dem Gefängnis für ein großes Hallo war. Es hat ewig gedauert, bis endlich jemand vom Sicherheitspersonal eingeschritten ist. Ich glaube, die fanden das irgendwie lustig und eine nette Abwechslung.«

Herr Bendis atmete wieder schwer und ballte die Fäuste. »Ich wüsste wirklich gerne, warum da niemand war, der diesem Kind geholfen hat. Niemand hat etwas getan! So viele hätten doch mitbekommen können, dass diese Frau kein Kind bei sich haben dürfte!«
Herr Sondermann zuckte mit den Schultern. »Na ja, so war das eben.«

Stefan verwandte viel Energie darauf, sich nicht unterkriegen zu lassen und eine undurchdringliche Schutzmauer um sich zu errichten. Als er dreizehn Jahre alt war, hatte er sich eine harte Schale zugelegt und wehrte sich schließlich aktiv gegen das Mobbing. Er schlug einige seiner Peiniger zusammen und kam kurzfristig in eine Einrichtung für Schwererziehbare, wurde dann aber wieder zu seiner Großmutter gebracht.

Kurz darauf kam sein Vater aus dem Gefängnis und wohnte ab sofort bei ihnen. Das war der Moment, in dem Stefan beschloss, wegzulaufen. Überall wäre es besser als zusammen mit diesem Mann in einer Wohnung! Gerade als er seine Sachen gepackt hatte, brach seine Großmutter im Flur zusammen. Stefan rief den Notarzt und fuhr mit ins Krankenhaus.

Seine Großmutter hatte einen Schlaganfall erlitten. Sie musste einige Tage in der Klinik bleiben, konnte sich dann zu Hause aber nicht mehr alleine versorgen. Und so packte Stefan seinen Rucksack wieder aus und blieb, um die Frau zu pflegen, die ihn jahrelang psychisch und physisch misshandelt hatte. Sein Vater war dabei keine Hilfe, aber er ließ ihn glücklicherweise ansonsten in Ruhe.

»Er hat mich weder beschimpft noch geschlagen. Nichts. Er hat kaum jemals gesprochen und saß immer nur herum. Er hat sich einen Bart wachsen lassen, und irgendwann sah er auch nicht mehr aus wie mein Vater. Das tat mir irgendwie gut.«

Vier Jahre lang pflegte Stefan seine Großmutter. Dann verstarb sie eines Nachts – und Stefan packte erneut seine Sachen.

Er lebte einige Jahre auf der Straße und hielt sich mit kleineren Diebstählen und Betrügereien über Wasser. Schließlich landete er im Jugendgefängnis, wo ihm erstmals angeboten wurde, mit einem Psychologen zu sprechen.

Herr Sondermann verzog das Gesicht. »Dieser Mann war komplett überfordert mit meiner Geschichte und hat immer nur gesagt, wie furchtbar das alles sei und wie schlimm, dass ich all das mitmachen musste und dass ich ja gar keine Kindheit gehabt hätte … Ich kenne mich mit Psychologie und Therapien nicht besonders gut aus, aber das … also das war echt nicht hilfreich. Im Gegenteil. Er hat mich ständig Sachen von früher gefragt. Bei mir kam alles wieder hoch, und es ging mir viel schlechter als vorher. In dem Zustand wurde ich dann entlassen und kam in eine Einrichtung für jugendliche Straftäter. Zur Resozialisierung und Wiedereingliederung und so. Aber ich wurde ja kurz darauf achtzehn und musste dort wieder weg, weil mein Platz für einen anderen Jugendlichen gebraucht wurde.«

Und so kehrte Herr Sondermann zurück in sein Leben auf der Straße. Erst zwei Jahre später, als er Anfang zwanzig war, lernte er einen Streetworker kennen, der sein Potenzial erkannte und ihn an Herrn Bendis vermittelte. Dieser leitete ein Restaurant, in dem jugendliche Straftäter und Obdachlose eine Chance auf regelmäßige Arbeit und eventuell auch eine Ausbildung bekamen.

Überraschend ergriff Herr Sondermann die Hand von Herrn Bendis. »Das war meine Rettung. Du warst meine Rettung. Endlich ging es in meinem Leben bergauf. Zum ersten Mal.« Und leise fügte er hinzu: »Also, dachte ich ...«
Aus diesem letzten Halbsatz sprach so viel Traurigkeit, dass Herrn Bendis sofort die Tränen in die Augen schossen. Auch ich hatte große Mühe, mich zusammenzureißen, denn seine Erzählung ging mir ebenso unter die Haut.
Zunächst hatte es so ausgesehen, als würde in Stefans Leben alles gut werden. Die Arbeit in dem Restaurant gefiel ihm. Außerdem war er talentiert, zuverlässig und konnte gut mit Menschen umgehen.
Herr Bendis putzte sich geräuschvoll die Nase und erzählte: »Stefan war das, was man ›den guten Geist‹ nennt. Er war freundlich und hatte immer ein offenes Ohr, wenn jemand ein Problem hatte. Nach kürzester Zeit dachten die meisten, er sei auch ein Streetworker, weil er sich so sehr für andere aufopferte und immer einen guten Rat hatte. Manchmal hat er auch einfach nur zugehört, er war immer für die anderen da. Wenn er nichts Konkretes für sie tun konnte, dann eben, indem er ihnen einfach Zuneigung und Verständnis geschenkt hat. Das ist ja oft mehr wert als Geld oder ein neuer Job. Ich sag Ihnen mal was: Ohne Stefan hätte ich niemals so vielen Menschen helfen können. Sogar mir hat er geholfen. Und wie! Meine Frau er-

krankte an Krebs, und Stefan war immer für uns da, wie ein Fels in der Brandung. Manchmal fand ich das richtig unheimlich, wie stark du bist.«
Herr Bendis sah dankbar zu seinem Freund und fügte hinzu: »Ohne dich hätten wir das niemals so gut überstanden, das weißt du. Dafür werde ich dir ewig dankbar sein.«
Herr Sondermann lächelte ein zweites Mal. »Und ich dir, mein Lieber.«

Herr Bendis hatte ihn für das Ausbildungsprogramm vorgeschlagen, und tatsächlich holte Stefan Sondermann seinen mittleren Schulabschluss nach und absolvierte danach eine Ausbildung zum Restaurantfachmann. Schließlich bezog er eine kleine Wohnung in der Nähe des Restaurants – und lernte Sarah kennen.
»Sie hat nebenan gewohnt. Und sie war ...« Herr Sondermann stockte, und erstmals schien er nicht weitersprechen zu können.
Herr Bendis übernahm: »Wundervoll war sie. Sarah war lustig, klug und warmherzig und ... einfach alles, was Stefan guttat. Und Stefan tat ihr gut. Die beiden haben trotzdem eine ganze Weile gebraucht, um ein Paar zu werden.« Er lächelte und verdrehte die Augen. »Uns war allen längst klar, dass die beiden zusammengehören, da haben sie immer noch einen auf ›wir sind nur gute Freunde‹ gemacht, weil jeder vom anderen dachte, dass er was Besseres verdient hätte. Unfassbar, die beiden ...«
Herr Bendis lächelte und sah seinen Freund aufmunternd an.
Herr Sondermann nickte. Dann sprach er leise und mehr zu sich als zu uns: »Ich hätte niemals für möglich gehalten, dass es jemanden gibt, der mich lieben kann, wie ich bin. Mit meiner ganzen Geschichte und ... alldem. Ich war mir vollkommen sicher,

dass es für mich kein Glück geben kann. Also ... mir hat das auch Angst gemacht irgendwie. Das war etwas, das ich nicht kannte. Mich zu jemandem zugehörig fühlen. Jemanden bei mir haben zu wollen. All das ... Das war natürlich wundervoll, aber eben auch sehr ... beängstigend irgendwie. Verstehen Sie?«
Ja, ich verstand. Herr Sondermann hatte sein Leben lang damit verbracht, sich damit zu arrangieren, dass niemand für ihn da war. Dass er ganz auf sich alleine gestellt war und niemand ihm zur Seite stand und half. Er war an Ablehnung gewöhnt und hatte gelernt, damit umzugehen. Diese neue Situation mit einer Frau, die ihn liebte, war zwar wunderschön, aber Herrn Sondermann fehlten sozusagen die Handlungsmuster dafür. Das letzte Mal, dass er sich geliebt gefühlt hatte, war etwa zwanzig Jahre her. Und die Liebe zu seinen Eltern hatte so dramatisch geendet, dass er diese Türe in seinem Herzen ganz fest und mit mehreren Sicherheitsriegeln verschlossen hatte. Sie wieder zu öffnen erforderte Mut, den Herr Sondermann zunächst nicht hatte.
»Aber Sarah hat einfach ... Sie hat mich einfach gelassen.«
Ich sah ihn fragend an, und er beeilte sich zu korrigieren: »Nein, ich meine ... Sie hat mir Zeit gelassen. Sie war einfach da für mich. Immer. Und sie hatte keine Angst vor meiner Vergangenheit, sondern Verständnis für mich. Das war alles ...«
Herr Sondermann fuhr sich mit der Hand übers Gesicht. »Das war so unfassbar für mich. Da war endlich jemand. Jemand für mich. Ich war nicht mehr alleine. Das war überwältigend. In jeder Beziehung überwältigend. Ich musste das erst einmal irgendwie ... Ich weiß auch nicht. Ich meine, man sollte meinen, dass ich mich dann einfach freue und das Leben mit ihr genieße, aber ... also, das ging nicht so leicht. Ich konnte das eben einfach alles gar nicht so recht fassen.«

Herr Sondermann sah auf seine Hände. »Sarah war das Beste, was mir passieren konnte. Ich meine, mein Leben war bis dahin wirklich nicht gerade schön gewesen. Aber dann plötzlich war ich der, der im Lotto gewonnen hat. Ich habe das gefunden, nach dem jeder sucht. Und so viele, die ganz viel Geld oder Macht oder sonstwas haben, finden das nie. Aber ich, Stefan Sondermann, ich habe *die* Frau fürs Leben gefunden. Die eine, die zu mir passt – und zu der ich passe. Ich habe das ganz große Los gezogen. Ich! Das war einfach unglaublich.«

Irgendwann glaubte es Stefan Sondermann dann doch. Er hielt um Sarahs Hand an, und sie sagte ja. Die beiden heirateten, zogen in eine gemeinsame Wohnung, und als Sarah schwanger wurde, war das Glück perfekt.
In diesem Moment spürte ich in mir einen drängenden Impuls, einfach aufzustehen und zu gehen. Warum? Nun, ich wollte so gerne, dass Stefan Sondermanns Geschichte hier endete. Wie schön wäre es gewesen, wenn dieser Mann durch ein langes, glückliches Leben mit seiner Frau Sarah und seiner Tochter für all das entschädigt worden wäre, was zuvor in seinem Leben so schrecklich schiefgelaufen war.
Aber die Geschichte nahm eine andere Wendung. Denn das Leben ist nun mal nicht fair. Es ist natürlich auch nicht direkt unfair. Das Leben ist, wie es ist. Menschen können unfair sein, aber das Leben selbst ... Das ist eben einfach da und passiert. Man kann die Umstände oder Schicksale unfair finden, darüber schimpfen oder traurig sein. Aber letztendlich kann man nichts anderes tun, als zu versuchen, das Leben für sich und andere möglichst gut und harmonisch zu gestalten.
Und auch mein Beruf soll das ja letztendlich leisten.
Ich kann gar nicht in Worte fassen, wie sehr ich dennoch manchmal an dieser Ungerechtigkeit verzweifle. Vor mir saß

ein Mann, der es wirklich verdient hatte, glücklich zu sein, und dem das Schicksal – oder wer oder was auch immer für diesen Kram verantwortlich ist – so übel mitgespielt hatte, dass ich mich in einer Mischung aus Wut, Verzweiflung und Fassungslosigkeit gefangen fühlte.
Ich wollte einfach nicht, dass Herrn Sondermanns Geschichte anders als mit einem Happy End endete! Hätte ich in einem Roman gelesen, wie seine Geschichte tatsächlich weiterging, dann hätte ich das Buch aus dem Fenster geworfen und nie wieder etwas von diesem Autor gelesen. Vielleicht hätte ich dem Autor sogar einen bitterbösen Brief geschrieben.

Herrn Sondermanns kurze Glückssträhne endete nämlich am Tag der Geburt seiner Tochter, vier Wochen bevor ich ihn kennenlernte. Sarah, seine geliebte Frau, starb bei der Geburt.
Das klingt für manch einen vielleicht antiquiert, denn irgendwie denkt man ja unweigerlich, dass heutzutage keine Frau mehr bei der Geburt ihres Kindes sterben muss. Das taten die Frauen früher. Aber doch nicht mehr heute!
Dennoch war es passiert.
Sarah hatte kurz nach der Geburt einen Herzinfarkt.
Und starb.
»Einfach so. Ohne Vorwarnung. Ohne dass man irgendwas tun konnte. Sie ist einfach gestorben.«
Nun weinte Herr Sondermann. Er zitterte, und Herr Bendis hielt seine Hand. Auch er hatte Tränen in den Augen.

Es passiert nicht selten, dass Menschen, die ich begutachte, in einem Gespräch mit mir an einen Punkt geraten, an dem sie eine Pause brauchen. Diesmal aber hätte ich eine nötig gehabt. Ich hatte solches Mitleid mit Herrn Sondermann, dass es mir die Luft zum Atmen nahm. Wie viel konnte ein Mensch ertragen?

Endlich hatte sein Leben eine gute Wendung genommen, da passierte diese unfassbare Tragödie!
Seine Tochter war zwar gesund, aber Herr Sondermann stand unter Schock und konnte sich zunächst nicht recht um sie kümmern. Die Eltern seiner Frau, zu denen er ein gutes Verhältnis hatte, auch wenn er sie erst ein paar Mal gesehen hatte, kamen sofort aus dem mehrere hundert Kilometer entfernten Bremen angereist. Aufgrund der Geschehnisse waren sie ähnlich handlungsunfähig wie Herr Sondermann, und so informierte das Klinikpersonal das Jugendamt.
Tja, und das Jugendamt schickte ausgerechnet Frau Gruber.
Frau Gruber war – vorsichtig ausgedrückt – nicht gerade die einfühlsamste Mitarbeiterin. Unvorsichtig ausgedrückt, könnte man sagen, sie war so ziemlich die inkompetenteste, gefühlloseste und ignoranteste Ziege im gesamten Amt. Frau Anneliese Gruber entsprach auf eine sehr traurige Art dem allseits bekannten und verhassten Klischee einer durch und durch »bösen Frau vom Amt«, die nur darauf aus ist, Eltern ihre Kinder wegzunehmen.
So gerne ich immer wieder erkläre, dass ich wirklich überwiegend kompetente und hilfsbereite Kollegen kennengelernt habe, so schrecklich finde ich es, auf jemanden zu treffen, der dieses typische Film- und Fernseh-Vorurteil mit seinem Verhalten derart untermauert.

Furchtbarerweise ist zu beobachten, dass diese Menschen meistens nicht nur »ein bisschen schlimm« oder »ein wenig inkompetent« sind. Nein, wenn, dann richtig! Es werden Tatsachen verbogen, Probleme vertuscht und Verfahren ohne Rücksicht auf die Betroffenen ausgelöst – oftmals nur, um sich vermeintlich Arbeit zu sparen. Zack, Stempel drauf, nächstes Schicksal bitte, guten Tag, aha, neinnein, da könnte ja jeder

kommen, Stempel drauf, hier geht's raus und jeder nur ein Kreuz, ach Gott, schon Feierabend, ich muss los, bis dann!
Selbstverständlich gibt es auch die »bösen Männer vom Amt«, aber wenn Sie mal kurz drüber nachdenken, werden Sie feststellen, dass das typische Klischee tatsächlich das einer gouvernantenhaft gekleideten, vogelgesichtigen, älteren Dame ist. Sie spitzt bei der geringsten Kleinigkeit missbilligend den Mund und fällt einem bei jeder Erklärung, die man versucht zu geben, rüde ins Wort mit einem etwas zu lauten: »Jajaja, jetzt ist aber Schluss.«
Vielleicht erforscht ja mal irgendwer, warum wir alle dieses Klischee im Kopf haben. Ich kann mir nicht vorstellen, dass es ausschließlich an der Prusseliese aus »Pippi Langstrumpf« liegt.

Besagte Frau Gruber erschien also im Krankenhaus, fragte Sarahs Eltern barsch, ob sie das Baby bei sich aufzunehmen gedachten, und nickte zufrieden, als diese stockend verneinten. Sie waren beide berufstätig und fühlten sich auch zu alt, um sich noch einmal um einen Säugling zu kümmern.
Und was soll man sagen: Mit Herrn Sondermann sprach Frau Gruber gar nicht. Kein Wort. Sie verschwand einfach wieder, um ihren Bericht zu schreiben.
In diesem stand dann, dass das »Baby Sondermann« umgehend in Obhut genommen und an kompetente Adoptiveltern vermittelt werden müsse. Die Eltern der verstorbenen Kindesmutter seien nicht bereit und in der Lage, sich um das Kind zu kümmern, und der Vater komme als Erziehungsperson »selbstverständlich auf keinen Fall in Frage«.
Ich hatte den Bericht von Frau Gruber vorliegen, und es fiel mir schwer, nicht sofort ins Auto zu steigen, mich vor ihr aufzubauen und sie dazu zu zwingen, ihren gesamten Bericht vor

meinen Augen aufzuessen. Inklusive der zwei Kopien mit dem dicken schwarzen Tonerstreifen darauf, wie ihn Kopierer in Ämtern besonders gerne ausspucken.

Als Gründe für die Erziehungsunfähigkeit von Herrn Sondermann führte Frau Gruber an, dass er sich nicht für sein Kind interessiere und ihm beispielsweise noch immer keinen Namen gegeben habe, was ja »im Grunde schon alles sagt«.

Weiter hieß es im Bericht: »Herr Sondermann ist aufgrund seiner Lebensgeschichte nicht dazu in der Lage, sich um ein Kind zu kümmern. Er ist keinesfalls erziehungsfähig und kann auch mit professionellen Hilfen nicht zu einer hinreichenden Erziehungsfähigkeit gelangen. Aufgrund seiner traumatischen und defizitären Kindheit ist er emotional schwer gestört und kriminell. Daneben ist er erblich belastet. Kindeswohlgefährdende Kurzschlussreaktionen können somit nicht ausgeschlossen werden, sondern werden als höchst wahrscheinlich angesehen. Ein Entzug der elterlichen Sorge mit sofortiger Wirkung ist im Sinne des Kindes somit notwendig.«

Noch einmal zur Erinnerung: Diese Frau hatte mit Herrn Sondermann nie gesprochen, ihm noch nicht einmal die Hand gegeben. Alleine aufgrund der Aktenlage attestierte Frau Gruber diesem armen Mann eine nicht änderbare Erziehungsunfähigkeit. Darüber hinaus bezeichnete sie ihn sogar als akute Gefahr für sein Kind. Sie ging außerdem davon aus, dass der Hang zum Overkill (das ist tatsächlich der Fachausdruck für besonders grausame Taten mit übermäßiger Gewaltanwendung) erblich bedingt sei und Herr Sondermann daher bald irgendwen, am wahrscheinlichsten sein Kind, in blinder Raserei töten würde.

Der zuständige Amtsrichter hatte sich aufgrund des resoluten Auftretens der Jugendamtsmitarbeiterin und seiner mangelnden Erfahrung dazu breitschlagen lassen, das Baby, das inzwischen Hannah hieß, in einer Bereitschaftspflegefamilie unterbringen zu lassen.
Gott sei Dank hatte er Herrn Sondermann nicht einfach das Sorgerecht entzogen, sondern ein Gutachten in Auftrag gegeben, um zu klären, ob der Vater denn wirklich so gefährlich war, wie das Jugendamt behauptete.
Ich hatte diesmal darauf verzichtet, Frau Gruber im Vorfeld anzurufen. Unsere Telefonate bestanden nämlich in der Regel darin, dass sie mir lautstark und gereizt ihre Sicht der Dinge ins Ohr plärrte und auf die erste Nachfrage meinerseits erklärte, sie habe alles gesagt und nun keine Zeit mehr. Dann legte sie einfach auf. Ich schwöre, dass mir genau das mindestens fünfmal passiert ist. Und arg viel öfter hatte ich mit Frau Gruber nicht zu tun. Wie gesagt: Sie bediente tatsächlich sämtliche Klischees.

Während Herr Sondermann wieder dazu übergegangen war, still vor sich hin zu starren, war Herr Bendis aufgesprungen und verlieh nun seinem Unverständnis und der Wut über das Verhalten von Frau Gruber lautstark Ausdruck:
»Das ist doch einfach nicht zu fassen, was diese Frau sich erlaubt! Stefan ist jetzt also ein potenzieller Kindsmörder, oder wie? Dieser Frau sollte mal jemand, der sollte man mal erklären – die weiß gar nicht, was sie da ...« Er stockte und atmete schwer. Schließlich setzte er sich wieder und fasste sich an die Stirn: »Bitte entschuldigen Sie, ich weiß, dass Sie gar nichts dafürkönnen, aber mir wird jedes Mal richtiggehend übel, wenn ich an diese Person denke und was sie alles anrichtet!«

»Aber was ist, wenn sie recht hat?«, hörten wir plötzlich Herrn Sondermann murmeln. Wie schauten ihn erstaunt an, doch er hob seinen Blick nicht, als er weitersprach. »Was ist, wenn ich so einen Schaden habe, dass ich mich gar nicht richtig um Hannah kümmern kann? Vielleicht geht es ihr ja in einer anderen Familie wirklich besser. Was weiß denn ich, vielleicht ist ja so ein Wahnsinn doch erblich. Vielleicht raste ich irgendwann auch aus und ... steche auf ... auf irgendwen ein?«
»Aber Stefan ...« Herr Bendis sah seinen Freund entsetzt an. »Wie kannst du denn so was sagen?«
Herr Sondermann sah auf, und in seinem Gesicht spiegelten sich Wut und Verzweiflung. »Ich weiß einfach nicht, was richtig ist! Ich weiß ... gar nichts! Gar nichts weiß ich!« Er sackte wieder in sich zusammen und vergrub sein Gesicht in den Händen. Herr Bendis rückte näher an ihn heran und legte ihm die Hand auf die Schulter. »Ist ja gut ...«, sagte er leise.
»Eben nicht! Nichts ist gut!«, presste Herr Sondermann hervor und schluchzte auf. »Alles ist furchtbar! Mein Leben ist furchtbar, und es hört! Nicht! Auf!«

»Herr Sondermann ...« Ich hoffte, er würde mir trotz allem zuhören können. »Ich verstehe Ihre Zweifel. Aber ich kann Ihnen versichern, dass man die Dinge nicht so simpel betrachten darf. Eine traumatische Kindheit macht einen nicht zu einem schlechten Elternteil. Und Sie sind auch nicht per se gefährlich, weil Ihr Vater einen Menschen getötet hat. Wir werden in den nächsten Tagen gemeinsam schauen, wie es weitergehen kann. Und es wird weitergehen. Das kann ich Ihnen versprechen. Frau Gruber kann sich aufführen, wie sie mag, sie ist ganz sicher nicht die letzte Instanz.«
Herr Sondermann nickte, während mich Herr Bendis dankbar ansah.

»Siehst du«, sagte er. »So einfach ist es eben nicht. Du schaust zusammen mit Frau Seeberg, was nun werden soll. Und ich bin da. Okay?« Herr Sondermann nickte abermals.
Und nun umarmte Herr Bendis seinen Freund. »Ich bin da«, wiederholte er. »Ich bin da.«

Ich traf mich mit Frau Gruber und gab mir alle Mühe, so professionell und abgeklärt wie möglich in dieses Gespräch zu gehen. Ich versuchte unter anderem, mir vorzustellen, dass Frau Gruber auch ein schweres Leben gehabt haben musste, dass sie nicht aus freien Stücken so geworden war, wie sie sich nun einmal darstellte, und dass ... dass sie ... dass ... Es half alles nichts. Frau Gruber war eine unsensible blöde Kuh und darüber hinaus eine miserable Jugendamtsmitarbeiterin. Punkt.
Als ich es wagte, Frau Gruber zu fragen, wie sie denn auf die Aussage bezüglich Herrn Sondermanns Erziehungsunfähigkeit gekommen war, schaute mich Frau Gruber mit Augen groß wie Untertassen an, schnappte nach Luft und schraubte sich in eine Kanonade von entrüsteten Halbsätzen, die in der Feststellung gipfelten, dass ... »die Welt ohne Gutachter besser dran ist, denn dann sind wir hier wenigstens handlungsfähig! Wir würden zehnmal so viele Fälle zum Abschluss bringen, wenn Ihresgleichen nicht alles immer wieder aufmischen und durcheinanderbringen würde!«
Leider kennen meine Kollegen und ich diese Vorwürfe nur allzu gut, denn für Menschen, die schon eine fertige Meinung zu einem Fall haben, ist es natürlich nervtötend, dass sie darauf warten müssen, bis die Frau Sachverständige sich erst einmal alles genau ansieht, mit den Beteiligten spricht, Hypothesen überprüft, Entscheidungen abwägt und eben einfach viiiiel zu lange braucht, bis sie endlich zu einem Ergebnis kommt. Eine

Begutachtung dauert selbstverständlich sehr viel länger als die wenigen Sekunden, die Frau Gruber für ihre Entscheidungsfindung benötigt.
Allerdings ist ein hinreichendes Maß an Umsicht, Genauigkeit und Abwägung bei einer so gewichtigen Sache wie der eines familienrechtlichen Verfahrens beziehungsweise der Frage, wie das Leben von Kindern und Eltern zukünftig weitergehen soll, nicht nur angebracht, sondern unerlässlich.
In diesem Fall war es beispielsweise tatsächlich notwendig zu überprüfen, ob Herr Sondermann derzeit seiner Aufgabe als alleinerziehender Vater gewachsen war. Er hatte schließlich einiges mitgemacht und war psychisch gerade nicht stabil.
Aber all das hätte man nun wirklich auch ganz, ganz anders verpacken können! Und vor allem war es absolut unnötig gewesen, ohne tatsächliche Untersuchung einen derart verletzenden Bericht zu schreiben!
Ich nahm Frau Gruber all das sehr übel und beschloss, mich nach Beendigung dieses Falls über sie zu beschweren.
Aber nun ging es erst einmal darum herauszufinden, wie es weitergehen sollte mit Herrn Sondermann und seiner Tochter Hannah.

Es lag auf der Hand, dass Herr Sondermann auf jeden Fall Hilfe benötigte. Er musste den plötzlichen Tod seiner Frau verarbeiten, sein Leben neu sortieren und daneben eine Beziehung zu seiner Tochter aufbauen. Das war zu diesem Zeitpunkt keine leichte Aufgabe für ihn, und ich verstand, dass er selbst nicht sicher war, ob er das konnte.
Nicht zuletzt aufgrund von Frau Grubers Schreiben hatte Stefan Sondermann nun die Sorge, dass in ihm ein Monster schlummerte, das jederzeit ausbrechen und Menschen, die er liebte, verletzen konnte.

Herr Sondermann hatte jegliches Vertrauen in eine glückliche Zukunft verloren. Viel wahrscheinlicher als eine Wendung zum Guten erschien ihm, dass alles so schlimm wie nur irgend möglich verlaufen würde. Das war aus seiner Sicht auf eine schreckliche Art sogar logisch.
Unter diesen Umständen würde es schwierig werden, ihn davon zu überzeugen, dass die Tat seines Vaters keineswegs bedeutete, dass auch er zwangsläufig zum Mörder werden würde. Aber das bedeutete nicht einmal im Ansatz, dass ich es nicht versuchen würde. Ganz im Gegenteil.

Ich traf Herrn Sondermann am Nachmittag desselben Tages, nachdem ich mich von dem Besuch bei Frau Gruber halbwegs erholt hatte, indem ich die Strecke zu Herrn Sondermanns Wohnung zügig zu Fuß zurückgelegt hatte.
Wir setzten uns an den Küchentisch, und Herr Sondermann fing an zu reden. Seine Tochter hatte er seit ihrer Geburt nur vier Mal gesehen. Der Ansturm widersprüchlicher Gefühle hatte ihn bei jedem Kontakt derart verwirrt und aus der Bahn geworfen, dass er beschlossen hatte, Hannah erst wiederzusehen, wenn er dafür stabil genug wäre.
Gleichzeitig hatte er große Sorge, dass ihm dies als Desinteresse ausgelegt werden würde.
»Wissen Sie«, sagte er. »Das mit dem Namen, das war auch kein Desinteresse. Aber Sarah und ich, wir wollten ... wir hatten vereinbart, dass wir uns unser Kind nach der Geburt ansehen und dann spontan einen Namen aussuchen würden. Aber dazu kamen wir nicht mehr. Und ich war wie gelähmt. Deshalb wusste ich zunächst nicht, was ich tun ... also, wie ich sie nennen sollte. Aber später ist mir dann eingefallen, dass Sarah mal den Namen Hannah erwähnt hatte, und ... und der passt ja auch gut zu meiner Tochter, finde ich. Und jetzt heißt sie

Hannah.« Herr Sondermann starrte ins Leere. »Aber ich musste das alleine entscheiden. Sarah ist nicht mehr da ...«
Herr Sondermann atmete ein paar Mal tief durch.
»Dass ich jetzt nicht so oft bei Hannah war, wie es vielleicht vom Jugendamt erwartet wurde, das war ... Das lag daran, dass ich nach jedem Besuch so durcheinander bin. Ich kann das kaum beschreiben, was da alles auf mich einströmt. Da ist dieses irrsinnige Gefühl von Verantwortung und Liebe und irgendwie auch Rührung. Ich meine, das ist unsere Tochter! Das ist so ein großes Wahnsinnsgefühl! Aber es ist eben dann doch nicht unsere Tochter, es ist meine. Weil Sarah nicht mehr da ist. Wenn es Hannah nicht geben würde, dann wäre Sarah noch da.« Er stöhnte, als würde ihm all das körperliche Schmerzen bereiten.
Sofort hob Herr Sondermann beide Hände und beeilte sich, etwas nachzusetzen: »Also, nein, nein, bitte verstehen Sie mich nicht falsch! Ich *weiß*, dass Hannah nicht schuld ist an Sarahs Tod! Ich weiß das!! Aber die Frage, was gewesen wäre, wenn Sarah nicht schwanger geworden wäre ... die kommt eben immer und immer wieder, und es ist so furchtbar! Und dann ist da noch die Angst, etwas falsch zu machen mit Hannah. Dass es ihr nicht gut gehen wird bei mir. Oder ... oder dass ich sie fallen lasse oder noch schlimmer, dass ich ...«
Herr Sondermann unterbrach sich. Sein Blick wanderte aus dem Fenster, wo die Sonne sich in der gegenüberliegenden Glasfront eines Bürogebäudes spiegelte. »Ich hab Angst, dass ich sie nicht lieben kann. Vielleicht kann ich sie gar nicht lieben. Woher soll ich das wissen? Ich hab keine Vorbilder bei der Kindererziehung. Was ist denn, wenn ich wirklich so werde wie mein Vater und meine Großmutter? An meine Mutter habe ich nur noch verschwommene Erinnerungen. Also, was

ist, wenn ich eigentlich auch ein Monster bin? Was ist dann? Muss man Hannah nicht beschützen vor mir? Dann denke ich … Also, dann will ich sie sofort zur Adoption freigeben. Aber im gleichen Moment erschrecke ich zu Tode vor diesem ungeheuerlichen Gedanken. Das geht doch alles gar nicht! Sie ist doch auch die einzige Verbindung, die ich noch zu Sarah habe. Und Sarah würde das doch niemals wollen! Sie ist … sie bleibt ja unsere Tochter … Aber das klingt schon wieder so … so krank irgendwie. Ach, ich weiß auch nicht. Was soll ich denn tun?«
In dem Moment drehte sich Herr Sondermann zu mir und sah mich aus seinen traurigen Augen an. Er flehte nicht um Hilfe, er sagte nichts. Er saß einfach nur da.
Und ich fühlte mich plötzlich überfordert. Ich musste diesem Mann helfen! Versagen oder Fehler machen war hier definitiv keine Option! Ich musste jetzt alles richtig machen! Und das auch noch schnellstmöglich!
Ich bemerkte, wie ich meine Kiefer aufeinanderpresste. (Eine schlechte Angewohnheit, wenn ich sehr gestresst bin. Es führt nicht zu weniger Stress, sondern zu Kopfschmerzen. Eine wirklich sehr dumme Angewohnheit.)
Ich musste ruhig bleiben. Und professionell. So professionell, dass mir bitteschön sofort ein paar total schlaue Dinge einfallen mussten, die ich sagen und tun konnte.
»Herr Sondermann, ich weiß gerade auch nicht, was wir tun sollen.«
Na, das klappte ja prima …
Doch noch bevor Herr Sondermann seinen Blick wieder abwendete, setzte ich noch nach: »Aber mir wird eine Lösung einfallen, das verspreche ich.« Himmel, was redete ich denn da? »Dass Sie jetzt so durcheinander sind, ist vollkommen klar und eine ganz normale Reaktion.«

Ging's noch platter? Ich sollte besser ruhig sein ... Herrje ... Ich atmete einmal tief durch und sammelte den Rest meiner umherirrenden Gedanken zusammen. Egal. Er hörte mir immerhin nach wie vor zu. Weiterweiter.

»Wir fahren übermorgen gemeinsam zu Ihrer Tochter, und danach reden wir noch einmal. Einverstanden?«
Bevor Herr Sondermann widersprechen konnte, warf ich hinterher: »Und wenn Sie Herrn Bendis mitnehmen möchten, dann fragen Sie ihn bitte. Ich halte diesen Besuch bei Hannah auf jeden Fall für eine gute Idee.«
Herr Sondermann blickte mich dankbar an.
Und ich hoffte, dass diese Idee tatsächlich so gut war, wie ich gerade behauptet hatte.

Die Bereitschaftspflegefamilie, in der Hannah untergebracht worden war, lebte auf einem großen Hof auf dem Land. Weit und breit gab es ... nichts. Also, es gab Felder, aber jetzt im Winter sahen diese einfach aus wie ein großes, weites, graues »Nichts«.
Dafür wirkte der Hof anheimelnd – er erinnerte mich irgendwie an Bullerbü. Überall hingen aus Hölzern gebastelte Mobiles, und auf einem Tisch vor dem Haus lag eine teilweise bemalte Steinsammlung. Bobbycars und Fahrräder in verschiedenen Größen standen herum, und sogar ein paar Schlitten hatte man schon hoffnungsvoll bereitgestellt. Irgendwann musste es ja mal schneien.

Frau Weiler, die Bereitschaftspflegemutter, öffnete die Türe und begrüßte uns freundlich. Ich stellte alle vor, und wir betraten das Bauernhaus.
»Wie schön, dass Sie am Vormittag kommen konnten«, sagte Frau Weiler. »Da ist hier wenigstens Ruhe. Ich hab zurzeit nur

Kindergarten- und Schulkinder.« Sie lächelte. »Und natürlich diesen kleinen Sonnenschein.« Sie zeigte auf eine Wiege, die mitten in der Stube stand. Darin lag die kleine Hannah mit rosigen Wangen und schlief fest und friedlich.
Herr Bendis ging als Erster zu dem kleinen Bettchen und sah andächtig hinein. Herr Sondermann machte zunächst ein paar Schritte, um es ihm nachzutun, blieb dann aber stehen, atmete schwer und sah mich hilfesuchend an.
Bevor ich etwas tun oder sagen konnte, war Frau Weiler schon bei ihm und … umarmte ihn. Und wie! Ein paar lange Sekunden standen die beiden da, und als Frau Weiler ihn wieder losgelassen hatte, bemerkte ich, wie sich Herr Sondermann entspannte. Nicht etwa, weil ihm die Umarmung unangenehm gewesen war, sondern ganz im Gegenteil. Manchmal sagt so eine Umarmung eben mehr als viele Worte.
Nun nahm Frau Weiler seinen Arm und sagte mitfühlend: »Ja, das ist nicht leicht, sich zu verabschieden. Aber Sie machen das schon.«
Herr Sondermann war wie versteinert. Und auch mir blieb die Luft weg.
Was meinte Frau Weiler? War Hannah etwa auch …
Kurz schoss mir der Gedanke durch den Kopf, dass womöglich auch Hannah plötzlich verstorben war, aber als ich zu ihr hinsah, bewegte sich gerade einer ihrer kleinen Finger.
Ich war so erleichtert, dass mir fast die Tränen in die Augen stiegen. Mein Gott, dieser Fall brachte mich noch an den Rand des Nervenzusammenbruchs.

Ich räusperte mich. »Bitte entschuldigen Sie, Frau Weiler. Was meinen Sie denn damit? Ich verstehe nicht …«
Nun war es Frau Weiler, die verwirrt war.
»Aber gerade eben waren doch Herr und Frau Ramacher da.«

Herr Sondermann war noch immer erstarrt, und ich schaute Frau Weiler verständnislos an.
Sie runzelte die Stirn. »Das Ehepaar Ramacher. Die Adoptiveltern von Hannah. Ich dachte, deshalb sind Sie heute hier. Um sich zu verabschieden.«
»Was??« Herr Sondermann war aus seiner Versteinerung erwacht – und hatte damit auch seine Tochter geweckt.
Herr Bendis nahm sie aus der Wiege und wollte sie Herrn Sondermann in den Arm geben, aber der machte einen unsicheren Schritt zurück. Also behielt Herr Bendis das kleine Bündel in seinen Armen und sprach beruhigend auf Hannah ein.
Frau Weiler hielt sich die Hand vor den Mund und sah Herrn Sondermann entsetzt an.
»Bitte ... oh bitte entschuldigen Sie! Ich konnte ja nicht ahnen, dass Sie ... dass sie ... dass ... « Sie sah fragend zu mir. »Was ist hier eigentlich los?«
Das war eine gute Frage.
Eine verdammt gute Frage!

Und die Antwort darauf war – natürlich – Frau Gruber. Sie hatte nämlich schon einmal nach Adoptiveltern für die kleine Hannah gesucht, bei der Unterredung gestern kein Sterbenswörtchen darüber verloren und die beiden nun nicht nur gefunden, sondern bereits bei Frau Weiler vorbeigeschickt!
Nicht nur ich war fassungslos. Frau Weiler schüttelte immer wieder den Kopf. »So was gehört verboten! So was ist ganz sicher verboten! Nicht zu fassen, was diese Frau angerichtet hat! Ich meine, für mich ist das schon unangenehm, aber was soll's. Der arme Mann!« Sie wandte sich wieder an Herrn Sondermann, tätschelte ihm den Arm und sah ihn mitfühlend an. »Ich glaube, Sie beide können einen Schnaps gebrauchen.« Sie grinste. »Und Sie, Frau Seeberg, Sie sollten auch einen trinken, glaube ich.«

Niemand hatte einen Einwand. Frau Weiler war auch nicht gerade die Art Person, der man wiedersprach, wenn sie der Meinung war, dass man nun einen Schnaps brauche. Also setzen wir uns brav an den rustikalen Küchentisch – Herr Bendis nach wie vor mit der kleinen Hannah in seinem starken, rechten Arm – und kippten eine Minute später eine »kleine Marille«.
Das war und blieb übrigens bislang das einzige Mal, dass ich »im Dienst« Alkoholisches zu mir genommen habe.
Frau Weiler schüttelte den Kopf: »Diese Gruber ist wirklich ein Drachen. Und können Sie sich denken, wie das für die Familie Ramacher sein wird? Die denken jetzt, sie haben eine kleine Tochter, die sie bald zu sich nach Hause holen können. Was für ein Drama!« Sie seufzte tief.
Dann sah sie zu Hannah, die auf Herrn Bendis' Arm selig schlummerte. »Zum Glück bekommt sie von alldem nichts mit.«

Herr Sondermann atmete schwer. Dann sagte er: »Vielleicht ist es aber ja das Beste für Hannah, wenn sie bei dieser Familie lebt. Also, vielleicht ist das ja ein Wink des Schicksals …«
»Blödsinn!«, unterbrach ihn Frau Weiler. »Das ist kein Wink des Schicksals, sondern wieder mal ein riesengroßer Bockmist, den sich die Gruberin erlaubt hat! Nur weil die so saublöd ist, werfen Sie jetzt nicht die Flinte ins Korn! Die Frau Gruber kann uns mal! Und für die Ramachers finden wir ein anderes Baby! So! Und auf den Schock und den Schnaps gibt's jetzt einen Kaffee!«
Sie stand auf und widmete sich einer Druckkanne.
Ich sah Herrn Sondermann an. Er war blass und aufs Äußerste angespannt. Seine Hände zitterten. Er würde doch jetzt nicht zusammenklappen?
Zögernd wanderte sein Blick zu Hannah, und er schaute seine Tochter zum ersten Mal für längere Zeit an.

Herr Bendis bemerkte es und rutschte behutsam etwas näher an seinen Freund.
Wir schwiegen und schauten alle drei die schlafende Hannah an. Ich gehöre nicht zu den Frauen, die grundsätzlich alle Babys süß finden. Ich bin sogar der Ansicht, dass es Babys gibt, die ... na ja, wo sich das Süße vielleicht erst noch entwickeln muss. Wie auch immer, ich flüchte mich dann einfach in ein »Ja schauuuuu, wer ist denn da!«, denn das passt ja irgendwie immer, und man erfährt dann zumeist auch gleich den Namen. Gefahrlos, praktisch, gut.
Hannah aber war wirklich ein kleiner Engel mit ihrer rosigen Haut und ihrem entspannten Zug um den Mund. Nach all dem Wahnsinn tat es uns allen richtig gut, sie nur zu betrachten und ihr beim Schlafen zuzusehen. Eine im wahrsten Sinne des Wortes bezaubernde Ruhe erfüllte den Raum. Hannah verzog ihr Gesicht zu einem kurzen Lächeln und schmatzte dann wohlig. Wir mussten automatisch mitlächeln. Und atmeten tief durch.

Und dann geschah etwas, was mir immer noch die Tränen in die Augen treibt. Herr Sondermann sagte ganz leise »okay«, streckte seine Arme aus und flüsterte: »Gib sie mir.«

Diesen Moment werde ich nie vergessen. Es gab keine großen Gesten, keine allumfassenden Versprechungen oder etwas in der Art. Dieser eine Satz war so viel mehr.
Ich sah Herrn Bendis an. Ihm liefen Tränen über das Gesicht. Tränen der Erleichterung.
Er lächelte. »Wir schaffen das, Stefan. Irgendwie schaffen wir das.«
Herr Sondermann nickte ernst. »Ja. Wir schaffen das.«

Es dauerte zwar eine ganze Weile, bis Herr Sondermann tatsächlich sagen konnte, dass er es geschafft hatte. Aber nachdem der Entschluss einmal gefasst war, schien es, als könne ihn nichts und niemand mehr aufhalten. Mit einer so ruhigen und besonnenen Kraft, die ich selten an einem Menschen erleben durfte, ertrug Herr Sondermann alles, was nötig war, um dem Happy End immer ein Stück näher zu kommen. Er nahm jeden Angriff von Frau Gruber, jede Hürde, das gesamte Verfahren und alle nötigen und unnötigen Anträge, Untersuchungen und Termine mit einer unendlichen Geduld auf sich und verlor nie das Ziel aus dem Blick: Er würde seiner Tochter Hannah ein guter Vater sein.
Frau Gruber ihrerseits tat das genaue Gegenteil! Sie schimpfte, rief Hinz und Kunz an und setzte alles in Bewegung, was ihr zur Verfügung stand, um bloß nicht der Familie Ramacher erklären zu müssen, dass nun doch nichts aus der Adoption werden würde. Außerdem war sie ja nach wie vor fest davon überzeugt, dass Herr Sondermann kein Vater sei, sondern ein Monster. Schließlich kam es zu einem letzten Telefonat zwischen ihr und mir. Sie keifte in der schrillen Lautstärke einer ungeölten Türangel, dass sie für diesen Wahnsinn keine Verantwortung übernehme und das auch ganz genauso in ihren Bericht schreiben würde!
Und legte auf.
Natürlich.

Die kleine Hannah zog selbstverständlich nicht von heute auf morgen bei Herrn Sondermann ein. Erst einmal begann der Vater eine Therapie, um das Vergangene aufzuarbeiten, sich zu stabilisieren und um wieder Vertrauen aufzubauen. In sich und in das Leben. Er besuchte Hannah regelmäßig bei Frau Weiler und nahm sie schon bald stunden- und später auch tageweise zu sich. Frau Weiler bestätigte ihm immer wieder, dass er alles wunderbar mache, aber Herrn Sondermanns Verunsicherung saß tief.

Ich traf ihn alle sechs Wochen, um ihn mit seiner Tochter zu sehen. Wenn ich ihm danach konkrete Dinge benannte, die er noch verbessern konnte, tat ihm das gut, denn er konnte viel eher für sich annehmen, dass er etwas ändern und an sich arbeiten musste, als dass er ein »rundum wunderbarer Papa« war, wie Frau Weiler immer zu sagen pflegte.
Als Hannah ein halbes Jahr alt war, erklärte ich Herrn Sondermann, dass ich ihn zwar gern weiterhin alle paar Wochen mit seiner Tochter sehen würde, bis diese erwachsen war, dass es aber aus gutachterlicher Sicht nun wirklich nicht mehr notwendig sei.
Er erschrak. »Und jetzt? Was heißt das denn?«
Ich seufzte. »Na, Herr Sondermann, was denken Sie denn? Das heißt, dass ich in mein Gutachten schreibe, dass ich auch nach monatelanger intensiver Suche keinen – also wirklich überhaupt keinen einzigen Grund gefunden habe, aus dem man Ihnen das Sorgerecht entziehen müsste. Sie sind voll und ganz erziehungsfähig. Und das eigentlich schon von Anfang an. Sie haben es nur selbst nicht mehr geglaubt. Aber Sie können ja später, wenn Sie unsicher werden, immer mein Gutachten zur Hand nehmen. Da wird nämlich Schwarz auf Weiß drinstehen, dass Hannah natürlich bei Ihnen leben wird. Und dass Sie ein guter Vater sind.«
Herr Sondermann sah im ersten Moment gar nicht so wahnsinnig glücklich aus, eher verwirrt und überfordert. Ich musste lächeln. »Jetzt freuen Sie sich halt ein bisschen! Man bekommt so was ja nicht alle Tage von einer Sachverständigen gesagt.«

Und da war es! Ein kleines, zaghaftes Lächeln stahl sich in Herrn Sondermanns Gesicht. »Dankeschön. Ich ... wie ... Puh, ich bin ein bisschen ... Also, wie geht es denn jetzt weiter?«
»Wie wir es besprochen haben. Ich schreibe das Gutachten, und dann gibt es den Gerichtstermin. Frau Weiler steht Ihnen als Tagesmutter für Hannah weiter zur Verfügung. Sie können das Angebot annehmen oder nicht. Das ist ganz Ihre Sache. Aber ich glaube, Frau Weiler wäre echt beleidigt, wenn Sie es nicht täten.«
Das vorher noch schüchterne Lächeln von Herrn Sondermann wurde zu einem erleichterten breiten Grinsen.
»Ja, das mache ich.«
Er schüttelte ungläubig den Kopf. »Vielleicht wird ja jetzt doch noch alles irgendwie gut ...«
Dann schaute er mich ernst an, und seine Augen wurden feucht.
Diesmal waren es Tränen der Erleichterung und Rührung, und die standen ihm fast so gut wie das Lächeln.
Wie schön!
Er sah mich an, dann schaute er zu Boden. Er atmete tief ein und aus, lenkte den Blick wieder nach oben und trat dann einen Schritt auf mich zu.
Schließlich murmelte er ein leises: »Darf ich ...?«
Aber ja.
Wir umarmten uns. Und nun liefen auch bei mir die Tränen.
Eine weinende Sachverständige, die den Mann umarmt, den sie begutachtet hat.
Sehr unprofessionell.
Und sehr schön.

Flammende Erleuchtung

Die Akte zum Fall Koschinski gegen Koschinski war extrem dünn und enthielt lediglich die Schreiben der Anwälte der Eltern mit gegenseitigen Vorwürfen. Herr Koschinski fand, dass seine Frau nicht erziehungsfähig sei, weshalb seine Tochter Samira (7) bei ihm leben solle, wohingegen Frau Koschinski schon alleine die Idee des Vaters als Grund dafür ansah, ihm jegliche Erziehungskompetenz abzusprechen. Sie erklärte, dass sie »in Anbetracht der Umstände« ihre Tochter bis auf weiteres nicht mehr zu Herrn Koschinski schicken werde. So standen also nach einem unspektakulären Gerichtstermin, der keine weiteren Erkenntnisse gebracht hatte bis auf, dass die Eltern beide stur auf ihrem Standpunkt beharrten, die üblichen Fragen im Raum: Wo soll das Kind leben, und wie sollen die Besuchskontakte zum anderen Elternteil aussehen?
Das Jugendamt hatte die Eltern zum ersten Mal bei Gericht gesehen, konnte daher auch nichts Erhellendes zu diesem Fall beitragen.

Bei der ersten Kontaktaufnahme zwecks Terminvereinbarung erklärte mir Herr Koschinski am Telefon, dass er nur das Beste für seine Tochter wolle und hoffe, dass ich dabei behilflich sein könne. Er wirkte gehetzt und gleichzeitig müde. »Wissen Sie, ich will gar keinen Streit oder der Mutter das Kind wegnehmen oder so was. Wirklich nicht! Es ist nur … meine Ex-Frau … also …« Er sprach so leise, dass er fast flüsterte: »Ich glaube, sie ist verrückt.«

Mehr wollte Herr Koschinski dazu nicht sagen. Und ich wollte auch nichts weiter dazu hören. Jedenfalls nicht am Telefon. Wir vereinbarten einen Termin, und ich legte mit einem ungutem Gefühl auf. Wenn ein Elternteil vom anderen Elternteil behauptet, dieser sei verrückt, konnte das alles Mögliche bedeuten – von haltlosen Vorwürfen über eine sehr weit gefasste Definition des Wortes »verrückt« bis hin zu einem tatsächlich psychisch kranken Elternteil. Da ich diese Möglichkeit auch in Betracht ziehen musste und Samira bei ihrer Mutter lebte, bemühte ich mich um einen möglichst zeitnahen Termin mit Frau Koschinski.
Tatsächlich hatte sie schon am übernächsten Tag Zeit. Am Telefon hatte sie sich unauffällig normal angehört. Aber das musste ja nicht zwangsläufig bedeuten, dass sie nicht trotzdem psychisch krank war. Vielleicht war sie verrückt und gleichzeitig eine hervorragende Schauspielerin. Das kommt gar nicht so selten vor ...

Als ich dann zwei Tage später vor Frau Koschinski stand, leuchtete mir so einiges ein. Und entgegen.
Die Türe wurde mir von einer lichterfüllten Erscheinung in Lila geöffnet. Bei näherer Betrachtung entpuppte sich diese als die von einer Stehlampe effektvoll von hinten beschienene Frau Koschinski. Sie hatte sich in ein mehrlagiges lila Gewand geworfen und eine Armada von Klimperketten um Hals und Handgelenke gelegt. Mit ihrer doch sehr rundlichen Figur und der flammend roten Wallemähne sah sie aus, als sei sie nicht von dieser Welt. Sie begrüßte mich mit einer Verbeugung und schwebte mit den salbungsvoll gesprochenen Worten »Folgen Sie mir bitte in den Chakrenraum« voraus den Flur entlang.
Frau Koschinski hatte eine ganz erstaunliche Technik des Gehens, denn in Verbindung mit den vielen lila Stofffetzen um sie herum sah es tatsächlich aus, als würde sie den Boden nicht be-

rühren. Ich schaute ihr fasziniert hinterher und folgte ihr schließlich in einen Raum, der genau so aussah, wie man sich einen Chakrenraum vorstellt, wenn man von dem ganzen Esoterikkram keine Ahnung hat und davon ausgeht, dass die Menschen, die sich damit befassen, alle mehr oder weniger seltsam sind.
Ich betrat eine andere Welt. Eine Welt, in der permanent Glocken klangen und Vögel zwitscherten. Entweder ließ sie zwei CDS gleichzeitig laufen, oder jemand hatte tatsächlich eine Glockenklang-featuring-Vogelgezwitscher-CD aufgenommen. Und in den Handel gebracht.
Die Wände hingen voller Seidentücher in allen Farben sowie irgendwie, na ja, verstörender Bilder – ebenfalls höchst farbenfroh. Ich nahm an, dass darauf die Chakren abgebildet waren, nach denen der Raum benannt war.
Auf dem Fensterbrett qualmte ein Räucherstäbchen vor sich hin. Und auf dem kleinen Regal war auch eins. Insgesamt zählte ich fünf Stück. In verschiedenen Farben und Geruchsrichtungen.
Neben dem Räucherstäbchen auf dem Regal standen mehrere Buddha-Figuren nach Größe geordnet auf einem Deckchen mit einem darauf gestickten Om-Zeichen. Um sie herum waren Thorshämmer und Steine mit chinesischen (oder vielleicht auch japanischen) Schriftzeichen verteilt. Über diesem Sammelsurium an der Wand hingen sage und schreibe drei Jesusse ... Was ist die Mehrzahl von Jesus? Jesen? Jesääi? Gibt es überhaupt eine Mehrzahl? Es gibt ja nur einen. Also, es sollte nur den einen geben ... auch in Wohnungen oder Chakrenräumen. Mir hingen hier entschieden zu viele sterbende oder schon verstorbene junge Männer an dieser Wand. In der Zimmerecke fand sich ein Regal mit allerlei bunten Steinen, Engelsfiguren in allen Größen und Farben sowie ... sowie Dingen. Was soll ich sagen, es waren eben Dinge, die ich noch nie

zuvor gesehen hatte. Wahrscheinlich konnte man irgendwas Chakrenmäßiges damit veranstalten.
Mir war ein wenig schwindelig.
Ob das am Überangebot diverser Glaubensrichtungen lag, an den Farben oder Räucherstäbchen, die hier um den Titel »Eso-Duft des Millenniums« wetteiferten, vermag ich nicht zu sagen. Vielleicht lag es ja auch einfach an zu viel ungewohnter Esoterik auf einmal. Unerfahrene Menschen wie ich sind da wahrscheinlich schnell mal überfordert und neigen zu Schwindelanfällen.
Ich ließ mich auf einem der etwas zu niedrigen lila-orangefarbenen Sitzkissen nieder und nahm dankbar einen Schluck Wasser aus dem roten Kristallglas, das Frau Koschinski mir anbot. Sie deutete auf die Karaffe, aus der sie soeben eingeschenkt hatte und auf deren Boden sich ein Haufen Steine befand: »Diese Steinkombination ist gut gegen Stress, hilft gleichzeitig beim Abnehmen und stärkt das Immunsystem.«
Hatte sie diese Kombination für sich zusammengestellt, oder hatte sie angenommen, dass jeder Mensch, der als Gutachter arbeitet, automatisch gestresst, zu dick und krank ist?
Frau Koschinski setzte sich auf ein Sitzkissen mir gegenüber und schenkte uns nun mit betont langsamen Bewegungen und äußerst konzentriertem Gesichtsausdruck Tee ein. Als sie damit fertig war, atmete sie mit geschlossenen Augen tiiiiiief durch und erklärte dann beseelt lächelnd, dass ich ruhig Zucker für den Tee nehmen solle. Sie habe ihn nämlich zuvor mit Reiki behandelt. »Ich nehme nur noch Nahrungsmittel zu mir, die ich vorher mit Energie angereichert habe. Ich bete drei Mal, und dann hat das Nahrungsmittel das 50-Fache an Energie. Wussten Sie, dass man an Energiemangel stirbt, wenn man nur Essen zu sich nimmt, das vorher in der Mikrowelle war? Die entzieht dem Essen nämlich jegliche Energie – und dann ist

man tot. Da hilft dann das Beten auch nix mehr.« Während sie sprach, hatte sie sich einen leuchtend grünen Seidenschal um den Hals geschwungen, der nun zwischen dem Lila ihres Gewandes und dem Knallrot ihrer Haare einfach ein Zuviel an Farbe für meine nicht an Esoterik gewöhnten Augen war.

Pling.
Das klang genauso wie das Pling einer Mikrowelle.
Pling. Pling.
Frau Koschinski lächelte mich entschuldigend an. »Bitte verzeihen Sie, ich muss ganz kurz mal ... Es ist Zeit für meine Chakren, Sie verstehen ...«
Sprach es, schwebte von dannen und verschwand im Nebenzimmer. Ich hörte durch die geschlossene Türe abwechselnd mehrere »Ommmm«s und stoßweises Keuchen, von dem ich annahm, dass es eine kosmische Atemtechnik darstellte, die Chakren reinigte oder irgendwas mit Energie machte.

So saß ich nun alleine in diesem Overkill an esoterischen Wesen, Farben, Gerüchen und ... Dingen. Es wirkte, als hätte Frau Koschinksi einmal das »große Eso-Starter-Paket 2000« sowie das Schnupperangebot »Top-Ten der Weltreligionssymbole« bestellt und das dann alles im geschlossenen Raum in die Luft gesprengt.

Inzwischen konnte ich ganz gut nachvollziehen, warum Herr Koschinski seine Ex-Frau für verrückt hielt.
Das bedeutete natürlich nicht automatisch, dass sie unter einer psychischen Krankheit wie einer Psychose oder Ähnlichem litt, und sagte auch erst mal nichts über ihre Erziehungsfähigkeit aus, aber sie wirkte doch sehr ... nun ja, nennen wir es einmal vorsichtig Esoterik-fokussiert.

Ich habe nichts, aber auch rein gar nichts gegen Menschen, die ihr Leben nach den Mondphasen richten, an Schutzengel, Elfen oder frühere Leben glauben und sich regelmäßig die Karten legen lassen. Ich selbst habe noch nie eine echte Elfe gesehen, was aber ja nicht bedeutet, dass es keine gibt.
Ich halte es mit Friedrich II., der einst schrieb: »Jeder soll nach seiner Façon selig werden.« Recht hatte er. Mit einer kleinen Einschränkung: Wenn nämlich etwas so extrem betrieben wird, dass es das Leben anderer beeinträchtigt beziehungsweise stört – weil diese anderen dann nämlich eben nicht mehr nach ihrer »Façon selig« werden können. Selbst so positive Dinge wie Umweltschutz und eine gesunde Ernährung können in mir Widerstände hervorrufen, wenn jemand sie allzu extrem und mit einer unverhohlenen Geringschätzung gegenüber allen Menschen vorträgt, die nicht diese Radikalität an den Tag legen.
Ich mag keine intoleranten Extremisten. Auch wenn sie im Sinne einer guten Sache unterwegs sind.

Gerade als ich einen ersten Schluck Tee genommen und ihn aufgrund der vielen Schwebeteilchen und seines modrigen Geschmacks umgehend zurück in die Tasse gespuckt hatte, erschien Frau Koschinski selig lächelnd wieder und ließ sich auf ihrem Kissen nieder. Ich trank ein halbes Glas Edelsteinwasser gegen den Modergeschmack in meinem Mund, bevor ich begann:
»Frau Koschinski, in Ihrer Familiensache ...«
»Aaah ... eiiiinen Augenblick, bitte!« Frau Koschinski hatte beide Handflächen in meine Richtung erhoben und die Augen geschlossen. Sie atmete tief durch die Nase ein und mit einem recht unmelodischen »Ommmm« wieder aus. Während sie langsam die Augen wieder öffnete, erklärte sie: »Diese ganze Sache hat so eine negative Aura, da muss ich erst einmal wieder

Licht atmen und meine Engel um mich scharen.« Sie ommte noch einmal. »Soooo, jetzt bin ich bereit.« Sie lächelte mich gütig an.

Vor meinem inneren Auge erschienen mehrere kleine dicke Engelchen, die um Frau Koschinskis Kopf herumflatterten. Sie machten Faxen, und eines setzte sich auf die rote Wallemähne und äffte Frau Koschinskis Geomme nach. Helles Engelsgekicher setzte ein.

Ich schüttelte das Bild ab, um mich Frau Koschinski zu widmen, bevor es wieder »Pling« machte und sie irgendwas mit ihren Chakren veranstalten musste.

»Also, zum Ablauf der Begutachtung ...«

Weiter kam ich nicht, denn Frau Koschinski unterbrach mich erneut. Immerhin entschuldigte sie sich diesmal dafür. »Das ist alles soooo negativ! Das verseucht den gesamten Raum *und* meine Seele. Warten Sie, ich bitte die Lichtgestalten um Beistand.«

Sie war aufgestanden, um mehrere Kerzen auf der Fensterbank anzuzünden und eine Art rhythmische Sportgymnastik mit einem langen gelben Seidenschal zu vollführen. Eins der dicken Engelchen erschien wieder, verdrehte die Augen und zeigte Frau Koschinski einen Vogel.

Um ehrlich zu sein, drückte das kleine, dicke Engelchen mit seiner unmissverständlichen Geste exakt das aus, was mir gerade als höchst unprofessioneller Gedanke ins Bewusstsein flatterte: »Die spinnt!«

So etwas soll man während einer Begutachtung wirklich nicht denken. Soll man nicht. Kann man aber in Extremsituationen auch nicht wirklich verhindern. Und das hier gehörte meiner Ansicht nach durchaus in diese Kategorie.

Ich versuchte mal wieder, den Gedanken zu unterdrücken, dass es sich bei diesem ganzen Szenario hier diesmal *nun aber wirklich* um eine Inszenierung der »Versteckten Kamera« han-

delte. Es gelang mir zunächst nicht so recht, denn der Gedanke erschien mir eine allzu logische Erklärung für all das um mich herum. Aber Frau Koschinski half mir tatkräftig dabei, diese Idee zu vergessen. Einige Sekunden später war ich nämlich so sehr mit dem beschäftigt, was sie da tat, dass ich keinen Gedanken mehr an eventuell versteckte Kameras verschwendete.
Frau Koschinski wedelte gerade wild mit dem Seidenschal, und da entstand um sie herum ein gelbweißliches Licht. Es breitete sich aus und schien die Wand des Zimmers emporzuklettern.
Ich traute meinen Augen nicht. Das Licht war unglaublich hell, zeigte sich in einer Art Kreis um Frau Koschinski herum und wurde immer mehr …
Frau Koschinski schien in wahre Verzückung zu geraten: »Da! *Da!*«, rief sie und »Ich seh sie! Endlich! Ich sehe sie!«
War ich tatsächlich Zeuge einer Art von Beweis für … na ja, übersinnliche Phänomene? Ungläubig blinzelte ich ein paar Mal und suchte nach rationellen Erklärungen für dieses wahrlich unglaubliche Mysterium. Hatte mir die Dame was in den Tee getan? Oder waren es die Steine im Wasser? Die Räucherstäbchen? Oder hatte Frau Koschinski wirklich in meinem Beisein die Lichtwesen herbeigerufen, und wir konnten sie nun beide sehen!?

Nein.
Frau Koschinski hatte leider einfach nur den Seidenschal mittels den sie umgebenden Kerzen und mit diesem dann zwei der Wandbehänge in Brand gesetzt. Das Licht bestand aus kleinen Flämmchen, die erschreckend schnell zu Flammen wurden!

Dies war zum einen irgendwie schade, zum anderen aber auch höchst gefährlich. Ich schnappte mir die Karaffe, lief zu der mit offenem Mund dastehenden Frau Koschinski und schüttete

Wasser samt Edelsteinen auf die sich überall ausbreitenden Flammen. Da kam wieder Leben in Frau Koschinski, und sie tat es mir gleich: mit dem Modertee sowie mit einer großen Wasserschale und den darin befindlichen Schwimmkerzen.

Das Ganze dauerte nur wenige Sekunden, und die Flammen waren so schnell verschwunden, wie sie gekommen waren.
Ich fühlte mich ein wenig zittrig.

Frau Koschinski sah einen Moment ausdruckslos auf die verkokelten, tropfnassen Seidentücher. Dann atmete sie tief ein ... und überraschte mich damit, dass sie statt eines gelassenen »Ommm« ein donnerndes »ach, Scheiße!« in den Raum schmetterte. Sie sah sich um, als wäre sie zum ersten Mal in diesem Eso-Zimmer.
Dann warf sie das Seidentuch in das nächste Regal, was diversen Buddhas nun den Blick verschleierte, und trat recht unwirsch gegen das Sitzkissen. »Des ist doch Scheiße! Des ist doch alles totale Scheiße!«, murmelte sie unentwegt und lehnte sich dann erschöpft in den Türrahmen.

Okay.
Diesmal war es die »Versteckte Kamera«.
Ganz sicher.
Das war nicht real.
Das war Fernsehen.

Ich überlegte fieberhaft, was ich Geistreiches von mir geben könnte, um nachher bei Ausstrahlung der Sendung einigermaßen gut rüberzukommen. Bisher hatte ich ja in erster Linie diverse erstaunte Gesichtsausdrücke zum Besten gegeben und den Tee ausgespuckt.

Frau Koschinski seufzte, verdrehte die Augen und schüttelte den Kopf: »Mein Gott, das bringt alles nix. Das bringt doch alles überhaupt nix.«
Sie lachte trocken auf und murmelte: »Und der Tee schmeckt doch einfach nur scheiße. Ekelhaft.«

Frau Koschinski setzte sich erschöpft auf das Sitzkissen und murmelte erneut: »So eine verdammte Scheiße ...« Und dann sah ich die Tränen in ihren Augen, und wusste:
Das war nicht die »Versteckte Kamera«.
Das war eine zutiefst verzweifelte Frau.

»Frau Koschinski, ich schlage vor, wir führen das Gespräch einfach woanders weiter. Einverstanden?«
Sie nickte und wischte sich wenig effektvoll mit dem Wallegewandärmel über die Nase. Ich reichte ihr ein Taschentuch.
Dann versicherte ich mich, dass alle Kerzen und Räucherdinger aus waren und nichts mehr in Brand setzen konnten.
»Okay, hier besteht jetzt zumindest keine Gefahr mehr. Wo können wir reden?«
»In der Küche. Hier entlang, bitte.« Frau Koschinski schniefte und ging vor mir her. Zum Schweben hatte sie wohl keine Lust mehr. Fast schade.

Als wir aus dem Raum traten, hatte ich das Gefühl, in eine andere Welt zu wechseln. Also in die Welt, aus der ich auch gekommen war. Außerhalb des Chakrenraumes war die Wohnung nämlich völlig »normal«. Nicht im Sinne von langweilig, unpersönlich oder durchschnittlich, sondern eben so, wie man sich eine Wohnung vorstellt, in der eine Frau mit ihrer Tochter lebt. Es war nicht *zu* aufgeräumt, aber sauber, überall hingen Fotografien, die die Tochter mit ihrer Mutter oder ohne sie zeigten, und hier und da fand sich ein liegen gelassenes Kuscheltier oder ein Stapel zerlesener Pixi-Bücher. Im positivsten Sinne normal eben.

Das einzig Esoterische waren der Traumfänger an der Tür zum Kinderzimmer und eine kleine Buddha-Figur in einem der Küchenregale.

»Bitte, setzen Sie sich doch.« Frau Koschinski deutete auf die Eckbank und machte sich dann an der Kaffeemaschine zu schaffen. Sie drehte sich zu mir um. »Kaffee?«

Ich lächelte. »Sehr gerne.«

Frau Koschinski lächelte zurück und sah dabei trotz ihrer verheulten Augen und der roten Nase richtig schön aus. Sie hatte eins dieser Gesichter, bei denen im wahrsten Sinne des Wortes die Sonne aufgeht, wenn sie lächeln.

Sie stand etwas unbeholfen neben der laufenden Kaffeemaschine. Und dann begann sie zu erzählen …

Erst stockend, sehr bald aber nahezu wasserfallartig berichtete Frau Koschinski von dem riesigen schwarzen Loch, in das sie nach der Trennung von ihrem Mann gefallen war, und dass sie verzweifelt nach irgendwem oder -was gesucht hatte, das ihr einen Sinn und vor allem Halt geben konnte. Im Internet war sie fündig geworden: esoterisch angehauchte Seiten mit verheißungsvollen Versprechungen, denen Frau Koschinski in ihrem Zustand nur allzu gerne glaubte. Dazu diverse Tipps und Weblinks, was man sich wo am besten gleich bestellen solle, um sein Leben, das Universum und den ganzen Rest wieder geradezurücken. Nach dem allseits bekannten Prinzip »Viel hilft viel« hatte Frau Koschinski das ehemalige Arbeitszimmer ihres Ex-Mannes kurzerhand in ebenjenen Chakrenraum umfunktioniert. Das war erst vor wenigen Wochen passiert, aber wie sie selbst so schön sagte: »Ich bin eben begeisterungsfähig und mache keine halben Sachen. Da passiert dann schon mal was …«

Das konnte man wohl sagen. Frau Koschinski hatte eine beeindruckende Beschleunigung von null auf hundert hingelegt und wirklich sehr aktiv versucht, ihre Unzufriedenheit mit Hilfe einer gigantischen Esoterik-Inszenierung zu kompensieren.
Ihr Ex-Mann hatte aufgrund dieser Veränderung von heute auf morgen angenommen, dass die Mutter seiner Tochter den Verstand verloren hatte. Ich fragte nach, und Frau Koschinski bestätigte mir beschämt, dass sie auch bei den Besuchszeiten immer um ihn herumgewedelt und irgendwelche Lichtgestalten um Hilfe angerufen hatte. »Ich wollte doch nur, dass alles gut klappt und dass da keine negative Energie im Raum ist, verstehen Sie? Aber ich glaub, damit hab ich wohl eher das Gegenteil erreicht …«
Ich nickte und ließ Frau Koschinski weitererzählen.
»Wissen Sie, ich fühlte mich am Anfang wirklich besser, ich hatte was zum Festhalten. Und ich hatte eine Beschäftigung. Man kann so viel lesen darüber, man ist nicht mehr alleine … Also, ich meine jetzt nicht die Engel, sondern die Leute, die davon erzählen … Man liest so viel über Menschen, die Engel sehen und Auren und … von Heilungen und lauter Leuten, die endlich ihr Glück gefunden haben durch diese … Esoterik-Dinge.«
Frau Koschinski war in einen wahren Rausch verfallen. Sie googelte, bestellte und praktizierte, was das Zeug hielt. »Ich hab aber immer drauf geachtet, meine Tochter damit in Ruhe zu lassen!«, versicherte sie mir glaubhaft und zeigte mir zum Beweis das Kinderzimmer, welches erfrischend frei war von jeglichem Esoterik-Ballast.
Frau Koschinski überlegte: »Ganz ehrlich, ich hab da nie was gesehen. Bis vorhin, als der Schal gebrannt hat! Da war ich für ein paar Sekunden so begeistert, dass es endlich, endlich funktioniert! Und dass ich mit Ihnen auch noch einen Zeugen im Raum hab! Vom Gericht!«

Ich konnte sie verstehen. Denn wenn ich ganz ehrlich zu mir war, dann war auch ich zumindest für den Sekundenbruchteil eines Gedanken versucht gewesen, alle Bedenken und Zweifel beiseitezuschieben und bereitwillig zu akzeptieren, dass sich in dem Raum Lichtgestalten ausbreiteten. Wirklich nur sehr, sehr kurz! Mein zweiter Gedanke war aber dann doch gewesen, den Brand im Chakrenraum zu löschen, und dafür war ich mir selbst ziemlich dankbar.

Auf eine verrückte Art und Weise hatte das Herbeirufen der Lichtgestalten ja durchaus eine Erleuchtung zu Folge gehabt. Nur eben eine, die den Lichtgestalten eher weniger gefallen dürfte, denn Frau Koschinski hatte sich mit der gleichen Vehemenz, mit der sie sich in das Thema hineingestürzt hatte, direkt vor meinen Augen wieder hinauskatapultiert. »Ich seh jetzt wieder klar«, sagte sie. »Glauben Sie mir. Das war ein Versuch. Aber der wär ja fast nach hinten losgegangen, du liebe Zeit. Nicht auszudenken ...«
Frau Koschinski war ihre »voll wechseljahrmäßige Spinnerei«, wie sie es nannte, sehr unangenehm. Schließlich fragte sie mich, ob ich noch etwas länger Zeit hätte, und ich nickte. Dafür war ich ja hergekommen.
»Dann ... ähm ... dann bin ich bin gleich wieder da. Nur einen Moment.«
Frau Koschinski verschwand in einem Nebenzimmer. Diesmal kam sie ohne Geomme kurze Zeit später wieder. In Jeans und Pullover, die Haare zu einem Dutt zusammengewurstelt.
Dann streckte sie mir die Hand entgegen und sagte ernst: »Tach, Koschinski mein Name. Können wir noch mal von vorn anfangen?«

Am Ende des Gespräches bat sie mich darum, zwischen ihr und ihrem Ex-Mann zu vermitteln und diesem vielleicht auch ein bisschen was zu erklären.
»Der denkt doch, ich hab sie nicht mehr alle. Kann ich ja verstehen. Der wird mir nicht glauben, wenn ich sage, dass das alles jetzt wieder vorbei ist. Aber vielleicht könnten Sie mir da ein bisschen helfen?«
Natürlich konnte ich. Das ist eine der wirklich wunderbaren Seiten meines Berufes: wenn ich einen strittigen Fall zu einer einvernehmlichen Lösung bringen kann. Denn es ist tatsächlich das Allerbeste für alle Beteiligten – insbesondere für die Kinder, die eines in der Regel gemeinsam haben: Sie lieben beide Elternteile und wünschen nichts mehr, als dass diese beiden Menschen aufhören, sich zu streiten.
Daneben tut es niemandem gut, in Streit mit irgendwem zu leben. Auch die Eltern profitieren immens von einer Einigung. Endlich werden wieder Kapazitäten frei, die vorher im Konflikt gebunden waren. Und entspanntere, zufriedenere Eltern tun wiederum den Kindern gut.
Überdies ist die Frau Sachverständige auch froh, wenn mal wieder ein Fall in Harmonie oder zumindest einer begründeten Hoffnung darauf beendet werden kann.
Normalerweise muss ich davor erst einmal begutachten, Gespräche führen und oft genug jede Menge Überzeugungsarbeit leisten. In diesem Fall hatte mir ein brennendes Seidentuch die Vorarbeit sehr effektvoll abgenommen. Und war damit deutlich schneller gewesen als ich mit meiner zeitaufwendigen Vorgehensweise.

Herr Koschinski zeigte sich erfreulicherweise nicht nachtragend, sondern in erster Linie erleichtert, dass der Spuk ein Ende hatte und seine Ex-Frau wieder zur Vernunft gekommen

war. Er rückte auch die Begeisterungsfähigkeit seiner Ex-Frau ins rechte Licht, indem er mir erzählte, dass Frau Koschinski in den gemeinsamen Jahren alles Mögliche angefangen und recht bald auch wieder gelassen hatte. Vom Klavierspielen bis zum Trommelkurs, über Stricken, Pralinés gestalten und Malen – Letzteres natürlich mit den autorisierten Originalutensilien von TV-Malkurs-Guru Bob Ross – hatte Frau Kuschinski alles Mögliche probiert und ebenso schnell wieder gelassen, wenn sich nicht der erwartete Erfolg eingestellt hatte. Mit einem amüsierten Grinsen berichtete er mir davon, dass einmal ein ganzes Blech Pralinen im Mikrowellen-Kombigerät detoniert war, weil Frau Kuschinski nicht auf Umluft, sondern auf neunhundert Watt gestellt hatte. Der Trommelwahn und der Klavierspielversuch wurden nicht nur von Frau Kuschinskis mangelnder musikalischer Begabung, sondern auch vom Protest der umliegenden Nachbarn eingebremst. Und die Bob-Ross-Ausstattung hatte sie verschenkt, nachdem sie das zehnte Bild in Folge ganz am Ende mit einem patzig-schwarzen Baum im Vordergrund komplett verschandelt hatte.
Ich verabschiedete mich von Herrn Kuschinski, und gleich am nächsten Wochenende fand auch wieder ein Besuchstermin von Samira bei ihrem Vater statt.

Das Mädchen hatte von den Streitigkeiten ihrer Eltern gar nicht viel mitbekommen, weil ihre Mutter ihr als Erklärung für die nicht stattgefundenen Besuchswochenenden erzählt hatte, der Vater sei auf einer längeren Geschäftsreise. Das war tatsächlich zuvor schon zweimal der Fall gewesen, und so hatte Samira geduldig gewartet, bis der Vater wieder da war.
Die Eso-Phase ihrer Mutter hatte sie im Großen und Ganzen »irgendwie lustig« gefunden. »Die bunten Tücher find ich

schön und die Kissenstühle, äh ... die Sitzkissen. Und wenn die Mama Ommm gemacht hat, das war schon auch lustig, aber eben auch komisch irgendwie, also nicht lustig-komisch, sondern so ... komisch halt.«
Samira trauerte zwar den Seidentüchern und Kissen ein wenig nach, fand es aber in Ordnung, dass das ehemalige Arbeitszimmer ihres Vaters zukünftig nicht mehr Chakrenraum, sondern Spiel- und Bastelzimmer heißen sollte.

Das Gericht freute sich über einen so schnell zum Abschluss gebrachten Fall, und das Happy End hätte nur noch glücklicher sein können, wenn Herr und Frau Koschinski danach wieder ein Paar und gemeinsam mit Samira eine glückliche Familie geworden wären. Das passierte zwar nicht, aber glücklich und zufrieden wurden sie doch. Jeder für sich.

Ich muss nun noch einen Nachtrag zur Esoterik loswerden. Wie Sie sicherlich bemerkt haben, kenne ich mich in dieser Szene nicht aus und bin auch kein esoterischer Mensch oder wie man das nennt. Meine Skepsis gegenüber dem ganzen »Eso-Kram« hängt in erster Linie damit zusammen, dass die Menschen, die Chakrenräume zu Hause haben, ihre esoterische Ader oft so übertrieben ausleben. Übertrieben ernsthaft, übertrieben missionarisch und übertrieben räucherstabig – dadurch wirken diese Menschen auf mich zumindest in diesem Bereich nicht so ganz zurechnungsfähig.
Aber wenn die esoterische Lebensweise jemandem Halt gibt und ihm hilft, sein inneres Gleichgewicht zu halten, dann finde ich es wunderbar und überaus legitim, sich ein paar Lichtgestalten zu Hilfe zu rufen oder Modetee zu trinken – solange es nicht ausartet und ich weiterhin Kaffee trinken darf, ohne mir

lange Vorträge über die Unabdingbarkeit ayurvedischer Tees und Gebete zur Energetisierung von Lebensmitteln anhören zu müssen.

Ich habe einige Jahre nach meinem Erlebnis mit Frau Koschinskis Erleuchtung eine Frau kennengelernt, die esoterischer kaum sein kann. Und die heute meine liebste Freundin ist.
Allein die Tatsache, dass wir trotz unterschiedlichem Kenntnisstand in puncto Kartenlegen und Quantenheilung eine innige Beziehung zueinander pflegen, zeigt, dass meine Freundin über eine unglaubliche Menge Toleranz verfügt. Davon würde ich mir mehr wünschen – bei anderen Eso-Menschen und auch so ganz allgemein.
Ich bin begeistert davon, dass sie niemals, wirklich niemals missionarisch wird und daneben über einen großartigen Humor verfügt. Auch das vermisse ich bei anderen Menschen, die sich mit Elfen, früheren Leben oder Orgon-Dingern befassen.
Ich empfinde eine große Zuneigung zu ihr und habe mich noch nie mit einer Freundin so rundum wohl gefühlt. Manchmal, wenn sie mir mal wieder so ernsthaft von einem früheren Leben erzählt, sage ich etwas wie: »Weißt du, was? Du hast komplett einen an der Waffel!« Dann grinst sie fröhlich und sagt: »Ja, gell?«
Sie ist einer der einfühlsamsten Menschen, die mir je begegnet sind, und erfüllt von einer so großen Empathie und Zuneigung zu allem und jedem, dass es mich jedes Mal von Neuem erstaunt – und freut.
Ich glaube, dass sie auch ohne Esoterik so wundervoll wäre. Aber falls irgendetwas Esoterisches damit zu tun hat, dass sie so ist, dann wünsche ich mir mehr davon auf dieser Welt.
Dadurch, dass meine Freundin so authentisch, unaufdringlich und vor allem mit einer gehörigen Portion Selbstironie durch

die Welt geht, hat sie es geschafft, dass mir der ganze Eso-Kram heute nicht mehr unangenehm ist. Ich mache sogar Yoga und stelle fest, dass es mir sehr gut tut. Allerdings kommt kein »Ommm« über meine Lippen. Nein, auch nicht, wenn ich alleine bin.

Mammut-Stammbaum

Manchmal zeichne ich beim Lesen einer neuen Akte zunächst einmal einen Stammbaum, um mir einen Überblick über das Familiensystem zu verschaffen.
Als ich den Auftrag betreffend die schwangere, achtzehnjährige Sandy Möller bekam, dachte ich zunächst nicht an die Beschäftigung mit einem Stammbaum. Es war ja nur von Sandy die Rede. Und von ihrer Mutter Gabi, die erklärt hatte, ihre Tochter nach der Entbindung selbstverständlich unterstützen zu wollen.
Das Jugendamt allerdings hatte Zweifel angemeldet und befürchtete, dass weder Sandy noch ihre Mutter wirklich dazu in der Lage wären, sich um einen Säugling zu kümmern. Somit bekam ich den Auftrag zu schauen, wie man nach der Geburt am besten das Wohl des Kindes – und auch der jungen Mutter – sicherstellen könne.

Sandy war Frau Möllers älteste Tochter und lebte als einziges von vier Geschwistern noch im mütterlichen Haushalt.
Frau Möller hatte mit Sandys Vater zusammengelebt, bis Sandy zehn Jahre alt war. Als dieser sich dann aber wegen einer fünfzehn Jahre jüngeren Fußpflegerin von ihr getrennt hatte und auf Nimmerwiedersehen nach Weimar verschwunden war, hatte Frau Möller sich ganz schnell ebenfalls einen neuen Partner gesucht. Und mit ihm ein Kind bekommen. Kurze Zeit später hatte sie sich von diesem getrennt, einen neuen Partner gefunden, mit diesem ein Kind bekommen, sich von ihm getrennt und das Ganze dann noch ein viertes Mal

wiederholt. Von der Trennung von Sandys Vater bis zur Geburt des vierten Kindes waren nicht einmal vier Jahre vergangen.

Allerdings hatte sich Frau Möller herzlich wenig um ihre zahlreichen Kinder gekümmert, sondern die meiste Zeit im Nagelstudio, unterm Solarium sowie hinter der Theke einer zwielichtigen Kneipe verbracht, in der sie auch die Väter von Kind zwei und vier kennengelernt hatte. Ihre jeweils aktuellen Männer hatten zwar teilweise bei ihr gewohnt, sich aber nicht verantwortlich gefühlt für ihre Kinder – und schon gar nicht für die Kinder der anderen Männer.
Sandy hatte versucht, ihre Mutter so gut sie konnte zu unterstützen, war aber von der Fülle an Aufgaben restlos überfordert – zumal sie aufgrund diverser Teilleistungsschwächen auf eine Förderschule ging.
Eine Nachbarin hatte nicht mitansehen können, wie Frau Möller die Kinder vernachlässigte, und immer wieder so gut sie konnte ausgeholfen. Aber auch ihr war der Haushalt mit den vier Kindern und diversen Männerbesuchen bald zu viel geworden.
Also hatte sie das Jugendamt informiert.

Die zuständige Mitarbeiterin, Frau Lippert, war einfühlsam und freundlich. Sie unterhielt sich zuerst mit der damals fünfzehnjährigen Sandy und lobte sie sehr dafür, was sie in den letzten Jahren geleistet hatte. Frau Lippert betonte, dass sie offenbar sehr viel im Haushalt und bei der Versorgung der kleinen Geschwister geholfen habe. Sie erklärte aber auch, dass es definitiv nicht ihre Sache sei, sich um diese Dinge zu kümmern. Sandy fand das in Ordnung, denn so gern sie ihre kleinen Brüder hatte, manchmal fühlte sie sich eben doch überfordert.

Auch das Gespräch mit Sandys Mutter verlief harmonisch. Nachdem die Frau vom Jugendamt ihr erläutert hatte, dass sie sich selbst um ihre Kinder kümmern müsse und dies nicht ihrer ältesten Tochter auftragen dürfe, erklärte Frau Möller, sie habe aber nun einmal weder Zeit noch Lust, sich um die Kinder und den Haushalt zu kümmern. Die Väter der Kinder stünden hierfür auch nicht zur Verfügung, also bleibe ja wohl nur ihre Tochter. Wenn es aber für das Jugendamt nicht in Ordnung sei, dass Sandy sich um all das kümmere, wären die drei Kleinen wohl am besten in einem Heim oder einer Pflegefamilie aufgehoben.
Da war Frau Lippert erst einmal sprachlos.

Sandys jüngere Geschwister wurden tatsächlich in Pflegefamilien untergebracht. Sandy selbst wurde angeboten, in ein Wohnheim für Jugendliche zu ziehen, was sie jedoch mit der Begründung ablehnte, sich zu Hause wohl zu fühlen und jetzt, wo ihre Geschwister woanders wohnten, auch wieder mehr Zeit für sich zu haben.
Frau Lippert hielt in der Folgezeit lockeren Kontakt zu Sandy, um sicherzugehen, dass es ihr auch wirklich gut ging. Es gab keinen Grund zur Sorge. Sandy entwickelte sich trotz ihrer weitestgehend emotionslosen Mutter und deren ständig wechselnden Männerbekanntschaften recht gut. Sie schloss die Schule ab und suchte sich einen Job in einem Bekleidungsladen. Ihre Geschwister besuchte sie alle paar Wochen bei ihren Pflegefamilien. Ganz im Gegensatz zu Frau Möller, die erklärte, ihre Kinder hätten ja jetzt neue Mütter, also könne sie sich die Zeit sparen.
Trotz Sandys Entwicklung verstand ich die Skepsis des Jugendamtes. Falls Sandy Unterstützung bei der Erziehung und Versorgung ihres Babys benötigte, wäre ihre Mutter wohl nicht die geeignete Hilfe.

Sandy war achtzehn Jahre alt, als ich mit der Begutachtung begann. Sie wirkte auf mich eher wie eine Fünfzehnjährige und insgesamt gar nicht wie ein Mädchen, das sich überhaupt für Jungen interessierte. Ihr Zimmer war voller Poster, auf denen sich junge Katzen, Pferde und Hundewelpen tummelten. Sie trug Zöpfe, und auf ihrem Nachttisch lagen mehrere Wendys und sogar eine Prinzessin-Lillifee-Zeitschrift.
Als ich sie zum ersten Mal traf, war sie im fünften Monat. Sie erzählte, dass sie erst vor vier Wochen erfahren habe, dass sie schwanger sei. »Meine Freundin, die mit mir bei ›Candys‹ arbeitet, die hat gesagt: ›Ey, du bist bestimmt schwanger! Mach mal 'nen Test!‹ Ich hab den Test gemacht, und da waren beide Striche. Und dann war ich schwanger.« Sandy strahlte.
»Candys« war ein Klamottenladen, in dem Sandy an ein paar Tagen in der Woche arbeitete. »Das ist so lustig, weil ich heiß ja Sandy. Und das reimt sich ja auch auf Candy.« Sie lachte ein glockenhelles Kleinmädchenlachen. Überhaupt war sie erstaunlich fröhlich und innerlich aufgeräumt. Als ich sie fragte, wie es ihr denn derzeit gehe, lächelte sie. »Gut geht's mir. Jetzt ist mir ja nicht mehr schlecht wie am Anfang. Da hab ich ständig, also, ich hab … Sie wissen schon, mir war eben schlecht und da musste ich … Aber jetzt nicht mehr. Also, alles gut.«
Ich erklärte ihr, dass ich auch gerne wüsste, wie es ihr sonst so gehe, was sie über die anstehende Geburt und das Muttersein denke und was ihr Freund davon halte. Sie lächelte wieder. »Ich freu mich darauf, eine Mama zu sein. Ich mag Babys. Und ich hab ja auch schon auf Babys aufgepasst und kenn mich ein bisschen aus. Ich hab ja kleine Geschwister. Die hab ich früher auch gewickelt und gefüttert und so. Ich weiß, dass das manchmal nerven kann und dass ich dann viel machen muss, aber ich finde das nicht schlimm.« Sandy erklärte, dass sie ohnehin nicht oft abends weggehe. Sie trinke ungern Alkohol und möge

es nicht, wenn es so laut sei, dass man das eigene Wort nicht verstehe. Ins Kino gehe sie ganz gerne, aber das sei ja so teuer, dass sie das ohnehin nur einmal im Jahr machen könne.
Als ich noch einmal nach ihrem Freund fragte, verschwand Sandys Lächeln, und sie wirkte bedrückt. »Na ja, also der ist eben geheim ...« Und auf meinen fragenden Blick fügte sie hinzu: »Also, das darf keiner wissen. Ich sag das nicht, wer das ist, weil der das nicht gut findet. Also, dass er der Vater ist, findet der nicht gut.«
»Wie findest du es denn?«
»Hm ... Na ja, auch nicht so gut. Ich lieb den ja nicht. Also, ich hab ja nur ...« Sie stockte und wurde rot. »Das ist aber schon sehr peinlich hier alles.«
Ich wollte Sandy gerne helfen, durfte ihr aber auch nichts in den Mund legen. Also erzählte ich ihr, dass das anderen in ihrer Situation genauso gehe. Es sei natürlich ungewohnt, mit jemand Fremdem über so etwas Intimes wie Liebe und auch Sexualität reden zu müssen. Beim Wort »Sexualität« kicherte Sandy.
»War er denn der Erste, mit dem du Sex hattest?« Sandy prustete, wollte antworten, musste aber immer wieder von neuem so sehr giggeln, dass ich kurz davor war, mitzumachen. Himmel.
Sandy atmete schwer und rang nach Fassung. Sie schniefte. »Schuldigung. Das ist aber auch ...« Sie kicherte erneut. Ich beschloss zu warten. Irgendwann musste sie doch einmal fertig gekichert haben, oder? Ich hatte keinen Folgetermin, konnte also ganz entspannt abwarten, bis sie nicht mehr bei allen Anspielungen auf Sex losprusten musste.
Es dauerte nicht allzu lange, da hatte sich Sandy wieder im Griff und wirkte geradezu ernst. »Ja, also, der Klaus, der war der Erste.«

Sie holte erschrocken Luft. »Oh, nein!«, quiekte sie. »Jetzt hab ich's ja doch gesagt! Und der Klaus hat gesagt, dass ich das bestimmt nicht schaffe. Und ich hab immer gesagt: ›Doch, doch, klar schaff ich das! Ich bin ja nicht blöd!‹ Aber bin ich wohl doch.« Sie sah sehr unglücklich aus.
Ich beruhigte sie. »Sandy, ich kann mir nicht vorstellen, dass das so schlimm ist, dass du jetzt den Namen gesagt hast.« Welcher Junge um die zwanzig hieß denn Klaus, um Himmels willen? Was hatten sich denn seine Eltern dabei gedacht? Klaus und Sandy ... Das klang grotesk.
Sandy fummelte nervös an ihren langen dunklen Haaren herum. »Doch, das ist schon schlimm. Da ist der Klaus sicher sauer. Und Mama auch.«
»Wieso sollte denn deine Mutter deswegen sauer sein?« Ich konnte Sandy nicht ganz folgen.
»Na, weil ich doch mit dem, also, weil ich mit dem Klaus ...«
»Du meinst, weil du mit dem Klaus geschlafen hast?«
Weiteres haltloses Gekicher. Ich versuchte, mich nicht irritieren zu lassen. »Aber deine Mutter weiß doch, dass du schwanger bist. Da weiß sie doch dann auch, dass du mit jemandem geschlafen hast. Oder liegt es am Klaus? Ist deine Mutter nicht einverstanden damit, dass er dein Freund ist?«
»Nee, da ist die ganz sicher nicht mit einverstanden! Ganz bestimmt nicht! Und der Leon, der ist ja dann ... Der ist dann der Onkel von meinem Kind. Oder? Und das ist ja dann komisch, weil der auch der ... Na, wie war das? Der ist dann der ...«
Sandy verstummte und schaute mit gerunzelter Stirn auf ihre Finger, an denen sie etwas abzuzählen schien.
Ich merkte, wie mir das Gespräch entglitt. Ich verstand immer weniger, wovon Sandy sprach. Was hatte ihr Bruder Leon mit alldem zu tun? Und warum war er nach der Geburt der Onkel und noch irgendwas? Eine düstere Vorahnung überschattete

meine Gedanken. Ich beschloss, noch mal von vorne zu beginnen.

»Sandy, ich glaube, ich hab jetzt noch nicht alles richtig verstanden. Vielleicht kannst du mir helfen.«

Sofort leuchtete Sandys Gesicht wieder. Sie nickte eifrig. Ja, sie wollte gerne helfen.

»Also, Sandy, ich hab verstanden, dass der Klaus der Vater von deinem Baby ist. Aber ich habe nicht verstanden, warum er will, dass das geheim bleibt. Vielleicht könnten wir das einmal klären. Und dann erzählst du mir mehr von Leon und deiner Mutter und warum der Leon dann der Onkel und noch irgendwas ist. In Ordnung?«

Sandy sah mich verwirrt an. Okay. Zu viel Information. Zu lange Sätze, zu viele Fragen gleichzeitig.

»Sandy, warum möchte der Klaus nicht, dass jemand weiß, dass er der Vater von deinem Baby ist?«

»Na, weil der nicht will, dass jemand weiß, dass wir ... Aaaaalso, dass wir ...« Sie wedelte mit den Händen.

»Dass ihr Sex hattet.«

Sie nickte wild und versuchte, nicht zu lachen. Was misslang.

»Also, der Klaus ...«

Sandy war nun wieder ganz ernst. »Dem Klaus ist das peinlich, dass er mit mir ...*kicher* ... geschlafen hat. Weil wir ja gar kein Paar sind, der Klaus und ich. Und er ja nicht mich will. Und ich will den ja auch nicht. Echt nicht. Ich hab nur mit dem ... *kicher* ... geschlafen, weil ... weil ...« Sandy wedelte wieder mit ihren Händen und schaute an die Decke, als könne sie dort die Antwort finden. »Also, weil ... Das ist alles soooo peinliiiiich!«

Sandy tat mir leid. Das war ja auch wirklich alles schwierig.

»Weißt du was, Sandy, wir machen das jetzt so: Ich frag dich

einfach, und du musst nur mit ja oder nein antworten. Ok? Dann ist das für dich vielleicht weniger unangenehm.«
»Au ja!« Sandys Augen leuchteten. »Das ist dann wie so ein Ratespiel. Das find ich gut!«
Und so spielten Sandy und ich die nächste halbe Stunde ein lustiges Ratespiel mit viel Gekicher, aber zum Glück auch hin und wieder ein bisschen mehr Informationen als »ja« und »nein«. So ich bekam schließlich heraus, dass Sandy durch diverse Gespräche mit ihren Freundinnen und auch den Stammkundinnen im »Candys« zu dem Schluss gelangt war, dass sie nicht mehr länger Jungfrau sein wolle. Sie hatte zwar schon einen Freund (Kevin – dieser Name klang schon deutlich wahrscheinlicher) gehabt, aber mit dem hatte sie nicht schlafen, sondern »nur knutschen und fummeln und so« wollen, weil sie gar nicht gewusst habe, wie »dieses miteinander ... dings ...*kicher kicher* ...also, wie das geht«.
Sie habe sich vor Kevin nicht blamieren wollen und deshalb immer abgelehnt, wenn er *kicher prust* gewollt habe. Der Kevin habe das aber überhaupt nicht in Ordnung gefunden und sich dann sogar irgendwann von ihr getrennt. Sandy habe »viel geheult und so«, denn der Kevin sei ihre »ganz, ganz große Liebe« gewesen. Aber dann hatte sie sich mit ihren Freundinnen ausgedacht, dass sie »dieses erste Mal« einfach mit jemandem hinter sich bringen wolle, der ihr so ein bisschen egal sei, um danach als erfahrene Frau den Kevin zurückzuerobern und bis an ihr Lebensende mit ihm glücklich zu sein.
Sandy war noch immer ganz begeistert von diesem unfassbar genialen Plan. Und selbst ihre Schwangerschaft hatte keine Zweifel in ihr aufkommen zu lassen.
Sie hatte sich also gedacht, dass sie für ihr erstes Mal denjenigen nehmen würde, der schon seit Jahren mit ihr flirtete und ihr immer eindeutigere Angebote machte: Klaus.

Sandy kannte Klaus gut, denn er hatte immerhin einige Jahre bei ihnen gewohnt. Vor kurzem war er ausgezogen, kam aber immer noch häufig zu Besuch.

»Ja, und da hab ich ihn eben einfach mal ... äh ... gelassen. Also mit mir ...«

Diesmal kicherte sie nicht, sondern schaute mit rotem Kopf auf den Boden.

»Und jetzt, jetzt kann ich ja bald wieder mit dem Kevin zusammen sein und auch mit ihm – dings.« Sie wedelte wieder mit den Händen, als wäre das das internationale Zeichen für Geschlechtsverkehr.

Sandy erzählte, dass der Kevin in letzter Zeit recht oft bei ihnen sei und sie auch schon mal wieder mit ihm rumgeknutscht habe. Dann habe er aber von ihrer Schwangerschaft erfahren und habe das »gar nicht gut gefunden«. Sie habe Kevin nun seit einiger Zeit nicht gesehen und nur ab und zu mit ihm SMS geschrieben. »Aber ich geb ihn nicht auf. Ich glaube ganz sicher, dass wir wieder zusammenkommen, und dann kann er der Papa von meinem Baby werden und so.«

Ich teilte Sandys Optimismus im Hinblick auf Kevin nicht, hoffte aber, dass ich mich irrte. Vielleicht war Kevin ja ganz anders, als das Klischee seines Namens erwarten ließ, würde sich tatsächlich trotz des Babys von einem anderen wieder auf eine Beziehung mit Sandy einlassen und sie in den kommenden Monaten und Jahren gut unterstützen.

Vorab musste ich aber noch einmal mit Sandy über Klaus sprechen. Er war schließlich der Vater und hatte damit bestimmte Rechte und Pflichten. Vor allem musste sie ihn als Vater angeben. Da führte kein Weg dran vorbei.

Als ich Sandy das erklärt hatte, weiteten sich ihre Augen und füllten sich doch tatsächlich mit Tränen.

»Aber kann ich nicht einfach sagen, dass der Kevin der Vater ist? Das wär viel einfacher! Und schöner! Und die Mama wär auch nicht sauer!«
»Nein, Sandy, das kannst du leider nicht einfach sagen. Und mir ist das noch immer nicht klar. Warum wird deine Mutter denn sauer, wenn sie erfährt, dass der Klaus der Vater ist?«
»Na, weil die das blöööööd findet!!«
Ja, das hatte ich inzwischen verstanden.
»Und warum findet die das blöd?«
»Na, hab ich doch gesagt, weil die das nicht gut findet. Und weil der Leon dann der Dings ist!«
Sandys Tränen versiegten. Sie runzelte die Stirn und schaute konzentriert zu Boden. »Der Leon ist dann der ... Wie heißt das denn??«
»Wie heißt was, Sandy?«
»Na, wenn der Vater von einem auch der Vater von dem Kind ist.«
Ich weiß nicht, wie es Ihnen geht. Vielleicht hätten Sie längst verstanden, worum es Sandy ging. Ich hatte keinen Schimmer, wovon sie sprach.
Diesmal kicherte und prustete sie zwar weniger, aber es dauerte dennoch eine ganze Weile, bis ich herausgefunden hatte, was das Problem war.

Klaus war doch tatsächlich der Ex-Freund von Frau Möller und der Vater von Sandys jüngstem Bruder Leon! Somit wäre Leon sowohl der Onkel als auch der Halbbruder des Babys.
Das war in der Tat ... ungewöhnlich.
Und für Sandys Hirn einfach zu viel.
Ich malte ihr den Stammbaum auf und versuchte, ihr die Zusammenhänge zu erklären. Dazu brauchte ich allerdings mehrere

Anläufe, denn leider waren meine Zeichnungen so kompliziert und verwirrend, dass Sandy nur mit versteinertem Gesichtsausdruck dasaß und wartete, dass ich damit aufhörte, ihr etwas erklären zu wollen. Trotzdem gab ich nicht auf, und nach einiger Zeit hatte ich es geschafft, die Situation übersichtlich als Stammbaumzeichnung darzustellen. Sandy sah zufrieden aus.
»Also, Onkel und Halbbruder. Das kann ich mir merken.«

Ich schlug Sandy vor, dass wir gemeinsam mit ihrer Mutter sprechen könnten, um ihr zu sagen, wer der Vater des Babys sei, aber Sandy bat inständig darum, *ich* solle das ihrer Mutter beibringen. Und zwar am besten im Rahmen meines Termins mit ihr am nächsten Vormittag. »Weil dann hat sie sich wieder eingekriegt, bis ich abends von der Arbeit komme.« Sandy sah mich treuherzig an. »Biiitteee!«
Ich seufzte. Das war eigentlich nicht die Aufgabe einer Gutachterin, aber wie sollte ich es ihr abschlagen.

Frau Möller sah aus wie eine ältere Ausgabe von Sandy. Und eine geschminktere. Eine sehr, sehr viel mehr geschminktere ... Zudem trug sie das Haar wie ihre Tochter zu Zöpfen geflochten und wirkte mit ihrem kurzen Rock und den Kniestrümpfen wie das Klischee einer Prostituierten, deren Freier auf Rollenspiele stehen. Dass ihre Taille durch den breiten Gürtel eher behauptet wurde, als dass sie tatsächlich vorhanden war, wirkte sich nicht wirklich positiv auf ihre Gesamterscheinung aus. Frau Möller erfüllte alle Klischees, die man angesichts der Unterlagen erahnen konnte. Trotzdem bin ich immer wieder aufs Neue bereit, sofort alle Klischees zu vergessen, wenn der Mensch hinter der Fassade sich entsprechend verhält. Immer wieder habe ich Menschen kennengelernt, deren äußeres, von problematischen sozialen und familiären Strukturen geprägtes

Erscheinungsbild nicht zwangsläufig etwas über ihr sonstiges Potenzial aussagte.
Auf der anderen Seite gab es aber auch genug Beispiele, bei denen das Klischee nicht nur zutraf, sondern so weit übertroffen wurde, dass es sich fast schon selbst umrundete – und das war bei Frau Möller der Fall.
Ich brachte ihr so schonend wie möglich bei, warum Sandy den Vater ihres Kindes nicht habe preisgeben wollen, und wer derjenige sei.
Daraufhin bedachte Frau Möller Klaus mit einer Serie von derart derben Schimpfworten, dass ich sie hier unmöglich wiedergeben kann. Sie lief im Zimmer hin und her und gestikulierte derart wild, dass ein Knopf ihrer Bluse absprang und den Blick auf einen lila Glitzer-BH freigab. »Das ist doch wohl das Allerletzte! Macht der sich an meine Tochter ran! An meine Tochter!! Das muss man sich mal ... Bin ich dem jetzt zu alt, oder was??« Sie zündete sich zittrig eine Zigarette an und inhalierte tief.
»Ich meine, ICH wollte den ja nicht mehr, aber so für Sex ab und zu ... Warum nicht? Dass der jetzt auf junge Hühner steht! Also, das ist ja ...« Sie zog so heftig an ihrer Zigarette, dass diese kurzfristig aussah wie die Zündschnur an einer Bombe in einem Comic. »Das ist doch echt unfassbar! Ich bin doch nicht alt! Oder finden Sie mich alt? Nee, bin ich nich! Aber echt!«
Erfreulicherweise richtete sich ihr Zorn einzig gegen den Vater ihres jüngsten Sohnes und nicht gegen ihre Tochter. In Bezug auf Sandy sagte sie nur: »Ach, die Sandy ... Die is aber auch manchmal ein Schussel!« Ganz so, als würden Dinge wie Hausschlüssel verlegen und mit dem Ex-Freund der Mutter ins Bett gehen eben mal passieren, wenn man nicht achtgab.
Aber dann erklärte Frau Möller, ihr sei im Grunde egal, von wem das Baby sei. Sie werde Sandy unterstützen, wenn das Kind da sei, das sei für sie keine Frage. Es schien ihr damit

wirklich ernst zu sein, und ungeachtet der Frage, ob sie dazu wirklich in der Lage und ob das für Sandy und das Kind tatsächlich eine gute Idee wäre, sprach das zunächst einmal für Frau Möller. Sie wolle allerdings auf gar keinen Fall »Omma« von ihrem Enkel genannt werden. Das verbitte sie sich. »Der soll Tante Gabi oder so was sagen. Aber nicht Omma! Das geht gar nicht!«

Die Ansprache als Tante würde zwar zu weiterer Verwirrung führen, aber mir war jetzt in erster Linie wichtig herauszufinden, ob Frau Möller überhaupt als Unterstützung in Frage kam. Schließlich sprach ihre eigene Vergangenheit als Mutter nicht gerade dafür.

Auf meine Frage, wie sie vorhabe, Sandy nach der Geburt des Babys zu helfen, erklärte sie, Sandy könne selbstverständlich weiter bei ihr wohnen bleiben.

Stille.

»Ja, Frau Möller, aber Sie hatten ja dem Jugendamt gegenüber gesagt, dass Sie Sandy unterstützen wollen, wenn das Kind geboren ist. Wie würde diese Unterstützung denn konkret aussehen?«

Frau Möller starrte mich an. »Hab ich doch gerade gesagt. Sie kann hier woh-nen blei-ben!« Offenbar ging sie davon aus, dass ich schwerhörig sein musste. Anders konnte sie sich meine Frage nicht erklären.

Ich konnte mir die Antwort schon denken, aber sicherheitshalber fragte ich dennoch nach: »Und ... außerdem noch?«

Frau Möller hätte empörter gar nicht sein können. »Wie ›außerdem noch‹? Was soll denn das heißen? Soll ich jetzt noch mal anfangen, Windeln zu wechseln oder Brei zu füttern oder so? Nee! Ohne mich! Das kann sie mal schön alleine machen. Wer hat sich denn nen Braten in die Röhre schieben lassen? Ich nicht!!«

Dass Frau Möller als tatkräftige Unterstützung für Sandy ausfiel, war nicht weiter schlimm. Ich hatte ohnehin nicht damit gerechnet, dass man sie als verlässliche Hilfe mit ins Boot holen könnte. Und ich fand gut, dass sie zumindest gleich sagte, dass sie außer Wohnraum nichts anzubieten hatte.

Ich telefonierte mit Frau Lippert, die nach wie vor für die Familie Möller zuständig war. Wir waren uns darüber einig, dass wir Sandy am liebsten in einer Einrichtung für junge Mütter sehen würden, in denen diese selbständig in Appartements leben, aber rund um die Uhr einen Ansprechpartner zur Verfügung haben und je nach Bedarf auch Unterstützung bekommen. Sandy war zwar motiviert und sicher auch bemüht, sich gut um ihr Kind zu kümmern, aufgrund ihrer kognitiven Defizite wollten jedoch weder Frau Lippert noch ich sie alleine mit einem Säugling lassen.

»Ich kenne die Sandy ja nun schon einige Jahre«, erzählte Frau Lippert. »Und ich mag die Kleine wirklich sehr. Aber sie ist eben auch oft verwirrt und kann Situationen nicht richtig einschätzen. Einmal hat sie ihre Schildkröten gekocht, und vor einem Jahr noch hat sie mich angerufen, weil sie nicht wusste, wo sie war und ...« Ich unterbrach Frau Lippert. »Sie hat ihre Schildkröten ... gekocht??« Ich konnte mir beim besten Willen nicht vorstellen, dass Sandy sadistische Züge haben sollte.

Hatte sie auch nicht. Sie war etwa dreizehn Jahre alt gewesen, als die Stadtwerke einmal im Winter die Heißwasserversorgung abstellten, weil Frau Möller die Rechnungen samt Mahnungen ignoriert hatte. Es war sehr kalt in der Wohnung gewesen, und Sandy hatte ihre Land-Schildkröten wärmen wollen ... »Ja, und da hat sie sich gedacht, dass Schildkröten ja auch schwimmen und unter Wasser leben können. Und man sie deshalb prima einfach in einen Topf mit kochendem Wasser

werfen könnte. Kochend deshalb, weil sie ja einen Panzer haben, durch den die Wärme nicht so durchkommt, und es sein könnte, ›dass die innen immer noch frieren, obwohl der Panzer schon warm ist‹. Was, wenn ihr so was Absurdes auch bei ihrem Baby einfällt?« Ich wusste nicht, ob ich das nun komisch oder furchtbar finden sollte. Und entschied mich für beides.
»So was ist typisch für Sandy«, fuhr Frau Lippert fort. »Sie will immer gern helfen und dass es allen gut geht. Damit richtet sie dann eben auch oft Schaden an.«
Ja, das konnte man so sagen. Auch wenn davon auszugehen war, dass sie ihr Baby nicht in einen Topf mit kochendem Wasser plumpsen lassen würde, so war doch nicht vorherzusehen, auf welche gutgemeinten Ideen sie womöglich kommen würde, mit denen sie ihr Kind so in Gefahr bringen konnte.
»Sie ist total verträumt. Das hat sich in den letzten Jahren sogar noch verstärkt. Ständig fährt sie mit dem falschen Bus, oder sie fährt zu weit. Einmal hab ich siebzig Kilometer zurückgelegt, um sie abzuholen, weil sie nicht wusste, wie sie nach Hause kommen soll. Und wie sie dahingekommen war, konnte sie auch nicht so genau sagen. Sie ist einfach von Bus zu Bus umgestiegen. Das muss man erst mal schaffen, so weit zu kommen.« Frau Lippert lächelte. »Sie hat viele Qualitäten. Und vor allem ein wirklich gutes Herz. Ich bin sicher, dass sie auf ihre Art eine gute Mutter sein wird, aber sie braucht eben Anleitung und jemanden, der zumindest, solange das Kind so klein ist, einfach mit aufpasst.«
Da stimmte ich Frau Lippert zu. Wir vereinbarten, dass ich mit Sandy über die Möglichkeit einer solchen Einrichtung sprechen würde.
Was den Vater des Kindes betraf, war Frau Lippert ähnlich ärgerlich wie Frau Möller, äußerte dies allerdings weniger drastisch. »Er hat Sandy schon immer so ekelhaft angeflirtet. Ich

hab da mehrfach mit ihm drüber geredet und war wirklich erleichtert, als er dann dort wieder ausgezogen war. Dass er jetzt nach all den Jahren wieder zurückkommt und sie sogar schwängert, das ist widerlich! Er war ja mal so was wie ihr Stiefvater!«

Wenn ich gedacht hatte, dass die Verwicklungen damit erledigt waren, hatte ich mich getäuscht. Und wie! Denn als ich Sandy zum zweiten Mal besuchte, sah sie überhaupt nicht mehr nach einer glücklichen werdenden Mutter aus. Sie öffnete mir mit verheultem Gesicht und laufender Nase.
Auf meine Frage, was denn passiert sei, schluchzte sie nur so sehr, dass sie davon Schluckauf bekam. Sie putzte sich trompetend die Nase, warf das Taschentuch auf den Boden und begann erneut zu weinen. Ich verstand die Worte »Mama«, »alte Schlampe«, »Leben zerstört« und noch einiges, was ich hier nicht niederschreiben möchte.
Unter vielem Geschluchze, Gehickse und Ins-Taschentuch-Geschniefe brachte sie schließlich hervor, dass ihre Mutter, »die alte Schlampe«, doch tatsächlich mit iiiiihrem Kevin SEX gehabt hatte! Diesmal kam ihr das Wort »Sex« ganz ohne Gekicher über die Lippen. »Der Kevin soll doch der Papa von meinem Kind werden, und jetzt isser der Papa von ihrem Kind!!!« Sandy rannte ins Bad und übergab sich lautstark. Ob dem eine Schwangerschaftsübelkeit oder die Vorstellung von Kevin auf beziehungsweise in ihrer Mutter zugrunde lag, war schwer zu sagen.
Während ich darauf wartete, dass Sandy damit aufhörte, im Badezimmer unschöne Geräusche zu machen, wurde ich wütend auf Frau Möller. Das war wirklich ein starkes Stück! Wie konnte sie denn nur mit dem Ex-Freund ihrer Tochter schlafen? Zumal sie doch irgendwie mitbekommen haben musste,

dass Sandy noch sehr an ihm hing. Ob das eine Racheaktion gewesen war, weil Sandy mit ihrem Ex-Freund ...? Nein. Ich verwarf diesen Gedanken sofort wieder. Frau Möller war ja keineswegs auf Sandy sauer gewesen, als sie erfahren hatte, dass Klaus der Vater des ungeborenen Babys war.
Also war das Ganze wohl ein grotesker Zufall. Zumindest hoffte ich das.
Sandy kam zurück. Sie sah wirklich erbarmungswürdig aus. Ihr Gesicht war geschwollen und rotfleckig vom vielen Weinen, und man sah ihrer ganzen Erscheinung an, wie traurig und erschöpft sie war.
»Sandy, nur weil deine Mutter mit Kevin geschlafen hat, bedeutet das ja nicht, dass sie nun ein Kind von ihm bekommt. Weißt du ...«
»Wohl bedeutet es das! Das hat sie ja selber gesaaaaagt!« Sandy begann erneut zu weinen.
Ich fühlte mich wie in einer lieblos dahingeschmierten Reality-Soap. Das konnte doch alles nicht wahr sein!

Es war aber so.
Frau Möller hatte sogar eine Affäre mit Kevin begonnen kurz *bevor* dieser sich von Sandy getrennt hatte! Und war nun schwanger. Vom Ex-Freund ihrer Tochter. Die wiederum ein Kind vom Ex-Freund ihrer Mutter und somit vom Vater ihres kleinen Bruders bekam. Und als wäre das nicht verwirrend genug, versöhnten sich Kevin und Sandy einige Tage später tränenreich und beschlossen, Sandys Kind gemeinsam großzuziehen.
Ja, die beiden boten Frau Möller sogar an, sich auch um ihr Baby zu kümmern, so dass die beiden Kinder dann sozusagen wie Zwillinge aufwachsen könnten! Da beschlossen Frau Lippert und ich, umgehend ein Gespräch mit allen Beteiligten zu

führen, um klare Verhältnisse zu schaffen und um dieses lauter werdende Brummen in unseren Köpfen einzudämmen, das sich immer dann einstellte, wenn wir versuchten, uns in diesem Verwandtschafts-Wirrwarr zurechtzufinden.

Klaus erschien nicht zu diesem Gespräch. Er entschuldigte sich mit einem Zahnarzttermin, den er unmöglich absagen könne. Und so bestand unsere Runde aus Frau Möller, Sandy und Kevin, Frau Lippert, Frau Kieser vom Wohnheim für junge Mütter und mir. Kevins Eltern hatten bereits einige Tage zuvor beim Jugendamt angerufen und erklärt, sie könnten sich unmöglich um »irgendwelche Kinder« kümmern. Man solle also auf keinen Fall mit ihrer Unterstützung rechnen.
Als wir alle Platz nahmen, schob Kevin Sandy vorsichtig ihren Stuhl zurecht. Er hatte sich offenbar für den Termin extra in Schale geschmissen, denn er trug einen Anzug, der entweder viele Jahre im Schrank verbracht hatte oder den er sich von jemandem geliehen hatte, der deutlich kleiner war als er. Dazu hatte er sich einen Seitenscheitel gekämmt und reichlich Rasierwasser aufgetragen. Irgendwie rührend. Er setzte sich neben Sandy und nahm ihre Hand. Die beiden sahen sich verliebt an. »Hach, süß!«, hörte ich Frau Lippert murmeln. Als ich zu ihr hinsah, räusperte sie sich und tat, als sei nichts gewesen.

Frau Kieser vom Wohnheim war vorab von mir über die familiären Verhältnisse informiert worden. Sie war am Telefon einen Moment still gewesen und hatte dann recht trocken erklärt: »Wenn wir mit diesem Fall fertig sind, trinken wir mal einen Kaffee zusammen, und dann zeige ich Ihnen, was ich während unseres Telefonats gezeichnet habe. Oder besser, was ich versucht habe zu zeichnen.« Ich hörte Frau Kieser am anderen Ende der Leitung leise lachen und wusste sofort, was sie

versucht hatte – beziehungsweise woran sie gescheitert war.
»Ich habe versucht, einen Stammbaum zu zeichnen, während Sie mir alles erklärt haben, und das Ding sieht aus, als hätte ich »das Haus vom Nikolaus« in fünf Dimensionen übereinandergemalt. Wenn Kevin und Sandy heiraten und Kevin Sandys Kind adoptiert, dann ist Frau Möllers Kind ja ... ähm ... dann ist es ... Wie gesagt, ich schlage vor, dass wir uns da mal in Ruhe zusammensetzen. Die Familie sollte da auch einen Überblick haben, denke ich. Wir bringen erst einmal Ordnung in dieses Chaos. Und den Zettel rahm ich mir ein.«

Sandy und Kevin erklärten, dass sie erst nach der Geburt des Babys heiraten wollten, denn Sandy wollte gerne »schön aussehen« als Braut. Und das ging ihrer Ansicht nach nicht mit einem Babybauch. Die beiden wollten zusammenwohnen und waren damit einverstanden, zunächst in das Heim für junge Mütter zu ziehen, das auch über drei Appartements für junge Familien verfügte, so dass Kevin tatsächlich mit einziehen konnte.
»Ich will der Sandy da schon helfen mit dem Baby und so, aber ich hab da echt keine Ahnung von. Ich bin schon froh, wenn da jemand ist, den man fragen kann und so was. Also, das ist echt super. Vielleicht kann da auch mal jemand auf das Baby aufpassen, wenn Sandy und ich ... äh ... also, wenn wir mal ...« Er sah hilfesuchend zur Zimmerdecke. »Also, wenn wir mal alleine sein wollen.« Sandy kicherte und drückte Kevins Hand.
Frau Kieser verzog keine Miene und erklärte, dass es in erster Linie darum gehen solle, den jungen Eltern etwas beizubringen und sie dazu zu befähigen, auf lange Sicht selbständig mit ihrem Kind leben zu können. Kevin und Sandy nickten brav.
»Und natürlich sollen Sie auch mal Zeit für sich haben. Dafür

gibt es tatsächlich einen Babysitterdienst bei uns.« Kevin und Sandy strahlten über das ganze Gesicht und beeilten sich zu erklären, dass es ihnen selbstverständlich nicht um ihre Freizeit gehe, sondern dass sie eine glückliche Familie sein wollten und ganz viel lernen, das Kind von Frau Möller adoptieren und noch ganz, ganz viele Kinder mehr bekommen wollten und …
Frau Kiesers Lächeln wurde nur ein klein wenig schiefer, als sie die beiden stoppte. »Das schauen wir dann mal, ja? Jetzt machen wir einen Schritt nach dem anderen.«
»Ja, aber das mit der Adoption, das will ich jetzt schnell geklärt haben.« Frau Möller sah herausfordernd in die Runde.
Frau Lippert sah mich mit einem stummen »Ernsthaft?!?« an.
Ich zuckte die Achseln.
Zunächst hatte ich diese Idee völlig absurd gefunden. Andererseits war klar, dass Frau Möller sich nicht um ihr Baby kümmern würde und es für das Kind auf jeden Fall besser wäre, wenn es nicht bei ihr aufwuchs. Ob nun aber ausgerechnet Sandy und Kevin diejenigen sein sollten, die das Kind adoptierten, war allerdings äußerst fraglich. Andererseits war Kevin unbestritten der Vaters des Kindes, und von daher hatte er schließlich auch ein Wort mitzureden.
Ich vereinbarte, dass wir erst einmal abwarten würden, wie es Sandy und Kevin im Wohnheim erging und wie sie sich nach den ersten Wochen mit dem Baby fühlten. Frau Möllers Kind sollte erst vier bis sechs Wochen nach Sandys zur Welt kommen, und ich hoffte, dass sich die beiden Babys grob an ihren Geburtstermin halten würden. So hätte das gesamte Helfersystem noch ein wenig Zeit, um sich ein Bild von Kevin und Sandy als Paar und vor allem als Eltern zu machen.
Einige Monate später erhielt ich Post von Frau Kieser. Sie hatte mir ihren fehlgeschlagenen Versuch, einen Stammbaum der

Möllers zu zeichnen, geschickt und dabei das Kind von Sandy und Klaus rosa umrahmt und quer über ihr Gekritzel geschrieben: »Es ist ein Mädchen. Und es heißt Kimberly.«

Sandy und Kevin erwiesen sich als erstaunlich lernfähig und kamen gut mit Kimberly zurecht. Zwar brauchten sie regelmäßige Anleitung und forderten diese auch ein, doch Kevin erwies sich als recht strukturiert und gewissenhaft und war ein guter Ausgleich zu Sandy.
Frau Möller blieb dabei, ihr Kind nach der Geburt abgeben zu wollen. »Ich mach das nicht noch mal mit, diesen ganzen Windelscheiß und diese Breifütterei und alles. Nee!!«
Ich sah das nach wie vor positiv. Mir war das so viel lieber, als dass ich womöglich ein paar Jahre später zu einer Begutachtung wegen Kindeswohlgefährdung gerufen würde.

Frau Möllers Baby kam exakt acht Wochen nach Kimberly zur Welt. Es war ein Junge, und Frau Möller erklärte, dass es ihr »so was von wurschtegal« sei, wie er heißen solle. Kevin und Sandy nannten ihn Pascal und durften ihn zu sich nehmen.
Ich fand zwar, dass die Belastung durch einen weiteren Säugling nicht zu unterschätzen sei, aber da sich Sandy und Kevin wirklich vorbildlich auf die Unterstützung durch die Fachleute eingelassen und auch sichtbare Fortschritte gemacht hatten, sah ich keinen Grund, den kleinen Pascal in eine Pflegefamilie zu geben. Kevin war schließlich sein Vater.

Sandy, Kevin, Kimberly und Pascal lebten glücklich als Patchworkfamilie zusammen.
Leider habe ich sie nach einigen Jahren aus den Augen verloren, aber als Kimberly und Pascal in den Kindergarten kamen,

war die Familie gerade in eine eigene Wohnung gezogen. Dort wurde sie zwar noch immer von einer Familienhilfe betreut, aber immerhin hatte der Plan mit der langfristigen Verselbständigung funktioniert. Ich bin sehr zuversichtlich, dass bei den vieren auch weiterhin alles gut läuft.

Wenn Sie mögen, dann zeichnen Sie doch jetzt mal den Stammbaum der Familie Möller. Wenn Sie es gleich beim ersten Versuch schaffen und eine unbeteiligte Person tatsächlich die familiären Verhältnisse durchdringt, dann sind Sie ein Genie.

Frau Blumenau und die Ballonseide

Die beiden Kinder der Familie Scheller waren im Kindergarten durch sehr dreckige und äußerst unangenehm riechende Kleidung aufgefallen. Mehrere Gespräche mit den Eltern hatten daran jeweils nur sehr kurzfristig etwas geändert. Als die Erzieherin von den beiden Mädchen erfuhr, dass sie zu Hause gar keine Küche hatten, war sie so schockiert, dass sie umgehend das Jugendamt informierte. Die Mitarbeiterin machte einen Hausbesuch bei Familie Scheller und war so entsetzt, dass sie Laura und Mona noch am selben Tag in Obhut nahm und in einer Bereitschaftspflegefamilie unterbrachte.
Das Familiengericht wollte nun von mir wissen, ob die Kinder wieder zu ihren Eltern zurückkehren konnten beziehungsweise welche Veränderungen bei diesen notwendig wären, damit die Kinder langfristig wieder bei ihnen würden leben können, oder ob die beiden in eine Dauerpflegefamilie vermittelt werden müssten.

Als ich bei Frau Scheller anrief, um einen Termin zu vereinbaren, war sie so aufgeregt, dass ihr zweimal das Telefon hinunterfiel. Sie bat mich, einfach so schnell wie möglich zu kommen, denn das alles müsse ein Missverständnis sein und sie wollten bitte, bitte ganz schnell ihre Mädchen wieder bei sich haben.
Die Familie wohnte im sechsten Stock eines Altbaus, und ich kam einigermaßen außer Atem oben an.
Frau Scheller, eine kleine zarte Frau mit kurzen schwarzen Haaren, trug einen lila-braunen Trainingsanzug aus Ballon-

seide. Ich wusste gar nicht, dass so etwas noch hergestellt wird. Und dann auch noch in dieser Farbkombination! Vielleicht war es aber auch ein Original aus den 80ern. Ich versuchte, mich nicht von diesem modischen Unfall ablenken zu lassen, und gab Frau Scheller lächelnd die Hand.
Sie bat mich herein, und ich trat in einen grauen, leeren Flur. Der Boden bestand, soweit ich das beurteilen konnte, aus einem Zement-Estrich, und auch die Wände wirkten unfertig. Sie waren graufleckig und ohne Verputz oder Tapete. Okay, das war nicht schön. Aber auch kein Grund, Kinder aus einer Familie zu nehmen. Ich folgte Frau Scheller zu einer Türe am Ende des Flurs.
Und betrat einen Campingplatz.

Es war ein sehr kleiner Campingplatz. Aber es war einer.
Auf dem grauen Zementboden stand ein Zelt samt Vorzelt, Campingstühlen und Tisch, dem obligatorischen Gaskocher und einem rot-blau gestreiften Sonnenschirm. Das Ganze war doch tatsächlich umrahmt von einem kleinen weißen Plastikgartenzaun.
Und neben diesem Zaun stand ein kleineres Zelt ohne Vorzelt und Zaun, dafür aber mit einem beeindruckend großen Plastikhund, der gerade sein Bein hob.
»Schatz?« Frau Scheller sah sich um.
Im Hauptzelt rumorte es, der Reißverschluss machte sein typisches Sssst-Geräusch, und ein Mann schälte sich heraus. Herr Scheller war dürr und ebenso klein wie seine Frau. Er trug seine spärliche Haartracht quer über den Kopf gekämmt. Und hatte den gleichen Trainingsanzug an wie seine Frau.
Die Erscheinung der beiden vor diesen Zelten samt Equipment und »Vorgarten« brachte mich ein wenig aus dem Konzept. Ich beschloss die Flucht nach vorn.

Geschmacksverirrter Partnerlook war eine Sache – und ja leider gar nicht mal so ungewöhnlich. Für dieses Campingszenario aber wollte ich doch gerne eine Erklärung.

Frau Scheller lächelte mich selig an und sagte: »Na ja, wir mögen's halt so.«

»Sie mögen's halt so ...«, echote ich.

Herr Scheller kam seiner Frau zu Hilfe. »Ob wir draußen oder drinnen Camping machen, ist ja egal. Wir wohnen eben in einer Wohnung im Zelt.«

»In einer Wohnung im Zelt ...« Ich musste damit aufhören, alles zu wiederholen.

Frau Scheller schaltete sich wieder ein. »Aber es kann doch nicht sein, dass das verboten ist. Also, man kann uns doch nicht die Kinder wegnehmen, weil wir hier zelten. Das ist doch nichts Schlimmes.«

»Nichts Schlimm... Äh, Frau Scheller, Herr Scheller, vielleicht zeigen Sie mir erst einmal die gesamte ... ähm ... Wohnung, und dann unterhalten wir uns in Ruhe.«

Ich versuchte mich zu sammeln, während Herr und Frau Scheller erklärten, dies sei ja ihre Wohnung. Also, ich stünde ja direkt drin.

»Und die anderen Zimmer der Wohnung ...?«

»... stehen leer«, vervollständigte Herr Scheller meinen Satz.

Frau Scheller zeigte auf den »Vorgarten« und erklärte, das sei die Küche. Sie würden alles auf dem Gasherd zubereiten. Wie man das eben beim Camping so mache.

Zum Geschirrspülen würden sie in öffentliche Toiletten oder Kneipen in der Nachbarschaft gehen.

»Und ... wo ist Ihr Badezimmer?« Ich erwartete schon, dass Frau Scheller erklärte, das befinde sich in dem kleinen Zelt mit dem pinkelnden Hund davor, als ich bemerkte, dass sie nun doch unsicher wurde. Herr Scheller legte seiner Frau beruhi-

gend seine Hand auf die Schulter. »Na ja, wissen Sie, ein Badezimmer haben wir nicht. Wir machen das auch ... also in den Kneipen oder mal bei den Nachbarn oder ... na ja, eben im Gebüsch ...«
Ich war erst einmal sprachlos.
Frau Scheller sah mich ängstlich an.
»Und ...? Können die Kinder denn jetzt wieder zurück? Ja?«
»Nein.«
Selten hatte ich mich so klar und uneinfühlsam ausgedrückt.
Mir tat es sofort schrecklich leid, und ich bemühte mich, den beiden zu erklären, warum es nicht ging.

Während wir im Vorgarten am Campingtisch saßen und Kaffee tranken, stellte sich bei mir ein Gefühl von – es ist mir fast peinlich, es zuzugeben, Urlaub oder zumindest Kindheits-Sonntagnachmittag ein. Es war irgendwie gemütlich. Und schon auch ein bisschen cool.
Und kreativ auch. Aber eben auch vollkommen irre.
Das Ehepaar Scheller berichtete, dass sie zunächst aus reiner Not ein Zelt in ihrer Wohnung aufgebaut hätten. »Hier war ja nix. Nur der Estrich, kein richtiger Fußboden, keine Tapeten ...« Frau Scheller sprang ihrem Mann bei: »Ja, und auch keine Küche, kein Badezimmer ... Einfach nix!«
»Und da hatte ich die Idee mit dem Zelt, weil ... weil wenn man nix hat, dann ist das ja wie in der freien Natur irgendwie. Und ein Bekannter von Ilona«, er sah seine Frau liebevoll an, »hat so ein Zelt und diese Steine mit den Haken, damit man nichts in den Boden hauen muss. Ich meine, wir hätten ja hier nicht die Heringe im Fußboden verhaken können.« Herr Scheller schüttelte den Kopf. »Nee, das wäre ja nicht gegangen. Aber so ging das. Und dann haben wir gemerkt, dass das ganz prima ist. Und wir ...« Nun ergriff wieder Frau Scheller das

Wort: »Wir mögen das einfach so. Warum dürfen wir das denn nicht so lassen?«
Ich erklärte es ausführlich. Unter anderem, dass Kindern ein Badezimmer mit fließendem Wasser samt Toilette zur Verfügung stehen sollte und dass es ihrer sozialen Entwicklung gar nicht gut tut, wenn sie so unangenehm riechen, dass andere Kinder einfach nicht mit ihnen spielen können, selbst wenn sie wollen.
Herr und Frau Scheller waren während meiner Erläuterung immer stiller geworden und schauten nun zu Boden wie Schulkinder, denen der Lehrer eine kräftige Standpauke gehalten hatte.
Frau Scheller flüsterte: »Aber wir können uns doch keinen Strom und kein Wasser leisten ... und das alles ...«

Es stellte sich heraus, dass Herr Scheller früher als Hausmeister in einer Grundschule gearbeitet hatte, dann aber durch den Sohn einer Bekannten der Rektorin ersetzt wurde. Danach hatte er keinen Job mehr gefunden. Frau Scheller half hin und wieder in den Kneipen in der Nachbarschaft aus und bediente oder putzte nach Feierabend.
»Aber das Geld reicht eben nicht so richtig für uns vier. Also, meistens schon irgendwie. Aber wenn wir jetzt auch noch Strom und Wasser zahlen sollen ... Also, das können wir nicht.«
Weder Herr noch Frau Scheller hatten jemals in Betracht gezogen, Hilfen vom Staat in Anspruch zu nehmen.
Als ich das vorschlug, sahen sie mich ungläubig an. »Aber wir können doch arbeiten. Wir finden nur keinen Job. Da kann doch der Staat nichts dafür. Warum sollten die uns denn Geld geben? Wofür denn? Und wie sollen wir das denn dann jemals zurückzahlen?«

Nun war es an mir, ungläubig zu schauen. Es kommt durchaus vor, dass Menschen entweder zu stolz oder zu unwissend sind, um das einzufordern, was ihnen eigentlich an Hilfe zusteht. Aber dass eine Familie freiwillig in einer nackten Wohnung in Zelten schläft und auf fließendes Wasser und Strom verzichtet, ist schon sehr ungewöhnlich. Trotzdem kam ich nicht umhin, die beiden für ihren Durchhaltewillen zu bewundern.
Die Kinder stellten sich außerdem als fröhliche und glückliche Mädchen heraus, die nur eben »schon ganz gern auch mal duschen oder aufs Klo gehn würden, ohne dass das immer so schwierig ist«.
Wenn ich ehrlich bin, fand ich, dass die zuständige Mitarbeiterin des Jugendamtes hier ein wenig überreagiert hatte. Man hätte die beiden Mädchen nicht gleich Hals über Kopf in Obhut nehmen müssen. Aber nun war es schon geschehen. Glücklicherweise waren sie in einer sehr kompetenten Bereitschaftspflegefamilie gelandet, so dass Mona und Laura keinen größeren Schaden von dieser Hauruck-Aktion des Jugendamtes davongetragen hatten.

Ich vereinbarte mit Herrn und Frau Scheller, dass ich mit ihnen zusammen zum Jugendamt gehen würde, damit sie eine Familienhilfe bekämen. Diese würde dann alles Weitere mit ihnen besprechen und dafür sorgen, dass sie unterstützt würden, solange es eben notwendig sei, um ihren Kindern ein Zuhause mit Küche und Bad bieten zu können.
Die beiden waren zunächst nicht so überzeugt von meiner Idee. Ich spürte deutlich, dass sie ungern Hilfe annehmen wollten. Als ich ihnen noch einmal deutlich machte, dass ihre Kinder ein Mindestmaß an Sauberkeit benötigten und das nun einmal auf ihrem lustigen, kleinen Campingplatz nicht möglich sei, stimmten sie zu.

Ich rief meine Lieblingsjugendamtsmitarbeiterin, Frau Ehring, an. Sie war zwar nicht für die Familie Scheller zuständig, aber sie kannte viele Familienhilfen, und ich brauchte für die Familie Scheller eine, die nicht allzu konservativ war und mit kreativen Lösungen leben konnte.
Wie zu erwarten, lachte Frau Ehring nur und nannte mir zwei Namen. Doch ich solle bitte alles dafür tun, dass es »der erste Name auf der Liste« werde, denn das höre sich nach einem speziellen Job für eine ganz spezielle Spezialistin an. Mit diesen Namen ging ich gemeinsam mit der Familie Scheller zu ihrer zuständigen Mitarbeiterin und bat darum, dass am besten obige Person mit dem schönen Namen Erika Blumenau als Familienhilfe in der Familie Scheller eingesetzt werden solle.
Da die Eltern einsichtig waren und versprachen, alles zu tun, damit ihre Kinder ganz schnell wieder bei ihnen würden leben können, und ich erklärte, dass die beiden ihren Worten sicherlich die entsprechenden Taten folgen lassen würden, wurde ihr Antrag auf eine solche Hilfe auch bewilligt. Und Frau Blumenau wurde als Familienhilfe eingesetzt.

Als ich ein paar Wochen später wieder einen Hausbesuch bei Familie Scheller machte, war ich zugegebenermaßen sehr gespannt.
Tatsächlich betrat ich schon mal keinen Estrich mehr, sondern einen hellen, freundlichen Flur mit Tapete und Laminatboden. Frau Scheller zeigte mir stolz ihre kleine Küche und das Badezimmer. Bevor wir das Wohnzimmer betreten konnten, kam Herr Scheller mit Einkaufstüten beladen zur Wohnungstüre hereingeschnauft. Er ließ die Tüten fallen und lief auf mich zu. Ich glaube, er wollte mich eigentlich stürmisch umarmen, machte aber kurz vor mir dann doch Halt und nahm meine Hand. Er schüttelte sie gerührt und bedankte sich mehrfach.

Frau Scheller lächelte: »Ja, das ist wirklich ganz toll, dass Sie dafür gesorgt haben, dass wir die Frau Blumenau als Hilfe bekommen haben. Die ... die versteht uns.«

Ja, das konnte man so sagen.
Als Frau Scheller die Türe zum »Wohnzimmer« öffnete, bot sich mir ein Bild, das ich nie vergessen werde. Frau Blumenau hatte meine kühnsten Erwartungen übertroffen und sozusagen ihrem Namen alle Ehre gemacht.
Sie hatte den Schellers nämlich ihren Campingplatz gelassen! Aber sie hatte es geschafft, diesen Raum zu einem wahren Urlaubsort zu machen.
Der Teppichboden war jetzt grün und der Vorgartenzaun voller bunter Papierblumen. Der Raum war durch mehrere Lampen wunderbar hell, und gerade strich Frau Blumenau mit Laura und Mona die Wand in einem angenehmen Blau.
Laura, die Ältere, lief auf ihre Mutter zu. »Mamaaaaa«, krähte sie. »Wir machen einen Blick aufs Meer mit der Frau Blumenau! Schau!« Und Mona, die selbst fast so blau wie die Wand war, fügte hinzu: »Und in unserem Zimmer wird eine Wand auch blau! Und eine gelb!« »Und an die Decke kommen Leuchtesterneeeee!«
Ich lächelte Frau Blumenau zu.
Sie hatte das hier ganz offenbar im Griff – und zwar im Sinne der Familie.
Denn warum sollte man in seinem Wohnzimmer keinen Indoor-Campingplatz haben? Herr und Frau Scheller saßen nun einmal viel lieber im braun-lila Partnerlook in ihrem Vorgarten am Campingtisch als auf einem langweiligen Sofa vorm Fernseher. Und auch ich blickte viel lieber auf ein Wandbild, das von Kindern gemalt worden war, als auf die hunderttausendste Pop-Art-Reproduktion.

Das Brillante an Frau Blumenaus Vorgehensweise war außerdem, dass die Kinder nicht das Gefühl haben mussten, ihre Eltern hätten eine Meise, weil »die Frau vom Amt« von einem Tag auf den anderen alles in Frage stellt, was die Eltern bisher versucht hatten, um irgendwie mit der Situation klarzukommen. Es war ein langsames, rücksichtsvolles Hinübergleiten und kein Schock, bei dem die Eltern ebenso wie die Kinder mehr Schaden genommen hätten als durch ein paar weitere Wochen Wohnzimmercamping.

Für dieses Buch befragte ich Frau Blumenau nach der Situation der Familie Scheller und erfuhr, dass nach zwei Jahren immerhin noch die Dekoration und die Wandbilder im Wohnzimmer verblieben waren. Das Zelt hatte dann doch einer großen Familiencouch Platz gemacht – weil die Familie sich dazu entschlossen hatte und nicht, weil die Frau vom Amt das so bestimmt hatte.

Frau Scheller hatte in einem Supermarkt an der Kasse Arbeit gefunden und fand diese Tätigkeit samt Kollegen und (den meisten) Kunden ganz wunderbar. Herr Scheller war momentan auf Arbeitssuche. Er nahm die Angebote des Arbeitsamtes sehr bereitwillig wahr und bemühte sich nach Kräften.

Ich würde mir sehr wünschen, dass es in diesem Berufsfeld mehr Menschen wie Frau Blumenau gäbe. Es gibt sie, wie man sieht. Aber es gibt nicht genug. Denn »genug« wären ja dann sozusagen »alle«.

Haben Sie Angst vor mir?

Wenn ich Freunden etwas von meinem Beruf erzähle, dann werde ich oft gefragt: »Ja, hast du denn da keine Angst?«
Das ist eine berechtigte Frage, wenn man bedenkt, dass ich es leider auch oft mit gewaltbereiten Menschen zu tun habe.
In den ersten Jahren als Sachverständige hatte ich oft Angst. Allerdings mehr aus Unsicherheit und mangelnder Erfahrung. Ich war es schlichtweg nicht gewöhnt, mit Menschen umzugehen, für die es nichts Außergewöhnliches ist zuzuschlagen, und wusste nicht so recht, wie ich mich ihnen gegenüber verhalten sollte.
Und ich musste auch erst lernen, dass eben nicht jeder, der im Gespräch laut lospoltert oder Dinge an die Wand pfeffert, auch automatisch der Sachverständigen eine Bierflasche über den Kopf zieht. Auch dass Drohungen wie »Das werden Sie noch bereuen!«, »Dann passiert aber was!« oder »Sie werden schon sehen, was Sie davon haben« meist schlichtweg zum alltäglichen Sprachgebrauch gehören und in ihrer inflationären Verwendung kaum mehr bedeuten als: »Das find ich jetzt aber echt nicht okay.«
Mehr als einmal blickte ich in ein ehrlich erschrocken-schuldbewusstes Gesicht, wenn ich deutlich machte, dass ich mich durch solche Aussprüche bedroht fühlen könnte.
Im Laufe der Jahre wurde mir zudem bewusst, dass die gewaltbereiten Menschen genauso wie alle anderen bemerken, wenn man echtes Interesse an ihnen hat, und es schätzen, wenn man ehrlich mit ihnen umgeht. So kam es in der Regel gar nicht erst zu unangenehmen Situationen.

Und dann gab es da noch die Familie Schindler.
Die Eltern hatten sich vor zehn Jahren getrennt, als ihr Sohn David drei Jahre alt war, und die Zahl der seitdem geführten und noch laufenden Gerichtsverfahren war immens. Der Aktenberg war gigantisch und reichte von Unterlassungsklagen über Unterhaltsstreitigkeiten bis hin zu Strafanzeigen und Sorgerechtsklagen. Inzwischen war David dreizehn Jahre alt, und der Streit der Eltern tobte nach wie vor. Nun, genau genommen tobte eigentlich nur der Vater, aber der dafür so richtig.
Aktuell hatte Herr Schindler den fünften Antrag auf Regelung seines Umgangsrechts mit David gestellt. Wenn man bedenkt, dass sich Umgangsverfahren oft über Jahre ziehen können, ist diese Zahl durchaus beachtlich.
Ich war bereits die dritte Sachverständige, die mit einem Gutachten in dieser Familiensache beauftragt wurde, und schon als der Kurier mir eines morgens zwei schwere Kisten voller Unterlagen anlieferte, ahnte ich, dass dies alles andere als ein normaler Fall werden würde.
Nach erster Durchsicht der Akten wandelte sich die Ahnung in Gewissheit und die Gewissheit in Erstaunen. Jemand wie dieser Vater war mir bislang noch nicht untergekommen.

In den vorangegangenen Gutachten wurde Herr Schindler als gefühlsarm und machtbesessen beschrieben. Es fehle ihm an Einfühlungsvermögen, was insbesondere im Umgang mit seinem Sohn ein großes Problem darstelle. Bereits einmal war ein Umgangsausschluss empfohlen worden und beim nächsten Gutachten ein begleiteter Umgang alle vier Wochen für eine Stunde.
Allerdings waren diese Umgangskontakte nach einem halben Jahr wieder eingestellt worden, weil Herr Schindler sich nicht an die Anweisungen der Begleitpersonen gehalten hatte. Au-

ßerdem hatte er seinem Sohn gegenüber mehrfach erklärt, dass seine Mutter »eine geldgierige Hure« sei, die »bald in der Hölle schmoren« werde. Auch sonst hatte er keinerlei Fähigkeit oder Bereitschaft gezeigt, sich in die Bedürfnislage seines Sohnes einzufühlen. Schließlich fand sich unter den zuständigen Fachleuten niemand mehr, der sich bereit erklärte, die Kontakte zu begleiten. Herr Schindler wurde übereinstimmend als »beratungsresistent, sozial unverträglich und unberechenbar« beschrieben.

Der inzwischen dreizehnjährige David hatte bei der letzten Befragung vor Gericht sogar seinem Vater gegenüber erklärt, dass er ihn nicht mehr sehen wolle, wenn er »dann doch nur so schlimm über die Mama schimpft und so«.
Dies nahm Herr Schindler aber keineswegs zum Anlass, sich zu entschuldigen oder gar sein Verhalten zu ändern. Stattdessen stellte er erneut Anträge bei Gericht, in denen er über mehrere Seiten erläuterte, dass die Mutter seines Sohnes erziehungsunfähig sei – unter anderem habe sie schließlich ihren Sohn dazu genötigt, vor Gericht zu behaupten, er wolle seinen Vater nicht sehen.
Er beantragte, seinen Sohn alle zwei Wochen am Wochenende zu sich nehmen zu dürfen. Daneben beantragte er, Davids Mutter das Sorgerecht zu entziehen und dieses vollumfänglich auf ihn zu übertragen. Weil er gerade dabei war, beantragte er noch, der Mutter ein Zwangsgeld anzudrohen, sollte sie David nicht am nächsten Wochenende an ihn herausgeben, schrieb eine Beschwerde über jeden einzelnen Mitarbeiter, der bislang die Umgangskontakte begleitet hatte, und lehnte die neue Sachverständige (also mich) schon vorab wegen mangelnder Kompetenzen und Befangenheit ab. Dies begründete er unter anderem damit, dass ich doch sicherlich alle bisherigen Unterlagen bekommen

hatte und mir somit allein durch das Studium dieser Papiere eine Meinung über ihn gebildet hätte. Da ihn all diese Berichte in einem – natürlich ungerechtfertigt – schlechten Licht zeigen würden, wäre ich somit automatisch befangen. Außerdem habe er sich über mich erkundigt, und da ich weder promoviert noch bislang irgendwelche Artikel in einschlägigen Fachzeitschriften veröffentlich hätte, sei davon auszugehen, dass ich nicht über das notwendige Fachwissen verfüge – und darum lehne er mich als Sachverständige ab. Die Argumentation war ebenso originell wie unsinnig, gab mir aber einen ersten Vorgeschmack darauf, was mich bei diesem Fall erwartete.

Herr Schindler war von Beruf Ingenieur, aber schon seit einigen Jahren arbeitslos. Nach dem Lesen der Berichte konnte ich mir auch vorstellen, warum.
Er war zwar hochintelligent und wortgewandt, aber eben auch unberechenbar und manipulativ. Daneben erwies er sich als erstaunlich geschickt darin, Lücken oder scheinbare Unklarheiten für seine Zwecke einzusetzen. Immer und immer wieder provozierte er so neue Verhandlungen und hielt alle Beteiligten seit Jahren auf Trab. Er vertrat sich außerdem grundsätzlich selbst, weil er seine Interessen nicht von einem »durchschnittlich begabten Winkeladvokaten« vertreten sehen wollte. Wurde Herrn Schindler doch einmal ein Anwalt beigeordnet (beispielsweise beim Oberlandesgericht, wo in der Regel Anwaltszwang herrscht), warf jener innerhalb kürzester Zeit das Handtuch.
Juristisch war Herr Schindler zwar nicht wirklich bewandert, aber er war rhetorisch so unglaublich talentiert, dass es zunächst nicht einmal auffiel. Hätte man es nicht besser gewusst, konnte man im ersten Moment den Eindruck gewinnen, es mit einem brillanten Anwalt zu tun zu haben. Allerdings durch-

schaute man das Ganze dann doch bald als eine zwar geschickt eingesetzte, aber doch recht durchsichtige Nebelwand. Doch was half das, wenn man sich schon im nächsten Verfahren mit Herrn Schindler befand und bereits ahnte, dass es nicht das letzte sein würde?

Herr Schindler war groß, gutaussehend, durchtrainiert und hätte wunderbar den nächsten James Bond darstellen können. Oder den nächsten James-Bond-Bösewicht. Denn Herr Schindler war das, was man gemeinhin als »Psychopathen« bezeichnet. (Fachleute nennen diese Störung »dissoziale Persönlichkeitsstörung«.)

Da der Befangenheitsantrag hinsichtlich meiner Person als Sachverständige abgelehnt worden war, begann ich mit der Begutachtung. Schon nach dem Lesen der Akte hatte ich mir fast gewünscht, Herr Schindler hätte Erfolg gehabt mit seinem Antrag. Ich wollte diesen Mann nicht kennenlernen.
Und irgendwie verstand ich auch gar nicht, warum denn noch ein Gutachten gebraucht wurde. Reichten denn nicht die Vorgutachten samt den Berichten der Fachleute, die ausnahmslos in die gleiche Richtung gingen?
Am liebsten hätte ich den Richter angerufen und gesagt, dass ich ... ja, was? Dass ich keine Lust hatte, den Fall zu bearbeiten? Dass ich gerade mit so vielen schrecklichen Fällen zu tun gehabt hatte, dass ich nun nicht auch noch den unsäglichen Herrn Schindler kennenlernen wollte? Aber das war selbstverständlich Unsinn. Natürlich würde ich den Fall übernehmen, natürlich würde ich Herrn Schindler, seine Ex-Frau und den gemeinsamen Sohn David begutachten, und selbstverständlich würde ich alles tun, damit sich die Situation für den Jungen möglichst bald verbesserte. Was sonst.

Wenige Tage später traf ich mich das erste Mal mit Herrn Schindler, und er war fast ganz genau so, wie ich ihn mir vorgestellt hatte – nur eben noch gruseliger ...

Zunächst war er mir gegenüber überraschend charmant, dabei aber auch unangenehm distanzlos. Eine verrückte Mischung, ich weiß. Stellen Sie sich jemanden vor, der Sie höflich und sogar witzig begrüßt und dabei mit der einen Hand die Ihre und mit der anderen Ihren Unterarm umklammert hält. Deutlich zu lange und zu fest ...
Nachdem ich ihm sehr deutlich klargemacht hatte, dass ich meine Hand für meine Arbeit benötigen würde, lachte er etwas zu laut und ließ los.
Wir setzten uns an den Küchentisch, und ich blickte mich in der makellos aufgeräumten und blitzsauberen Wohnung um. Ich konnte mich des Eindrucks nicht erwehren, dass Herr Schindler vielleicht extra für den Termin ein fremdes Appartement gemietet hatte, so klinisch und auf unangenehm leblose Weise unpersönlich wirkte alles auf mich. Die Möbel waren aus dunklem Holz und irgendwie zu groß für diese Wohnung. Die Decken und Wände waren mit Holz vertäfelt – ebenfalls in dunklem Braun. An der Wand hingen Ölgemälde mit Jagdmotiven, in den braunen Blumenkübeln steckten Kunstblumen, und die Rollos waren allesamt exakt bis zur Hälfte heruntergelassen. Dies war ein unangenehmer, dunkler Ort.
Herr Schindler wollte sofort alles über meine Qualifikationen wissen und fuhr dann ungehemmt mit privaten Fragen fort. »Haben Sie auch Familie? Kinder? Bereits in der Schule?« Als ich erklärte, dass ich das nicht beantworten würde, lächelte er und sagte im Plauderton: »Warum nicht? Haben Sie Angst vor mir?«
Ich verneinte und stellte ihm ein paar Fragen. Davon beantwortete er keine einzige, sondern erzählte stattdessen aus-

schließlich von Dingen, die er loswerden wollte. Die Hälfte davon stand in keiner Verbindung zur Begutachtung. Neben der Schuld der Mutter seines Sohnes und diverser Fachleute am Scheitern der Umgangskontakte und der Unfähigkeit des Europäischen Gerichtshofs, der seinen Antrag auf Verfahrenswiederaufnahme verweigert hatte, schwadronierte er unter anderem über »die Amerikaner«, die die »ganze Welt mit Lügen füttern« würden, die Frauenbewegung, die »die westlichen Länder ins Unglück« stürze, und darüber, dass Deutschland als Land ja rein rechtlich gar nicht existiere, weil es streng genommen weder einen Friedensvertrag noch eine gültige Verfassung gäbe. Herr Schindler präsentierte mir seinen Ausweis und zeigte mir anhand diverser angeblicher »Beweise«, warum jenes Dokument eigentlich völlig wertlos und außerdem nur dazu da war, die Menschen in falscher Sicherheit zu wiegen.

Dies war das erste Mal, dass ich mit der Verschwörungstheorie der heute sogenannten »Reichsbürger« in Berührung kam. Sie lief mir in den folgenden Jahren immer wieder mal über den Weg. Dass allerdings heute sogar Demonstrationen stattfinden, bei denen diese seltsame Idee propagiert wird, hätte ich mir bis vor kurzem auch nicht träumen lassen.

Bei alldem, insbesondere beim Wettern über seine Ex-Frau und die vorangegangenen Sachverständigen kam Herr Schindler so in Fahrt, dass es mir schließlich überhaupt nicht mehr möglich war, ihn zu unterbrechen. Er hatte sich in Rage geredet und beendete nach etwa zwanzig Minuten seinen Vortrag mit wüsten Beschimpfungen aller Beteiligten. Die Sachverständigen waren »faschistoide Menschenfeinde«, die anderen Fachleute »tumbe, gleichgeschaltete geistig Behinderte«, die Richterin des Oberlandesgerichts eine »sexuell unbefriedigte Dörrpflaume« und seine Ex-Frau war so einiges, was ich hier gar nicht niederschreiben mag.

In den nächsten Wochen führte ich insgesamt drei Gespräche mit ihm. Und scheiterte jedes Mal bei dem Versuch, zu irgendeiner Erkenntnis zu gelangen, die mehr war als die Feststellung: »Dieser Typ hat eine Meise.«

Um trotzdem so korrekt wie möglich zu begutachten, musste ich Davids Mutter und auch David darum bitten, einem Umgangskontakt mit dem Vater zuzustimmen. Ich musste selbst sehen, wie die beiden miteinander umgingen.
Davids Mutter war ganz offensichtlich längst über das Stadium hinaus, in dem man sich noch groß über irgendetwas aufregte. Sie nickte nur matt und erklärte, sie verstehe, dass das zu einer Begutachtung dazugehöre, finde aber, »dass es doch irgendwann einmal auch genug« sei. Das verstand ich gut, und ich versprach, dass dies die letzte Begutachtung sein würde, und zwar aus folgendem Grund:
David war mit seinen dreizehn Jahren und seinem wachen Verstand meiner Ansicht nach jetzt schon wunderbar dazu in der Lage, für sich zu bestimmen und einen Umgang abzulehnen. Aber ich wusste auch, dass man argumentieren konnte, dass er das mit dreizehn Jahren eben noch nicht selbst bestimmen dürfe und er womöglich ja von seiner Mutter beeinflusst worden war. In zwei oder drei Jahren allerdings würde die Sache schon anders aussehen. Dann konnte er selbst entscheiden, ob er Umgang wollte oder nicht. Und so lange dauerte es in der Regel, bis eine weitere oder eine Nach-Begutachtung in Auftrag gegeben wurde.
David erklärte, dass er zwar nicht wirklich Lust zu einem Treffen mit seinem Vater habe, aber wenn es sein müsse ... »Er tut mir ja nichts. Und wenn er wieder anfängt, über Mama zu schimpfen, hör ich eben weg und gehe.« Nach einer kurzen Pause sah er mich fragend an und murmelte: »Ich kann dann doch gehen, wenn er wieder damit anfängt, oder?«

Ich bejahte und versprach, dass wir den Kontakt sofort beenden würden, wenn sein Vater sich nicht korrekt verhalten würde. David seufzte und sagte: »Okay. Dann machen wir das so.«

Auch Herr Birkmann, der als Verfahrensbeistand für David schon seit dem ersten Umgangsverfahren dabei war, seufzte. Dem Aktenberg nach zu urteilen, hatte er wirklich allen Grund dazu. Jedes Mal hatte er alles getan, um diesen Wahnsinn im Sinne des Kindes endlich zu beenden, und jedes Mal hatte es Herr Schindler wieder geschafft, alles neu aufzuwirbeln. Aber weder er noch ich hatten eine Wahl. Wenn wir diese Sache ein für alle Mal im Sinne des Jungen klären wollten, mussten wir diese Begutachtung durchführen.

Herr Birkmann und ich vereinbarten, dass ich den Kontakt zwischen Herrn Schindler und David in den Räumlichkeiten des Jugendamtes begleiten würde. Im Anschluss daran wollte Herr Birkmann noch einmal mit David sprechen. »Ich kenne den David ja nun, seitdem er ein Kindergartenkind war. Natürlich muss ich auch für dieses Verfahren noch einmal mit ihm reden, um zu wissen, wie er das Ganze heute sieht, aber ich will mich auch in Ruhe mit diesem letzten Termin von ihm verabschieden. Ein weiteres Verfahren wird es ja nun nicht geben. Und das ist auch gut so. Irgendwann muss auch mal Ruhe sein. Aber es ist eben ein Abschied – und das will ich als solchen behandeln.«

Wie schön, dass David die gesamte Verfahrenszeit über von Herrn Birkmann begleitet worden war. Ich konnte mir keinen besseren Verfahrensbeistand vorstellen. Und ich bin sicher, dass Davids gelassene Haltung seinem Vater gegenüber zu einem Großteil auf Herrn Birkmanns Konto ging. Er hatte mit

seiner ruhigen und besonnenen Art dafür gesorgt, dass David trotz der belastenden Gerichtsverfahren und Begutachtungen genug Halt und Raum für seine eigenen Gefühle hatte. Ich habe selten jemanden erlebt, der mit so viel Herz und Verständnis mit Menschen umging.
Und wenn Herr Birkmann es nicht geschafft hatte, Herrn Schindler für die Bedürfnisse seines Sohnes zu sensibilisieren, dann war es meiner Ansicht nach eben einfach nicht möglich.

Ich ging also mit sehr gemischten Gefühlen zum Umgangskontakt. Herr Birkmann würde später vor der Tür zum Aufenthaltsraum auf mich warten, um danach mit David alleine zu sprechen.
Die erste Dreiviertelstunde des Umgangskontaktes verlief völlig anders, als ich erwartet hatte, und zwar ziemlich gut: Herr Schindler verhielt sich erstaunlich angemessen, und David bemühte sich aktiv, mit seinem Vater zurechtzukommen. Er spielte mit ihm Backgammon und antwortete auf die väterlichen Fragen nach seinem Alltag distanziert, aber freundlich. Herr Schindler fragte nicht zu viel, enthielt sich jeglicher beleidigender Bemerkungen in Bezug auf Davids Mutter und lobte auch die klugen Spielzüge seines Sohnes.
Als die beiden nach fünfundvierzig Minuten das Backgammon-Brett zuklappten, war ich schon fast der Ansicht, dass das Unwahrscheinliche eingetreten war und ich nun überlegen musste, ob man es nicht doch noch einmal mit begleiteten Kontakten zwischen Vater und Sohn versuchen könnte. Letztendlich darf man vor allem in diesem Beruf die Hoffnung nicht zu früh aufgeben. Es passiert immer wieder, dass Menschen plötzlich erkennen, dass sie sich ändern müssen, oder sich zumindest so weit bemühen, dass man ihnen nicht den Kontakt zu ihren Kindern untersagen muss.

Doch da lächelte Herr Schindler seinen Sohn an und sagte: »Du vergisst aber nicht, dass deine Mutter eine Lügnerin ist, ja? Es ist wichtig, dass du das weißt, denn sonst bist du irgendwann enttäuscht, und das will ich natürlich nicht.«
Sofort wandte sich David von seinem Vater ab und machte ein paar Schritte Richtung Tür, doch Herr Schindler umrundete ihn und baute sich wieder vor ihm auf: »Du bist mein Sohn und wirst das auch immer bleiben. Mir ist wichtig, dass du weißt, wo du hingehörst, auch wenn du jetzt bei deiner Mutter leben musst, hörst du?«
»Herr Schindler!« Ich drängelte mich zwischen ihn und David. Herr Schindler sah einfach durch mich hindurch und sprach weiter zu seinem Sohn: »Sie ist ein Nichts. Denk immer daran. Ein verlogenes, unwürdiges Nichts. Vergiss das nie!« Herr Schindler sprach in einem derart gruseligen leisen Singsang, dass ich unweigerlich an sämtliche verrückte Serienmörder denken musste, die mir jemals in Film und Fernsehserien über den Weg gelaufen waren. Ich bekam eine Gänsehaut.
Mir war klar, dass ich einen großen und kräftigen Mann wie Herrn Schindler nicht würde stoppen können. Deshalb nahm ich David am Arm und schob ihn an Herrn Schindler vorbei Richtung Tür. Dabei drehte ich mich um und behielt Herrn Schindler im Blick, als wären wir gerade in einen Raum mit einem bissigen Wachhund gestolpert und würden nun versuchen, langsam und unauffällig zu fliehen.
Exakt so fühlte ich mich auch. Ich musste David heil aus diesem Raum, weg von seinem Vater, bringen.
Herr Schindler blieb exakt da stehen, wo er war. Dabei streckte er seine Arme aus und sprach immer lauter, je näher wir der Türe kamen: »Denk an meine Worte, David. Du bist mein Sohn, du weißt, dass ich recht habe. Bald hat sie auch dich vergiftet, und dann ist es zu spät. Deine Mutter ist eine Schlange,

David. Die Schlange am Baum, der Teufel persönlich, und sie kriecht in dein Herz, um ...«
»Herr Schindler, Sie sind jetzt still!«, rief da jemand sehr bestimmt, und Herr Schindler starrte mich verwundert an.
Tatsächlich war ich es gewesen, die gerufen hatte, denn ich wollte den armen Jungen diesem grausamen Wahnsinn nicht weiter aussetzen.
Gleichzeitig griff ich nach der Türklinke, öffnete die Tür und schob David aus dem Raum, wo er direkt von Herrn Birkmann in Empfang genommen wurde.
Ich bedeutete dem Verfahrensbeistand mit einer Geste, sich mit dem Jungen zu entfernen, was dieser auch gleich tat.

Herr Schindler hatte sich schnell wieder im Griff. Er lächelte sein kaltes Lächeln und verschränkte die Arme hinter dem Rücken. Dann sprach er ganz ruhig und gelassen auf mich ein, ohne jedoch seine Position in der Mitte des Raumes zu verlassen: »Sie werden mich nicht daran hindern, meinen Sohn zu sehen, wann immer ich will. Sie nicht, dieser Kretin dort vor der Tür nicht, und auch nicht alle Anwälte, Richter und angeblichen Fachleute. Niemand kann das. Niemand.«
Ich hielt seinem Blick stand und ließ ganz bewusst noch einmal die Türklinke los. Auf gar keinen Fall wollte ich den Eindruck erwecken, dass er mir mit seinem Verhalten Angst einjagte. »Ich bin als Gutachterin an dem Wohl Ihres Sohnes interessiert, ebenso Herr Birkmann und alle anderen Beteiligten«, sagte ich, nickte ihm knapp zu und ging erst dann aus dem Raum. Als ich die Türe hinter mir schloss, passierte etwas Unheimliches: Herr Schindler begann wieder zu sprechen. Obwohl ich nicht im Raum war und er ein ganzes Stück von der Tür entfernt stand, wurde er keinen Deut lauter. Als wüsste er ganz genau, dass ich zuhörte und an der Türe stehen bleiben würde, um zu hören, was er sagte.

»Sie werden mich nicht daran hindern, meinen Sohn zu sehen«, hörte ich ihn sprechen. »Sie nicht. Sie nicht.«
Ich gab mir einen Ruck, ließ die Türklinke los und ging den Gang entlang.

»Ich will ihn jetzt wirklich nicht mehr sehen müssen«, sagte David gerade zu Herrn Birkmann, als ich die beiden draußen im Hof einholte. Der nickte. »David, wir reden jetzt nur noch kurz bei mir im Büro, und dann bringe ich dich nach Hause. Ich werde gemeinsam mit Frau Seeberg dafür sorgen, dass du erst einmal keinen Kontakt mehr haben musst. Und dann bist du alt genug und kannst selbst bestimmen. Versprochen.«

Ich wusste David bei Herrn Birkmann gut aufgehoben und war erleichtert, dass er diesen Umgangskontakt den Umständen entsprechend gut überstanden hatte. Was mich so gar nicht erleichterte, war der irre Typ, der am Ende des Ganges in dem Besucherraum stand und vermutlich immer noch auf die geschlossene Tür einbrabbelte. Ich atmete tief durch, drehte mich um und ging entschlossenen Schrittes zurück ins Gebäude. Am Ende des Ganges angekommen, holte ich noch einmal tief Luft und betrat den Raum.

Vielleicht fragen Sie sich nun, warum ich den Mann nicht einfach dem Jugendamt oder irgendwelchem Sicherheitspersonal überließ, in mein Auto stieg und davonfuhr. Nun, das hatte mehrere Gründe. Erstens kann ich es gar nicht leiden, wenn jemand denkt, er hätte mich eingeschüchtert. Zweitens wollte ich Herrn Schindler für mein Gutachten unbedingt zu der Tatsache befragen, dass er gerade seinen Sohn regelrecht von sich getrieben hatte. Und drittens befand sich mein Mantel noch in dem Raum, und darin war mein Autoschlüssel …

Herr Schindler stand noch genauso da, wie ich ihn verlassen hatte. Allerdings hatte er aufgehört zu reden und lächelte stattdessen versonnen vor sich hin. Ich versuchte seinen Blick zu finden und zu halten und begann mit: »Herr Schindler, das war ...« Natürlich unterbrach er mich sofort: »Nicht das, was Sie hören wollten, nicht wahr? Ja, es war auch nicht das, was mein Sohn hören wollte, das konnte ich sehen. Der Mensch tut sich generell schwer mit der Wahrheit.« Ich wollte gerade etwas erwidern, um auf meine eigentliche Frage zu kommen, doch Herr Schindler redete mal wieder einfach weiter. »Die Wahrheit ist, dass meine Ex-Frau eine Schlange ist. Die Wahrheit ist, dass niemand hierzulande die Rechte der Väter schützt. Die Wahrheit ist, dass dieses sogenannte Rechtssystem in diesem fadenscheinig behaupteten Land eine Farce ist und keinem scharfen, geschultem Blick standhält!«

Ich seufzte zu einem gewissen Teil auch aus Erleichterung. Wenn er in seine Verschwörungslitanei verfiel, wirkte er deutlich weniger bedrohlich. Ich griff meinen Mantel und stellte die benutzten Kaffeetassen auf das typisch graue Kantinen-Tablett. Herr Schindler redete die ganze Zeit weiter: »Die Wahrheit ist, dass die Amerikaner immer noch hier sind und dafür sorgen, dass wir weiterhin nach ihrer Pfeife tanzen, unser ganzes Geld nach Übersee verschiffen und ihnen für einen Hungerlohn ihre Panzer und ihre Bomber und ihre Waffen bauen, mit denen sie uns und die ganze Welt kontrollieren! Die Wahrheit, Frau Seeberg, ist ...« Er machte einen ziemlich plötzlichen Schritt auf mich zu, doch ich hatte durchaus damit gerechnet, dass er etwas in der Art tun würde, um die größtmögliche Wirkung zu erzielen. Also wich ich nicht von der Stelle, als sich der große Mann zu mir herunterbeugte und flüsterte: »Die Wahrheit ist ... dass Sie mich nicht aufhalten werden.«

»Auf Wiedersehen, Herr Schindler«, antwortete ich einsilbig und ging zur Tür. Doch der Mann folgte mir Schritt für Schritt und sprach viel zu nah direkt neben meinem Ohr auf mich ein: »Mein Sohn ist das Wichtigste auf der Welt für mich. Ich werde ihn sehen. Und Sie werden mich nicht daran hindern! Ich rate Ihnen, das noch nicht einmal zu versuchen. Ich habe lange genug stillgehalten.«
Mit diesen Worten beschleunigte er seinen Schritt, überholte mich geschickt, und im nächsten Moment lehnte Herr Schindler mit dem Rücken lässig an der Tür. Er hatte mich mit einer betont mühelos zur Schau gestellten Leichtigkeit in die Defensive gedrängt und versperrte nun den einzigen Ausgang ... Jeder, der Herrn Schindler so gesehen hätte, wie er entspannt an der Tür lehnte und mir freundlich entgegengrinste, hätte nichts Seltsames daran gefunden. Für mich ist es nach wie vor einer der gruseligsten Momente, die ich jemals erlebt habe.
Glauben Sie mir, in all den Jahren, die seitdem vergangen sind, ist mir so einiges eingefallen, was ich hätte tun oder sagen können. Ich könnte ein weiteres Buch damit füllen.
Aber in dem Moment, in dem er da so überlegen lächelnd vor mir stand, brachte ich noch nicht einmal ein Krächzen zustande. Mein Mund war staubtrocken, und die Zunge klebte an meinem Gaumen. Wie geht das eigentlich? Stellt der Körper bei Gefahr in Verzug die Speichelproduktion ein? Wozu? Was soll das für einen Sinn haben? Damit man bloß nichts Schlaues sagen oder zumindest um Hilfe rufen kann, falls man sich mal in eine saudumme Situation gebracht hat und ein Irrer zwischen einem selbst und dem Ausgang steht? Und was mag das unseren Vorfahren geholfen haben, wenn sie sich mit dem Rücken zur Felswand Auge in Auge mit einem Säbelzahntiger wiederfanden?
Ich beschloss, bei nächster Gelegenheit jemanden zu fragen, der sich mit Körperfunktionen auskannte, und hoffte gleich-

zeitig, ich würde überhaupt noch einmal Gelegenheit bekommen können, irgendwen irgendwas zu fragen.
Ja, *so* besorgt war ich.
Und in der nächsten Sekunde war ich es noch mehr, denn wie auf Knopfdruck hörte Herr Schindler urplötzlich auf zu lächeln und knipste sein »Ich bin ein sehr schlecht gelaunter Psychopath«-Gesicht an.
»Wissen Sie, Frau Seeberg ... ich habe nichts mehr zu verlieren.« Er machte eine kunstvolle Pause, und dann kehrte sein unangenehmes Lächeln zurück.
»Ich habe nichts zu verlieren, Frau Seeberg. Sie aber schon! Sie rauben mir nun die gemeinsame Zeit mit meinem Sohn. Und ich werde etwas Gleichwertiges bei Ihnen finden müssen, das ich Ihnen rauben kann, verstehen Sie? Alles andere wäre ungerecht. Es ist wie eine Waage. Wenn Sie mir Leid zufügen, senkt sich die eine Schale, und ich muss etwas in die andere legen, um die Welt wieder geradezurücken.«
Herr Schindler hob den Blick und sah die Wand neben sich prüfend an. Dann hob er langsam seine Faust und hielt sie einen Moment lang in der Luft.
Ich wich unwillkürlich zurück, doch Herr Schindler hatte nicht vorgehabt, mich mit dem Schlag zu treffen. Nein, er schlug fünfmal unglaublich heftig mit den Knöcheln der geschlossenen Faust gegen die Wand und hinterließ dort einen kleinen, auf dem weißen Putz aber mehr als deutlich sichtbaren, verschmierten Blutfleck.
Anschließend ließ er seine blutende Hand achtlos sinken, sah mich wieder an und lächelte sein gruseliges Lächeln.
»Auf Wiedersehen, Frau Seeberg. Wir sehen uns vor Gericht. Allerspätestens.«
Mit diesen Worten verließ er den Raum.

Eine Weile stand ich einfach nur da und hörte dem Rauschen in meinen Ohren zu. Dann gesellte sich die Angst dazu, und ich musste mich erst einmal setzen.
Gibt es etwas, das gefährlicher ist als ein Mensch, der glaubt, nichts zu verlieren zu haben? Ja, einen intelligenten Menschen, der nichts zu verlieren hat. Einen mit Verfolgungswahn und dem Wunsch nach Rache, der ein Zeichen setzen will und davon überzeugt ist, im Recht zu sein.
Vor so einem hatte ich Angst.
Richtig große Angst.
Zumal ich definitiv in seiner Schusslinie stand.

Ich hatte eine ganze Weile dagesessen und den wirren Gedanken in meinem Hirn beim Herumtoben zugeschaut, als sich so plötzlich die Türe öffnete, dass ich erschrocken aufschrie.
»Du meine Güte, Frau Seeberg, ich dachte, Sie sind schon ... Was ist denn los mit Ihnen?« Ich blickte in das besorgte Gesicht von Herrn Birkmann.

Nachdem ich ihm alles erzählt hatte, schaute er noch besorgter drein. Er nickte bedächtig mit dem Kopf und sagte mehr zu sich als zu mir: »Das ist nun wirklich nicht ungefährlich.«
Wie beruhigend ...

Die nächsten Tage und Wochen waren mehr als unangenehm. Herrn Schindler war aufgrund des Vorfalls schriftlich untersagt worden, sich seiner Ex-Frau, dem Sohn oder irgendwem, der mit dem Fall betraut war, absichtsvoll zu nähern. Und doch fühlte ich mich bedroht, denn natürlich war es möglich, dass Herr Schindler diese Auflagen einfach ignorierte, um seine diffuse Drohung wahr zu machen. Ich machte mir große Sorgen um die Sicherheit meiner Kinder. Eine ähnliche Drohung hatte es etwa ein Jahr zuvor schon einmal gegeben. Nur erschien mir die Gefahr dieses Mal weitaus größer und realer. Mein Mann und ich wechselten uns darin ab, unsere Kinder zur Schule und auch auf allen sonstigen Wegen zu begleiten. Wir ließen sie nicht aus den Augen und waren froh, dass unser Hund sofort lautstark sein tiefes Bellen hören ließ, wenn sich jemand unserem Haus näherte. Sonst hätten wir wohl in Schichten geschlafen.

Erstaunlicherweise fühlte ich mich durch das Aufgebot an Sicherheitspersonals vor und im Gerichtssaal nicht wirklich sicherer. Ich hatte eher noch mehr Angst, denn es zeigte mir, dass nicht nur Herr Birkmann und ich Herrn Schindler für gefährlich hielten, sondern alle anderen auch. Das erhöhte die gefühlte Wahrscheinlichkeit in meinem Kopf, dass etwas Schlimmes passieren würde, um ein Vielfaches.

Damals war das Amtsgericht noch nicht mit diesen Hochsicherheitsschleusen ausgestattet, durch die heute so ziemlich jeder muss, der ein Gericht betreten will. Mittlerweile ist es an fast allen Gerichten wie auf dem Flughafen: Taschen werden durchleuchtet, man muss durch einen Scanner gehen und schließlich die Nagelfeile beim Pförtner lassen, weil man damit ja irgendwen erstechen könnte.
Wenn man das Gericht wieder verlassen will, kann man das meist nur durch diese raumschiffmäßigen Kapseln tun. Nein, man wird dann nicht irgendwohin gebeamt (das würde ich ausdrücklich begrüßen) oder mitsamt der Kapsel ins All geschossen. Man muss in die Kapsel eintreten, warten, bis sich die Türe hinter einem schließt, dann auf einen Knopf drücken – aber *erst* wenn der Knopf leuchtet, was er wiederum erst dann tut, wenn die Türe *wirklich* geschossen ist, und zwar für gefühlte

fünf Minuten (es handelt sich in Wirklichkeit zugegebenermaßen wohl nur um maximal eine Sekunde). Nach Drücken des Knopfes dauert es wiederum Stunden (ja ja, eine Sekunde oder so), bis sich endlich die vordere Türe öffnet und den Weg in Richtung Ausgang frei gibt.
Das mag sicher sein und irgendwie sinnvoll, aber für mich ist es die Hölle. Ich hasse es, in kleinen Räumen eingesperrt zu sein. Auch wenn die Türen aus Glas sind und sich nach einer Sekunde wieder öffnen. Ich hasse es!
Außerdem ist mein ganz persönlicher Eindruck, dass die Taschendurchleuchtungen und Piep-Scans, durch die man gehen muss, nicht allzu effektiv sind. So flog ich jahrelang mit einem Taschenmesser sowie CS-Gas, also Abwehrspray, im Handgepäck. Und niemals wurde es mir weggenommen. Nie! Auch fanden wir mal in der Seitentasche unseres Handgepäcks ein langes, scharfes Messer, das wir im letzten Urlaub für ein Picknick am Strand dort hinein-, aber offenbar nicht mehr herausgeräumt hatten. Ich hatte schon überlegt, ob ich damit ins Cockpit spazieren sollte, einfach nur, um ihnen zu zeigen, wie unbrauchbar ihre Sicherheitsvorkehrungen waren. Aber das war es mir dann doch nicht wert. Geblieben sind das mangelnde Vertrauen in derartige Sicherheitsvorkehrungen und die gleichzeitige Hoffnung, dass sie doch etwas bringen. Besser als gar keine Kontrollen sind sie sicherlich, und somit werden schon einmal die besonders plumpen Angriffe ausgesiebt. Das ist wenigstens etwas, denn ich habe in meiner Zeit als Gutachterin auch ein paar Menschen kennengelernt, die das Gericht am liebsten bewaffnet mit einem Baseballschläger betreten hätten. Wobei der nur ein Piepsen auslöst, wenn er aus Metall ist. Dafür sieht man ihn besser als eine Nagelfeile.

Im Gegensatz zu mir schien sich Herrn Schindler mit den anwesenden Sicherheitsleuten sehr gut zu fühlen. Er genoss die Untersuchung nach Waffen regelrecht und schaute triumphierend in die Runde. Klar. All das zeigte ihm, dass wir Angst vor ihm hatten – und gab ihm Macht.
Als dann auch aus Sicherheitsgründen die Gerichtspraktikantin weggeschickt wurde, entgleisten Herrn Schindler regelrecht die Gesichtszüge vor Wonne. Beinahe hatte man den Eindruck, als wäre er nun einige Zentimeter größer. Er lächelte zufrieden. Ich war kurz davor, etwas Dämliches wie »Hören Sie auf, so blöd zu grinsen!« zu sagen, als glücklicherweise die Richterin, Frau Klosterberg, den Gerichtssaal betrat.
Wer weiß, vielleicht hätte ich sonst doch noch etwas Dummes von mir gegeben. Oder wäre einfach gegangen. Was für eine schöne Vorstellung. Einfach weggehen ... nach Hause. Oder ans Meer. Ja, in einen Liegestuhl ans Meer. Mit Cocktail. Samt Schirmchen und der doofen Kirsche, die nach Konserve schmeckt.
Ich war gespannt. Würde diese Richterin mit Herrn Schindler umzuspringen wissen? Ihn ein für alle Mal in die Schranken weisen? Aber wie wollte das ausgerechnet diese Richterin anstellen? Ich hielt Frau Klosterberg als Familienrichterin für nicht so wahnsinnig geeignet. Sie wirkte manchmal regelrecht unsicher und zerfasert und blätterte oft ziemlich lange ziellos in den Unterlagen herum, bevor sie ein Urteil verkündete, das zwar immer im Sinne der Kinder war, insgesamt aber nicht den Eindruck machte, als hätte sie sich eingehend mit der Sache beschäftigt. Meist wirkte sie desinteressiert, und man hatte immer das Gefühl, dass sie am liebsten alle Beteiligten ins Gefängnis werfen und schnell wieder nach Hause gehen würde. Wie würde diese Richterin mit diesem Fall und vor allem mit diesem Wahnsinnigen umgehen?

Die Antwort darauf war so ungewöhnlich wie alles andere bei dieser Begutachtung ...

Die Richterin Frau Klosterberg ließ sich nämlich zunächst einmal auffallend geräuschvoll auf ihren Stuhl plumpsen, und alle Bilder von weißen Stränden samt kristallklarem Meer und bunten alkoholischen Getränken lösten sich augenblicklich in nichts auf.
Die Richterin hatte zunächst mal ganz schön viel, was sie plumpsen lassen konnte, denn sie war eine mehr als korpulente Frau, etwa fünfzig Jahre alt, immer recht adrett gekleidet und frisiert und normalerweise auch ziemlich stark geschminkt. Heute allerdings trug Frau Klosterberg kein Make-up, und sie hatte sich die Haare tatsächlich recht nachlässig zusammengebunden – mit einem der Gummis, die sonst dazu dienten, mehrere Akten zusammenzuhalten.
Sie starrte erst einmal ziemlich lange schweigend mit gesenktem Kopf auf die geschlossene Akte. Im Raum machte sich Unsicherheit breit. Warum tat sie das? Wollte sie damit Herrn Schindler verwirren? (Gar keine so schlechte Idee. Bei mir funktionierte es jedenfalls wunderbar.) Vielleicht war das so was wie psychologische Kriegsführung?
Urplötzlich hob sie den Kopf, sprang auf, schlug mit beiden Händen auf den Tisch und gab gleichzeitig ein lautes »SO!« von sich. Ich erschrak fast zu Tode, die Sicherheitsbeamten spannten ihre Körperhaltung noch mehr an und sahen unruhig von einem zum anderen. Sogar Herr Schindler war zusammengezuckt. Ich hatte es genau gesehen!
Ha! Das *war* psychologische Kriegsführung vom Feinsten. Das hätte ich Frau Klosterberg gar nicht zugetraut. Hatte sie diesmal doch die Akten durchgearbeitet und sich so etwas wie eine Strategie überlegt?

Auf jeden Fall hatte ich einen derartigen Auftritt nie von ihr erlebt.
Frau Klosterberg hatte sich wieder gesetzt und den Kopf gesenkt. Schließlich nuschelte sie etwas, das definitiv nicht zu verstehen war, hob dann den Kopf und sah uns alle leicht schielend an.
Okay, nun übertrieb sie es ein wenig, fand ich.
Immerhin, sie hatte mich definitiv von meiner Angst abgelenkt, dass Herr Schindler gleich mit einem perfiden Lächeln sein Jackett öffnen und einen Sprengstoffgürtel zum Vorschein bringen würde.
Da man Frau Klosterbergs Silberblick durchaus so interpretieren konnte, dass sie damit mehr oder weniger Herrn Schindler angesehen hatte, nahm er es zum Anlass, mit einem seiner gefürchteten Monologe zu beginnen. Herr Birkmann und ich drehten die Augen gen Himmel und richteten uns auf eine längere Wartezeit ein.
Herr Schindler sprach vergleichsweise kurz über sich und sein Leiden als »treusorgender Vater, den man durch die menschenverachtende Bürokratie eines nicht durch das Volk legitimierten Unrechtsregimes vom eigen Fleisch und Blut« getrennt hielt, und verstieg sich dann in sein für uns inzwischen klassisches Lamento über »faschistoide Sachverständige«, »fehlende Kompetenzen in sämtlichen sogenannten Fachkreisen« sowie die »allgemeine Mitläufer- und Mittäterschaft und Interesselosigkeit einer verrohten und verrotteten Gesellschaft«.
Es wäre nun Frau Klosterbergs Job gewesen, die Sitzung zu leiten und somit dafür zu sorgen, dass Herr Schindler sich kurz fasste oder zumindest ansatzweise beim Thema blieb.

Aber das tat sie nicht. Richterin Klosterberg tat überhaupt nichts. Und Herr Schindler redete und redete.

Und redete.

Mittlerweile war er bei der Weltpolitik und den »infamen Lügen der Regierungen« angelangt, die, von Amerika gelenkt, nichts anderes im Sinn hatten, als ihn, Herrn Schindler, von seinem Sohn zu trennen, um »das Volk« durch das »Trennen von lebenswichtigen Bindungen systematisch aufzuweichen und gefügig zu machen«.

Bald konnte ich beim besten Willen nicht mehr zuhören und weiß deshalb nicht mehr genau, welche Verschwörungstheorien er sonst noch kausal mit sich und seinem Antrag bei Gericht verband. Vermutlich alles von »Chemtrails« über Aliens und Echsenmenschen bis zur Spinne in der Yucca-Palme. Wobei ich glaube, dass es sich hier eher um eine sogenannte »urbane Legende« handelt, von der jeder schon einmal über mindestens zwei Ecken gehört hat. Allerdings bezweifle ich keine Sekunde, dass Herr Schindler auch spielend in der Lage gewesen wäre, die Spinne in der Yucca-Palme direkt für seine Situation verantwortlich zu machen.

Frau Schindler hatte den Kopf auf die Hände gestützt, ihr Anwalt rutschte unruhig auf seinem Platz hin und her, Herr Birkmann seufzte vor sich hin, und ich bemerkte ein Zucken in meinem linken Augenlid. Um mich abzulenken, sah ich mich im Raum um und konnte mich ein paar Minuten recht gut damit unterhalten, die Sicherheitsbeamten zu beobachten, die Herrn Schindler mit halboffenem Mund anstarrten, als wäre er nicht von dieser Welt. Ein paar weitere Minuten gab ich mich dem hoffnungsfrohen Tagtraum hin, dass ein UFO die Decke des Gerichtsgebäudes zerstrahlte, um Herrn Schindler zurück auf

seinen Heimatplaneten zu holen, wo er vor zwanzig Jahren aus dem Hochsicherheitsgefängnis für psychisch labile Marsminenarbeiter geflohen war. Doch nichts dergleichen geschah. Schade.
Und Frau Klosterberg?
Sie saß einfach nur da und starrte Herrn Schindler ausdruckslos an. Sehr ausdruckslos.

Ich musterte die Richterin eingehend und stellte fest, dass sie kaum blinzelte – beziehungsweise irgendwie gar nicht? Ja, Frau Klosterberg sah aus, als würde sie mit offenen Augen schlafen.
Herr Schindler aber war hellwach – und offenbar hocherfreut über seine ausgedehnte Redezeit. Er war inzwischen inhaltlich und offenbar auch mental Tausende von Kilometern von dem eigentlichen Sinn dieser Verhandlung entfernt.
Ich stupste vorsichtig Herrn Birkmann an, der daraufhin meinem versteckten Fingerzeig folgte.
Ein paar Sekunden lang beobachtete er die Richterin, dann warf er mir einen bestätigenden Blick zu: Kein Zweifel. Diese tiefen, ruhigen Atemzüge machte man nur, wenn man schlief. Auch wenn man das im Sitzen während einer Gerichtsverhandlung tat.
Ich fühlte mich wie in einer Boing 747, in der der Pilot ohnmächtig geworden war. Jemand musste doch dieses Flugzeug flie..., die Verhandlung leiten! Sonst würde Herr Schindler uns alle zu Tode quatschen, verdammt!
Wie bekam man die Richterin denn möglichst unauffällig wieder wach? Denn wenn die Frau »aufflog«, war diese gesamte Verhandlung null und nichtig, und wir würden uns sehr bald hier wiedersehen! Und Herrn Schindler wieder hören! Das durfte auf keinen Fall geschehen. Es musste enden. Hier und jetzt.

Aus Herrn Birkmanns Blick sprach Entschlossenheit. Herr Schindler war zwar ein Mann, der nichts mehr zu verlieren hatte. Aber auch Herrn Birkmann packte so etwas wie der Mut der Verzweiflung. Er wollte endlich sein Leben zurück. Geschlagene zehn Jahre hatte er immer und immer wieder mit diesem Wahnsinnigen in diversen Gerichtssälen und Jugendämtern verbracht, und nun hatte Herr Birkmann genug.
»HATSCHI«, brüllte Herr Birkmann leidlich überzeugend in den Saal und stieß dabei seinen gesamten Aktenberg nach vorne über die Tischkante.
Frau Klosterberg zuckte zusammen und war im wahrsten Sinne des Wortes mit einem Schlag wach! Dann machte sie ein etwas seltsames Gesicht und blies kurz ihre Wangen auf. Man mochte das als eine Art Entrüstungsgrimasse interpretieren – ich aber hatte sie genau beobachtet und eindeutig bemerkt, dass sie sich damit nur einen recht kapitalen Rülpser verbissen hatte. Nun hatte ich keinen Zweifel mehr, denn dergleichen hatte ich schon viel zu oft in diversen Familien beobachten müssen: Frau Klosterberg war betrunken.
Und zwar so wenig, dass sie noch gehen, sprechen und sich halbwegs koordiniert verhalten konnte. Aber eben auch genau so viel, dass es ihr schwerfiel, sich zu konzentrieren, geschweige denn, während Herrn Schindlers Laberattacke wach zu bleiben. Während ich ob dieser Erkenntnis noch zwischen Entsetzen und Lachanfall schwankte, schlug die Richterin mit der vor ihr liegenden Akte auf den Tisch, verzog kurz das Gesicht wegen des selbst verursachten Lärms und wuchtete sich schließlich stöhnend aus dem Stuhl. Als Herr Schindler weitersprechen wollte, fuhr sie ihm so herrisch über den Mund, dass er tatsächlich innehielt: »Sie! Sie sinn jetz ma still! *Still!*«
Und das war er dann auch.
Wie schön.

Noch während alle Anwesenden quasi in Schockstarre verharrten und versuchten, in ihrem Hirn einen Zettel zu finden, auf dem der Verhaltenskodex für die Situation »betrunkene Richterin während Gerichtsverhandlung« stand, fuchtelte Frau Klostermann mit ihrem Zeigefinger grob in Richtung von Herrn Schindler. »Sie! Wegen Ihnen hab ich Koffschmerzn! Rasende! Kopfschmerrzn! Wegen Ihnen hab ich die!«
Abermals versuchte Herr Schindler, etwas zu sagen, doch Frau Klosterberg achtete gar nicht darauf. Sie war nun in Fahrt, und auch das kannte ich von diversen Terminen mit alkoholisierten Personen: Ruhte der Fuß erst einmal auf dem Gaspedal und war der Bremsbelag in Alkohol aufgelöst, war die Fahrt kaum mehr zu stoppen.
»Sie wollen ein Sorgerecht!? Sie!?«, schmetterte die Richterin dem Mann vor ihr entgegen. »Das könnse vergessen, das Sorgerecht! Sie ham doch ein ganz schweres Poroblem, haben Sie! Glauben Sie, dass ich Ihrm Sohn, dem … dem …« Sie blätterte kurz nach dem obersten Blatt in der Mappe vor sich. »… dem David Jonathan Schindler, dass ich dem das antue? Sicher nicht, Herr … Schindler! Ganz sicher nicht! Das Sorgerecht könnse vergessen. Un alles andere auch! Un jetz is Ruhe!«
»Sie können mir gar n…«, begehrte Herr Schindler auf, doch er wurde von Frau Klosterberg so mühelos übergangen, dass ihm ein drittes Mal vor Erstaunen die Luft wegblieb. »Jetzisruhe!«, rief die Richterin und schlug noch einmal mit beiden Händen auf den Tisch. »Verhandlung geschlossn! Urteilergehtschriftlich!«, bellte sie noch in den Raum, drehte sich dann recht schwungvoll um und wankte zur Tür hinaus.

Alle sahen Frau Klosterberg hinterher, und keiner zuckte, als die Tür hinter ihr kurz geräuschvoll ins Schloss fiel, durch den Schwung aber wieder aufsprang.

Herr Schindler hatte sich als Erster so weit erholt, dass er seine Sprache wiederfand, was von allen Anwesenden mit einem Seufzer quittiert wurde. »Das ... das ist noch nicht vorbei! Das lasse ich mir nicht bieten! Stopp!«, rief er, hob drohend seine geballten Fäuste und rannte doch glatt hinter der Richterin her! Er kam nur wenige Schritte weit. Denn darauf hatten die Sicherheitskräfte vermutlich die ganze Zeit über sehnsüchtig gewartet und Herrn Schindler so schnell zu Boden gerissen und dort fixiert, dass wir davon nur verwischte Schemen zu sehen glaubten.

Zur diebischen Freude aller Anwesenden (ja, natürlich schäme ich mich heute dafür, aber in dieser Situation konnte ich einfach nicht anders ...) leistete Herr Schindler durchaus nennenswerten Widerstand, woraus wiederum eine deutlich resolutere Fixierung des Mannes resultierte. Dabei brüllte er ununterbrochen unflätigste Beleidigungen. Seine lauthals vorgetragene Unterstellung, dass die Sicherheitskräfte mit ihrem ruppigen Umgehen gewisse anatomische Unzulänglichkeiten in der Schamgegend zu kompensieren suchten, führte nicht gerade zu einer Entspannung seiner Lage.

Weniger diese, sondern vor allem all die anderen direkten Drohungen im Hinblick auf Leib und Leben aller Beteiligten inklusive meiner Person führten dazu, dass Herr Schindler in einem weiteren Verfahren – diesmal unter Vorsitz eines anderen Richters – für nicht erziehungsfähig erklärt wurde. Auch ein Umgangskontakt wurde ihm nicht zugestanden, und der Richter empfahl ihm dringend eine Therapie.

So hatte Herr Schindler genau das erreicht, was sich sein Sohn letztlich gewünscht hatte: Es würde keine weiteren Kontakte zwischen ihm und seinem Vater geben.

Frau Klosterberg wurde nicht mehr im Gericht gesehen. Die Gerüchteküche brachte mannigfache Erklärungen dafür zustande. Sie reichten von der Einweisung in eine Entzugsklinik über ihre Versetzung an ein Gericht in Nordfriesland bis hin zu der in verschiedenen Versionen erzählten Geschichte, man habe sie gemeinsam mit Herrn Schindler am Vormittag biertrinkend und Reden schwingend vor dem Hauptbahnhof gesehen.

Ich persönlich halte die Versetzung an ein anderes Gericht für die wahrscheinlichste Erklärung. Fast finde ich es ein bisschen schade, dass ich nie die Gelegenheit hatte, mich bei ihr zu bedanken. Wäre sie an dem Tag nicht stark angetrunken bei Gericht erschienen, hätte Herr Schindler sich vielleicht zusammengerissen und uns am Ende alle in ein weiteres Verfahren gelabert.
Dank der beschwipsten Richterin aber hatte er live und in Farbe gezeigt, dass er für seinen dreizehnjährigen Sohn definitiv kein Umgang war.

Herr Birkmann und ich erheben unser Glas und sagen hiermit: Vielen lieben Dank, Frau Klosterfrau, Verzeihung, …berg!

Ich danke ...

... all den Lesern, die mein erstes Buch mochten und mir durch ihre lobenden und anerkennenden Rückmeldungen so viel Freude gemacht haben. Ich habe jede einzelne positive Rezension, E-Mail und Facebook-Nachricht gefeiert. Ohne Sie gäbe es diesen zweiten Band gar nicht.

... Desi für das Dauerabo »täglich ein Lächeln«.

... Jörg für Blumen und Komplimente zum Ausdrucken und An-die-Wand-Hängen.

... Anita und Birgit für Kuscheldecke und Kekse.

... Barbara für Aufmunterung und Ideen zur Kraft der Gedanken.

... Renate für kryptisch-liebe Nachrichten.

... Nadine, meiner Herzensschwester, für Verbundenheit, Kraft und das motivierendste Lächeln des Universums.

... meinen Kindern, die mich auch in den schwierigsten und stressigsten Zeiten allein durch ihr Dasein daran erinnern, dass das Leben schön und voller Wunder ist. Ihr beiden seid für mich das größte und schönste dieser Wunder! Da könnt ihr so erwachsen werden, wie ihr wollt!

... dem Mann, den ich liebe, für seinen unerschütterlichen Optimismus, Umarmungen zur rechten Zeit, hilfreiches Lob und ebensolche Kritik, Milchkaffee samt Schokolade, gute Ideen und die verlässlichste und liebevollste Unterstützung, die man sich nur wünschen kann. Du bist mein Held!

SOPHIE SEEBERG

Die Schakkeline ist voll hochbegabt, ey

Aus dem Leben
einer Familienpsychologin

Sophie Seeberg kriegt es hautnah mit, das Leben, denn die Psychologin begutachtet Familien fürs Gericht.
Sie erlebt dabei schockierende und traurige, aber auch urkomische und skurrile Geschichten. Wenn zum Beispiel der Vater nicht zum Termin erscheint, weil er betrunken auf der Straße eingepennt ist – auf einem Rucksack voller Diebesgut. Oder wenn die Mutter ihren erwachsenen Sohn behandelt, als wäre er ein Kleinkind.
Seeberg zeigt uns den ganz normalen Familienwahnsinn und behält dabei immer einen unnachahmlichen Sinn für Humor.

KAI LANGE

Schab nix gemacht!

Geschichten
aus der Hauptschule

Nicht alle Wortmeldungen in Kai Langes Unterricht sind so klar verständlich. Man könnte meinen, als Lehrer an einer Hauptschule zu arbeiten sei ein undankbarer Job. Kai Lange sieht das anders. Seit Jahren notiert er sich die seltsamen Geschichten, die er tagtäglich erlebt, und entdeckt so hinter der Tragik das Komische.

»Kai Langes Texte über das Wesen der Hauptschule sind brutal – brutal lustig. Man will nicht unbedingt mit ihm tauschen, aber stundenlang seine Geschichten lesen.«

Jan Weiler

SVEN KUDSZUS

Animateur inklusive

Ein Bericht
von der Urlaubsfront

Was der deutsche Tourist zwischen Lloret de Mar und Antalya so treibt, ist wohl an Peinlichkeit nicht zu überbieten. Warum braucht man um 11 Uhr vormittags schon einen »Tequila Sunrise«? Wieso scheinen es alle lustig zu finden, zu »Fiesta Mexicana« auf dem Tisch zu tanzen – obwohl man sich in der Türkei befindet? Und warum wollen ausgerechnet immer diejenigen mit dem dicksten Bauch und der engsten Badehose Beachvolleyball spielen?

Sven Kudszus, seit über zehn Jahren Club-Animateur, berichtet von halsbrecherischen Pool-Tänzen, siffigen Unterkünften, Bühnenshows der nackten Tatsachen und von Touristinnen, die zu Sex-Erpresserinnen werden.

Urlaubslektüre mit Fremdschäm-Garantie!

SVEN KUDSZUS

Amateur inklusive

Ein Bericht
von der Urlaubsfront

Was der holde Tourist zwischen Lloret de Mar und Antalya so treibt, ist wohl an Peinlichkeit nicht zu überbieten. Warum braucht man um 11 Uhr vormittags schon einen »Tequila Sunrise«? Wieso scheinen es alle so eilig zu haben, zu »Fiesta Mexicana« auf dem Tisch zu tanzen – obwohl man sich in der Türkei befindet? Und warum wollen ausgerechnet Männer die jüngst mit dem dicksten Bauch und der engsten Badehose ihr schvollsten öl spielen?

Sven Kudszus, seit über zehn Jahren Club-Animateur, berichtet von lakhrechreschen Pool-Tanzen, Schügar-Unterkünften, Bühnenshows der nackten Tatsachen und vom Rohrsamen, die zu Sex-Expressionen werden.

Urlaubslektüre mit Freundschift-Garantie.